# 美国体育思想演变与启示

EVOLUTION AND ENLIGHTENMENT OF AMERICAN SPORTS THOUGHT

◎ 边 宇　编著

华南理工大学出版社
SOUTH CHINA UNIVERSITY OF TECHNOLOGY PRESS

·广州·

## 内容简介

本书从历史演进的纵向逻辑关系，梳理不同时期美国体育思想流派的主要内容、历史贡献和局限性，归纳美国体育思想演变的内在逻辑。同时，从"思想—思想对变革的影响—思想对变革的影响机制"的横向逻辑关系，发现美国体育思想转变与体育变革之间的内在机制，从思想层面为我国体育改革探寻可能存在的启示。

## 图书在版编目（CIP）数据

美国体育思想演变与启示/边宇编著. —广州：华南理工大学出版社，2018.6
ISBN 978 - 7 - 5623 - 5493 - 2

Ⅰ. ①美… Ⅱ. ①边… Ⅲ. ①体育理论 - 思想史 - 研究 - 美国
Ⅳ. ①G817.129

中国版本图书馆 CIP 数据核字（2018）第 007380 号

### 美国体育思想演变与启示
边宇　编著

出 版 人：卢家明
出版发行：华南理工大学出版社
　　　　　（广州五山华南理工大学 17 号楼，邮编 510640）
　　　　　http://www.scutpress.com.cn　E-mail:scutc13@scut.edu.cn
　　　　　营销部电话：020 - 87113487　87111048（传真）
责任编辑：谢茉莉
印 刷 者：广州市新怡印务有限公司
开　　本：787mm×960mm　1/16　印张：15.5　字数：300 千
版　　次：2018 年 6 月第 1 版　2018 年 6 月第 1 次印刷
定　　价：58.00 元

版权所有　盗版必究　　印装差错　负责调换

# 前言
## preface

美国体育一直是我国体育研究的焦点，诸多学者从不同层面对其发展历程与现状进行了深入的研究，以期达到"他山之石，可以攻玉"的目的。然而，我国学者大多热衷于美国体育的社会效益、管理模式等实践层面的研究，对体育思想在体育实践变革中的作用和影响的问题重视不够，例如尽管所有研究者都承认美国体育思想流变对美国体育发展存在重要的影响，但对这种影响进行具体阐述的文献并不多，对影响的产生与作用机制进行探析的研究更是少见，造成我们对美国体育理论认识的不足。显然，体育思想是美国体育形成和变革的动力与基础，只有系统梳理美国体育思想在体育变革中的具体影响，发现体育思想对美国体育影响产生的动力机制，才能把握美国体育的本质，为我国的体育发展与改革探寻可能的借鉴。

笔者利用在美国春田学院学习期间的便利条件，通过文献资料法、逻辑分析法、历史分析法和访谈法，从思想流变的视角对美国体育的变革进行考察，发现体育思想在美国体育变革中的具体作用和影响，探寻思想与变革之间的影响机制。通过上述问题的研究，本文主要得出以下结论。

1. 美国体育思想共经历了三个时期

19世纪中叶，以希区柯克、沙金特、毕彻和路易斯为代表的学者以医学健康观为基础，对体育的功能和价值进行了系统性的反思与阐述，使美国学者对体育的认识从散乱的观点上升到系统的思想体系，为体育进入学校教育系统奠定了基础。从19世纪末开始至20世纪中,以古利克、伍德、赫瑟林顿和威廉姆斯为代表的学者通过对体育本质的辨析,否定希区柯克等学者以"健康"为核心的体育思想体系,提出以"教育"为核心的"新体育"思想,把体育的价值从个体层面上升到社会层面,不仅使体育从哲学层面彻底成为教育的一环,更促使体育运动的主要形式从体操类项目转变为竞技运动。从20世纪中叶开始,一些学者基于对整个体育思想体系的系统性反思,提出新的理念。新体质学派在肯定体育教育功能的同时,构建了新的"wellness"健康观;学术学派把体育研究从教育引向了多学科交叉研究,在丰富体育学科领域的同时,也引发了学科发展的"边缘化"趋势;竞技运动批判学说把相关研究从制度层面引向了学术层面,提出了重塑校际竞技运动教育价值的理念。

2. 体育思想对美国体育变革发挥着引导和规约的作用

19世纪中叶以前,美国没有形成系统化的体育思想,体育运动在形式上以自发自觉的大众娱乐项目为主。19世纪中叶始,在希区柯克等学者以医学健康观为核心的体育思想的指引下,美国形成了以促进健康为目标、以形式化体操为内容的系统化的体育实践体系与学校体育管理机构,同时创建了以卫生学为主的体育师资教育体系,引导了竞技运动的组织化管理机制。19世纪末至20世纪中,随着"新体育"学说的形成与推广,学校体育课程的主要内容从体操转到了游戏与竞技;教学方式从以教师为主体转向以学生为主体并增加了体育理论课;体育测量与评价发生了从一维到多维、从有形到无形的转变;大众体育方面开始出现体系化的竞技运动和休闲娱乐运动;体育师资经历了从规模上的量变到培养目标与内容方面的质变。从20世纪中开始,在新体质派、学术派和竞技运动批判学说的影响下,体育教育目标不再局限于或健康、或教育的一元理念,体育必修课比例发生了显著变化,课程内容再次回到了以个人健身运动为主;专业体育在学科模式上从单一的师资培养转变为师资与科研并重的复合模式,在学科核心方面呈现出明显的泛化特征,在研究领域方面出现了新的划分方法和"人文体育学"(sport

humanities)等新领域，在专业设置方面出现了向健康相关和东方传统身体文化相关专业方向加速发展的态势；在竞技运动方面，以重塑竞技运动教育价值为目标的变革进展缓慢，仅有的显著进步是"第九条款"（Title IX）的颁布改善了女性在竞技运动体系中的不公正待遇，NCAA（美国大学体育联盟）的相关改革措施大多没有功效。

3. 美国体育思想对体育变革的影响机制是合理性与合法性的构建

合理性的转变导致体育体系的逐层转变：理念合理性的转变导致体育的目标和价值的转变，内容合理性的转变导致体育的教育内容的转变，形式合理性的转变导致体育教学方式的转变，评价合理性的转变导致体育测评形式与目标的转变。在完成体育体系合理性构建之后，体育思想又通过"人才—权威—制度"的路径为体育体系赋予了合法性，使整个美国体育体系得以运转。

4. 美国体育思想流变对我国体育发展具有启示作用

美国体育思想流变对我国体育发展的启示主要体现在四个方面：学校体育方面，应在理念上注重多元化发展，内容上考虑从健康到健身的回归，在精神上应关注体育精神真义之所在；学科发展方面，在整体上应坚持真正以人为本的研究理念，在本土实践中谋求学科的发展与创新，在具体层面应借鉴美国人文体育学和运动教育学的发展，丰富我国体育学科的研究内容；竞技运动方面，应以美国竞技运动存在的问题为警示，理智对待竞技运动的商业化，针对竞技运动的利益分配形式设置完善的监管制度，借助体制外机构的干预实现资源分配的公平化，重塑竞技运动的教育价值；体育思想对体育变革的影响机制方面，我国体育体系合理性、合法性构建的不足主要体现在理念合理性评价标准不稳定、体系构建多由政府部门完成两个方面，现阶段的重点是如何构建新的大学体育教师观和全球化背景下民族本位话语权的重建。

# 目录 Contents

## 第一章 绪论 1

### 第一节 研究的缘起和目的 ………………………………………………… 1
### 第二节 研究方法 …………………………………………………………… 3
　　一、文献资料法 ………………………………………………………… 3
　　二、逻辑分析法 ………………………………………………………… 4
　　三、历史分析法 ………………………………………………………… 4
　　四、访谈法 ……………………………………………………………… 4
　　五、后现代史学理论的方法问题 ……………………………………… 5
### 第三节 文献综述 …………………………………………………………… 5
　　一、国内学者相关研究 ………………………………………………… 5
　　二、美国学者相关研究 ………………………………………………… 8
　　三、小结 ……………………………………………………………… 11

## 第二章 研究的理论框架 15

### 第一节 研究对象与概念界定 …………………………………………… 15
　　一、思想 ……………………………………………………………… 15
　　二、体育与体育思想 ………………………………………………… 17
　　三、欧美哲学史中的"体育"和"身体" …………………………… 29
　　四、合理性与合法性 ………………………………………………… 31

第二节　研究内容与视角 …………………………………………… 32
　　一、研究的内容 ……………………………………………………… 32
　　二、研究的视角 ……………………………………………………… 33

# 第三章　美国体育思想的萌生与体育体系的形成　35

第一节　体育思想的代表性学说 …………………………………… 36
　　一、希区柯克（Edward Hitchcock）的学说 …………………………… 37
　　二、沙金特（Dully A. Sargent）的学说 ……………………………… 38
　　三、毕彻（Catherine Beecher）的学说 ……………………………… 39
　　四、路易斯（Dio Lewis）的学说 ……………………………………… 40
　　五、其他学者及其思想 ……………………………………………… 41
第二节　讨论与分析 ………………………………………………… 42
　　一、诸学说之间的共性和异性 ……………………………………… 42
　　二、诸学说的历史贡献 ……………………………………………… 43
　　三、诸学说存在的问题 ……………………………………………… 47
第三节　美国体育体系的形成 ……………………………………… 50
　　一、学校体育 ………………………………………………………… 50
　　二、专业体育 ………………………………………………………… 53
　　三、休闲娱乐体育 …………………………………………………… 54
　　四、体育组织与机构 ………………………………………………… 55
第四节　美国体育的阶段性特征 …………………………………… 56
　　一、科学化 …………………………………………………………… 56
　　二、多样化 …………………………………………………………… 57
　　三、去宗教化 ………………………………………………………… 58
第五节　体育思想发展与美国体育形成的影响机制 ……………… 58
　　一、美国体育合理性的构建 ………………………………………… 59
　　二、美国体育合法性的构建 ………………………………………… 61
本章小结 ………………………………………………………………… 63

## 第四章　美国体育思想体系的形成与体育实践体系的发展　64

### 第一节　主要的体育思想 …… 64
- 一、古利克（Luther Halsey Gulick）的学说 …… 65
- 二、伍德（Thomas Denison Wood）的学说 …… 67
- 三、赫瑟林顿（Clark Wilson Hetherington）的学说 …… 70
- 四、威廉姆斯（Jesse Feiring Williams）的学说 …… 71

### 第二节　讨论与分析 …… 73
- 一、"新体育"创立者思想的比较 …… 73
- 二、"新体育"思想的历史贡献 …… 75
- 三、"新体育"思想的局限 …… 80

### 第三节　"新体育"思想影响下的美国体育实践变革 …… 83
- 一、体育课程与教学 …… 83
- 二、体育测量与评价 …… 92
- 三、竞技体育 …… 96
- 四、娱乐休闲体育 …… 98
- 五、体育师资 …… 99

### 第四节　美国体育变革的特征 …… 102
- 一、本土化的根本诉求 …… 102
- 二、系统化的哲学基础 …… 104

### 第五节　体育思想转变对美国体育影响的机制 …… 106
- 一、美国体育合理性的重构 …… 106
- 二、美国体育合法性的重构 …… 108

### 本章小结 …… 110

## 第五章　美国体育思想的扬弃与美国体育的多元化　111

### 第一节　体育思想的代表性学说 …… 111
- 一、新体质派学说 …… 111
- 二、学术派学说 …… 116

三、校际竞技运动的批判性学说 ...... 119
　　四、"边缘化"学说 ...... 126
第二节　讨论与分析 ...... 128
　　一、诸学说的比较 ...... 128
　　二、诸学说的历史贡献 ...... 135
　　三、诸学说的不足 ...... 144
第三节　美国体育多元化变革 ...... 147
　　一、学校体育 ...... 147
　　二、体育学科 ...... 156
　　三、竞技运动与职业体育 ...... 169
第四节　美国体育的特征 ...... 172
　　一、多元化 ...... 172
　　二、反复化 ...... 174
　　三、政府化 ...... 174
　　四、边缘化 ...... 175
第五节　体育思想转变对美国体育影响的机制 ...... 178
　　一、美国体育合理性的重构 ...... 179
　　二、美国体育合法性的重构 ...... 181
**本章小结** ...... 182

## 第六章　美国体育思想对我国体育改革的启示　*184*

第一节　学校体育 ...... 184
　　一、体育理念多元化 ...... 184
　　二、从"健康"到"健身" ...... 187
　　三、体育"精神"的考量 ...... 187
第二节　**体育学科** ...... 189
　　一、核心理念 ...... 189
　　二、研究领域 ...... 190
　　三、发展趋势 ...... 193

|     第三节　竞技运动 | 194 |
| --- | --- |
|       一、存在的问题 | 194 |
|       二、问题的分析与启示 | 197 |
|     第四节　体育思想对体育实践的影响机制 | 200 |
|       一、我国体育实践体系合理性、合法性构建的不足 | 200 |
|       二、构建新的体育教师观 | 201 |
|     第五节　民族本位话语权的重建 | 202 |
|       一、全球化背景下的危机 | 202 |
|       二、全球化背景下的机遇 | 205 |

## 结　论　207

## 参考文献　210

## 附　录　227

| 附录1：访谈提纲 | 227 |
| --- | --- |
| 附录2：NCAA主要改革措施 | 228 |
| 附录3：美国体育相关专业设置 | 229 |

# 第一章 绪论

## 第一节 研究的缘起和目的

相对于英、法等国，美国人对体育的认识起步较晚，直至18世纪末，才有学者关注到体育的功能和价值。然而，经过短短一个多世纪的发展与变革，美国体育不但完全实现了本土化，更在规模、效益方面超越了英、法等国，成为世界各国学习、借鉴的典范。那么，美国体育究竟经历了哪些变革？是什么力量推动并保证了变革的成功？

针对这一系列的问题，我国学者或以美国体育机构设置、发展模式的演变为对象，或以美国体育实践的整体历程为线索展开研究，试图揭示美国体育变革的本质，为我国的体育改革寻找可能的借鉴。毫无疑问，这些已有研究具有重要的实践意义和理论价值。但在这些研究中，鲜有从思想流变的视角对美国体育变革进行考察的文献。然而正如马克斯·韦伯所言："虽然直接支配人们行动的不是思想，而是物质利益和精神利益，但由思想所创造的各种观念经常像扳道工一样，决定着利益火车头所推动的行动轨迹。"英国哲学家科林伍德（R. G. Colling Wood）更是从人文主义的历史观视角，主张"一切的历史都是思想的历史"。他将历史分为"外在"与"内在"两个方面，"外在"指的是历史的物质状态，"内在"则是指历史人物的思想，而史学研究只有深入历史的"内在（思想）"，才能把握到历史的真相。① 也就是说，历史上的每一个事件与变革，其背后都表现着人的思想，历史研究的任务就是找出灌注于这些事件和变革背后的人的思想。

需要说明的是，这里所谈到的思想，不是某个人关于体育的一时的想法或念

---

① 转引自余英时：《历史与思想》，台北，联经出版公司，1976：7-8.

头，而是一种系统化的反思的思想，即"思想的思想"①。毫无疑问，这种思想的发展与转变对美国体育的变革一定存在某种影响。那么，究竟是什么样的影响？产生影响的内部机制是什么？显然，这是我们认识美国体育演变历程、把握美国体育本质的必经之路。

所以，从思想流变的视角审视美国体育的历史沿革，将是认识美国体育历史和现状的关键。如果不全面梳理美国体育思想在体育变革中的具体影响，就不能真正把握美国体育变革的本质与动力机制，这不仅不利于我们对美国体育的理解与借鉴，还会对我们的体育理论研究产生不利的影响。基于此，本书在总结和分析美国体育思想演变的基础上，发现体育思想的转变对体育实践变革的影响，探寻美国体育变革的本质和动力机制，揭示体育思想与体育实践间的关系，继而为我国体育思想与实践的发展探寻可能的启示与借鉴。

必须指出的是，中国自1949年以来，与本书相同的研究并没中断过。但遗憾的是，从中国现代体育思想的发展及其与体育实践的关系看，这些研究不仅没有实现中体西用的初衷，还多次出现对外来体育思想在历史理解和现实理解间错位的恶性循环。不仅如此，在很多情况下解决现实体育问题的方案中所蕴含的特别视角和价值取向，不但塑造和改造着人们的历史理解、历史感受和历史知识构成，而且还容易让人们误以为这些现实方案植根于对异域体育历史的充分把握之上。

在这种状况下，本研究必然会产生两重问题。在理论上，研究在面对那些与今天思路不合的复杂历史对象时，难以做出真正吻合对象的反应和理解；在实践中，这种研究又容易误导人们，使我们误以为那些本来对历史理解不充分的方案和时代价值偏向，正是深深植根于他国历史经验的选择。这样一种误导，无疑会使得本来具有临时性、开放性特征的方案，由于误以为是真理而迅速蜕变为僵化、封闭的意识形态，而这种意识形态及其所产生的现实后果，又每每成为新一次历史曲折产生的当然的思想和现实原因。

那么，怎么样才能使对美国体育思想史研究既不陷入简单的事实考证，或只以美国体育思潮为自己的视角和评价标准的陷阱，又能摆脱历史理解与现实理解错位的限制，并进一步成为可能带动中国体育摆脱这种恶性循环的积极力量呢？换言之，美国体育思想史研究怎样才能在简单地为现实服务和与现实无关的两极之外走出第三条路，即既介入现实但又不是简单地印证或否定现实的、更富启示性的道路呢？这不仅是本研究摆脱困境的出路，也是整个体育史学研究责无旁贷

---

① 转引自冯友兰：《中国哲学简史》，北京大学出版社，2010：58. 原文出自亚里士多德的《形而上学》，下文的"概念界定"中对此进行详论.

的历史责任。

为此，本研究特别选择那些卷入美国历史漩涡较深的思想材料作为认真解读的文本，希望借此能够深入过去那些时代中令人深感纠结缠绕的部分，帮助我们摆脱以今天意识、逻辑、价值直接投射到过去体育思想史研究的陷阱，最大限度地避免那种简单化的研究可能导致的对现实理解的僵化和教条化，以形成对现实体育更深刻、更准确的审视和理解，从而为我国当代体育思想、体育思维和体育价值保持自我调整与发展的能力提供来自历史的动力。

## 第二节　研究方法

### 一、文献资料法

围绕美国体育思想与美国体育变革的主题，对美国春田学院电子资源（Springfield College's online databases and journals）[1] 和图书馆（Bobson Library）中的相关文献进行检索，查获相关书籍20余本，期刊文献500余篇。经过对相关文献资料的二次筛选，发现与本论文关系较大的书籍有《体育史概要》（*A Brief History of Physical Education*）[2]、《世界体育史：文化、哲学与比较》（*A World History of Physical Education：Cultural，Philosophical，Comparative*）[3]、《美国体育与运动史》（*A History of Physical Education and Sport in the U.S.A.*）[4]、《体育原理》（*The Principles of Physical Education*）[5]、《体育中的改革者与机构》（*Innovators and Institutions in Physical education*）[6]、《美国体育社会学》（*Sports in Society：Issues and Controversies*）[7]、《社会转型期的体育和运动科学》（*Physical Education，Exercise and Sport Science in a Changing Society*）[8] 共7本，期刊文章与学术论文有《通过身体的思考：瑜伽、哲学和体育》（"Thinking Through the

---

[1] 主要包括六个美国学术期刊数据库：Academic Search Premier；CINAHL with Full Text；ERIC；MEDLINE with Full Text；PsycINFO；SPORTDiscus with Full Text.
[2] Emmett A. Rice, *A Brief History of Physical Education*, The Ronald Press Company, 1958.
[3] D. B. Van Dalen, *A World History of Physical Education：Cultural，Philosophical，Comparative*, California Prentice-Hall, Inc, 1971.
[4] Mabel Lee, *A History of Physical Education and Sport in the U.S.A.*, John Wiley & Son, 1983.
[5] J. F. Williams, *The Principles of Physical Education*, Philadelphia W. B. Saunders Company, 1964.
[6] Ellen W. Gerber, *Innovators and Institutions in Physical education*, Lea & Febiger，1971.
[7] Jay. J. Coakley, *Sports in Society：Issues and Controversies*, McGraw-Hill Humanities. 10 edition, 2008.
[8] William H. Freeman, *Physcial Education，Exercise and Sport Science in a Changing Society*, 7th, Jones & Bartlett learning, 2011.

Body: Yoga, Philosophy, and Physical Education")[①]、《体育的哲学、概念和实践》("Philosophies, Ideologies and the Practice of Physical Education")[②] 等100余篇。围绕同一主题，对我国CNKI等学术电子资源和华南理工大学、华南师范大学、暨南大学、广州体育学院图书馆馆藏书籍进行检索，查获相关书籍20余本，期刊文献200余篇。经过二次筛选后，发现与本论文相关较大的书籍有《美国的体育》[③]《域外学校体育传真》[④]《体育史》[⑤]《体育史》[⑥] 4本，期刊文章与学术论文有《从日本出版〈现代美国SPORT（竞技）史〉看美国体育思想的变迁》[⑦]《论美国体育对中国近代体育的影响》[⑧] 等80余篇。上述文献资料不但为本论文的撰写提供了前提与基础，也决定了研究的内容与方向。

## 二、逻辑分析法

本文依照两条逻辑展开论述。一是以历史演进的纵向逻辑关系，阐述美国体育思想与体育实践的历史流变；二是以"思想—思想对变革的影响—影响的内在作用机制"的横向逻辑关系，探析每个历史时期中体育思想在体育变革中的具体影响及内在机制。

## 三、历史分析法

任何一个思想或教育体系的产生与变革都不是突然性的，只有从较长的时间跨度来考察才能发现其问题，把握其特征，揭示其规律。因此，我们运用历史分析的方法，通过分析特定历史环境下的美国体育思想与实践的形成与发展历程，达到发现二者演变的基本规律与相互关系、把握美国体育变革特征的目的。

## 四、访谈法

对春田学院附近的哈佛、耶鲁等大学的教授、学者及学生进行了访谈。他们分别是春田学院的John博士、Andy Ho博士、Huang Hai博士、Katrina博士，阿

---

① Helberg, Natalie, Heyes, Cressida J. Rohel Jaclyn, "Thinking Through the Body: Yoga, Philosophy, and Physical Education", *Teaching Philosophy*, 2009 (32).
② Ken Green, "Philosophies, Ideologies and the Practice of Physical Education", *Sport, Education & Society*, 1998 (3).
③ 吴文忠编译，《美国的体育》，世界书局，1970.
④ 曲宗湖、杨文轩，《域外学校体育传真》，北京，人民体育出版社，1999.
⑤ 谭华，《体育史》，北京，高等教育出版社，2005.
⑥ 徐元民，《体育史》，北京，科学技术文献出版社，2005.
⑦ 林笑峰，《从日本出版〈现代美国SPORT（竞技）史〉看美国体育思想的变迁》，载《体育学刊》，1995 (3).
⑧ 马廉祯，《论美国体育对中国近代体育的影响》，广州，华南师范大学硕士学位论文，2009.

姆赫斯特学院（Amherst College）的 Jerry P. Dennerline 教授、Trent E. Maxey 教授，以及美国国际学院（American International College）、马萨诸塞大学阿默斯特分校（University of Mass-Amherst）、哈佛大学（Harvard University）、耶鲁大学（Yale University）的学生（共4人）。通过访谈，进一步了解美国体育变革的历程以及现存的主要问题和改革的方向（访谈提纲见附录1）。

**五、后现代史学理论的方法问题**

除了上述传统研究方法，本书还将采用后现代史学理论与方法，就美国体育思想沿革中出现的诸如"边缘化"等新问题展开论述。20世纪后半期以来，美国随着信息时代的全面到来，人们的思想理念与生活实践也开始发生着相应的变化，后现代主义文化思潮就是这种变化的一种反映。近年来，后现代主义理论加速渗入美国体育人文社会学领域，其影响与日俱增。后现代思想的批判精神、多元思想和宽容态度，在一定程度上推动了美国体育思想的发展，并为其提供一种积极的创新精神，增强了美国体育学者的主体意识。因此，采用后现代史学理论与方法，将有助于我们进一步认识美国体育改革、保守、进步、启蒙、现代化等概念的复杂性，有助于打破束缚我们传统研究范式的条条框框，为进一步开阔视野、更新方法提供一个新的理论参照。

但是，后现代理论的传播和滥用也可能带来消解真理与科学理性的危险。我国体育思想与实践的发展落后于美国，还处在追求现代化目标的阶段，民主与科学理性仍然是体育发展中最具现代性价值的核心价值，后现代主义与现代科学理性精神的冲突，是否会使本研究迷失以科学理性为主要标志的现代方向？研究是否应以本土化的研究取向来审视后现代问题，才有可能更全面、更合理地观照中国现代体育思想文化的走向？在一个尚未彻底完成工业化、农村人口仍然占人口多数、传统体育尚未真正完成其现代化转型的国家中，体育发展如何才能适应已经开始向后工业化时代转型的社会需要，等等，决定了本研究在后现代理论的使用上必然是谨慎的。

## 第三节 文献综述

**一、国内学者相关研究**

通过对相关文献的收集、整理，发现已有的研究可以分为三类。

一是从宏观层面对美国体育思想的整体演变进行梳理、考察的研究。代表性的有林笑峰 1995 年发表在《体育学刊》第 3 期上的《从日本出版〈现代美国 SPORT（竞技）史〉看美国体育思想的变迁》，文章以日本筑波大学教授片冈晓夫编译的《现代美国 SPORT（竞技）史》为理论依据，对运动（sport）、运动教育（sport education）、体育教育（physical education）的本质及三者间的逻辑关系进行了深入分析和论证；朱建国 1999 年发表在《体育文史》第 3 期的《美国体育目的的历史回顾及其分类研究》认识到，了解美国体育思想流变是把握美国体育本质的前提和基础，继而试图对美国体育目的的沿革进行全面的梳理；宋微 2007 年发表在《吉林体育学院学报》第 6 期的《浅析美国文化对美国体育的影响》认为，文化多元化、个人主义、创新精神是美国文化的核心价值观，它们决定了美国体育思想"以人本位为基点、竞教结合、个人主义与集体主义结合"的三大特点，并且在体育事业的发展中被淋漓尽致地表现出来。作者通过对美国文化和体育思想特征的分析，揭示了二者间的关联，具有一定的理论价值。除了上述文章外，美国体育思想宏观层面的研究还体现在"体育史"类的教科书中。具有权威性和代表性的有谭华的《体育史》①，该书结构完整、史料详实，对"轴心时代"西方体育特点及其历史影响、文艺复兴以前相对独立发展的体育文化如何走向体育全球化的过程、体育发展与社会进步之间的复杂联系等问题，进行了深入浅出的分析与阐释，有关欧美体育部分的资料为本研究提供了参考；我国台湾学者徐元民的《体育史》②，尽管在形式上参考吴文忠的《体育史》，但在史料铺陈、内容论述等方面则相对更加饱满、客观。该书的第九章、第十章与本研究相关较大。第九章集中论述美国体育教育思想的酝酿、尝试与发展，并以第二次世界大战为界，对美国体育教育的变革进行了客观的再现。第十章则围绕竞技运动的主题，对美国竞技运动的概念、本质和发展进行了深入分析；我国台湾学者吴文忠编译的《美国的体育》③ 谈到了德国、瑞典体操的传入，以及 19 世纪末美国学校体育师资的培育和发展，对 20 世纪美国学校体育的发展有颇为深入的探讨，包括这一时期体育思想的转变、学校体育的具体实施、体育设施的改善和体育师资的培养等等，也谈到了古利克、威廉姆斯等人对于社会体育的推广与学校体育的贡献。

二是从中观层面对特定历史时期的美国体育思想进行论述的研究。代表性的

---

① 谭华，《体育史》，北京，高等教育出版社，2005.
② 徐元民，《体育史》，北京，科学技术文献出版社，2005.
③ 吴文忠编译，《美国的体育》，台北，世界书局，1970.

有李佐惠于2010年发表在《体育文化导刊》第3期的《美国转折时期体育主题争论及其启示》，该文通过对历史文献的梳理，以19世纪美国社会的整体变革为背景，描述了这一时期欧洲体操在美国的传入和发展，阐述了美国体育学者对欧洲体操改造和发展的具体措施，并详细介绍了19世纪美国体育领袖的生平与学说，为本书有关美国体育思想萌生部分的研究提供了参考。李佐惠的《进步教育对美国学校体育发展的影响及对我们的启示》以进步教育在美国的产生和发展为背景，对美国学校体育在这一时段的变革进行了详细的分析与阐述。马廉祯于2008年完成的博士论文《论美国体育对中国近代体育的影响》[①]，以探寻近代中国体育发展历程中的美国烙印为旨，但为了揭示中国近代体育思想的渊源，该文对美国体育思想的发展与流变也进行了深入分析。与本研究关系密切的主要有两部分：首先是第一章第二节，详细论述了20世纪美国体育思想两大流派的异同与历史价值；其次是第七章第二节，阐述了美国体育思想在教育思想主导下从赫尔巴特哲学思想向杜威哲学思想转变的过程，并对麦克乐与威廉姆斯的体育思想进行了深入的比较分析。马廉祯2010年发表在《体育学刊》第5期的《近代美国体育思想对中国体育思想的影响——以民国时期〈体育原理〉为例》，是其博士论文的节选，在研究对象、内容方面没有超出其博士论文。台湾学者王建台1997年完成的博士论文《西方自然体育在近代中国发展过程之研究（1898—1937）》，以威廉姆斯等人发起新体育运动的目的和手段为主线，以一个章节的篇幅全面阐述了新体育运动的产生和发展过程，并论及了20世纪初美国杰出的教育、体育思想家的生平和贡献。[②] 属于中观研究的还有20世纪初期由宋君复、方万邦、江良规、吴蕴瑞与袁敦礼等一批体育理论学者编写的《体育原理》。书中渗透着明显的美国"新体育"时期体育思想印记，可以说是麦克乐体育思想的简化本（马廉祯，2008）。然而，由于这些书籍不是直接以美国体育思想为研究对象，且马廉祯博士在其学位论文中对这些著作有详细的论述，故本书在此不赘述。

三是针对某个美国体育学者的学说或具体问题的微观研究。代表性的有台湾学者梅根悟1975年发表的《新体育的理论与实践》。该文对美国本土体育思想的特征进行深入剖析，指出美国本土体育思想的标志是"体育不是为了身体亦不是为了精神，而是借由教育活动来发展人类的全方位能力，达到这个目标的最佳途

---

[①] 马廉祯，《论美国体育对中国近代体育的影响》，广州，华南师范大学硕士学位论文，2009.
[②] 王建台，《西方自然体育在近代中国发展过程之研究（1898—1937）》，台北，台湾师范美国体育研究所，1997.

径是以游戏（games）和竞技运动（sports）作为学校体育课程的主要内容"。①我国台湾学者蔡祯雄1993年完成的硕士论文《学校体育兴革之探讨》②从欧洲产业革命为起点，对欧洲身体教育理念的兴起及其在学校教育体制中得以落实的过程进行述评，其中"近代学校体育的第一次改革"部分介绍了美国教育改革运动在学校体育领域中的具体实践，以及美国本土体育思想体系的建立，使笔者对美国体育思想的形成背景有了清晰的认识。蔡祯雄1996年完成的博士论文《现代休闲活动的形成与发展之研究》③虽然是探讨休闲活动的起源，但也论及美国社会的演变，以及身体教育是如何受到人们重视的相关内容。文中谈到了美国教育与体育的本土化过程、主要思想、代表人物等，还简要叙述了美国体育思想的核心理念。整体而言，虽然该文与美国体育思想的关联不大，但以整个时代的发展为脉络，对本研究中有关美国自然主义教育起源部分有重要的贡献。台湾学者王建台于1993年完成的硕士论文《麦克乐对中国近代体育的影响（1913—1926）》，主要探讨了美国基督教青年会成员麦克乐（C. H. McCloy）于1913年至1926年两度来到中国推展自然体育的历史过程，阐述了麦克乐对中国近代体育在学校体育、社会体育和体育科学研究方面的推动和价值。虽然该文以人物史的角度出发，但由于麦克乐的体育思想是美国20世纪初体育思想的代表人物之一，因此透过该文可以深入了解美国这一时期体育思想体系演变历程，对美国体育理论本土化的内涵有更深的了解。

## 二、美国学者相关研究

通过对美国学者相关研究的收集、整理发现，有关美国体育思想的研究多以整体性研究为主，具体性研究较少。

整体性研究在形式上多以书籍为主，在内容上可分为两类。

一是以体育的历史演化为主线的研究。代表性的有艾米特（Emmett A. Rice）所著的《体育史概要》（*A Brief History of Physical Education*）。书中谈到了美国体育本土化时期的时代背景和代表人物，包括古利克和伍德等人的生平及求学经历，详细介绍了"新体育"运动的发源地——哥伦比亚大学师范学院的体育发展历程。该书对美国新体育运动虽然着墨不多，但在有关新体育运动发起人物的生平、教育理念和体育观点等方面却有详细论述。

---

① 梅根悟，《新体育的理论与实践》，世界教育史大系，1975（31）：247-261.
② 蔡祯雄，《学校体育兴革之探讨》，台北，台湾师范美国体育系所，1993.
③ 蔡祯雄，《现代休闲活动的形成与发展之研究》，台北，台湾师范美国体育系所，1996.

梅布尔（Mabel Lee）所著的《美国体育与运动史》（*A History of Physical Education and Sport in the U. S. A.*），以偏重女性研究的视角，对 18 世纪中叶至 20 世纪中叶的美国体育发展史进行梳理，并把这一时期的美国体育分为四个阶段，分别是 1787 年至 1865 年、1865 年至 1900 年、1900 年至 1930 年和 1930 年以后，并对每个阶段的体育组织、体育事件、体育人物、体育概念进行了详细的描述与分析。尤其是在体育领导人物方面，不但详尽地描绘了每个时期杰出体育学者的生平，而且对其思想的产生和内核进行了深入分析。

范达冷（Deobold B. Van Dalen）与本内特（Bruce L. Bennett）合著的《世界体育史：文化、哲学、比较》（*A World History of Physical Education：Cultural，Philosophical，Comparative*），在总体上以教育思想史为主线，从"哲学—历史"的视角，对体育的整个发展历程进行描述。该书共分为六个部分，其中"美国体育"部分以历史背景、教育目的、体育目的、体育的推行、体育的手段与方法的顺序，对美国 18 世纪末至 20 世纪 60 年代间的体育历程进行了全面、客观的再现。尤其重要的是，该书以美国教育思想演变为背景，对美国体育的目的、内容和形式进行了深入分析，不仅揭示了教育目的与体育目的间的转化与影响机制，也阐述了不同教育目的所引发的形态各异的体育体系，为本研究的展开提供了理论基础与详实的史料。

福瑞曼（William H. Freeman）所著的《社会转型期的体育和运动科学》（*Physical Education，Exercise and Sport Science in a Changing Society*）第七版，与前六个版本相比，主要有两个改变：首先，书名发生了变化。以前的书名是《社会变革中的体育与运动》（*Physical Education and Sport in Changing Society*），而第七版加上了"运动和运动科学"（exercise and sport science），体现了作者体育理念的转变。其次，该书虽然在框架上没有太多改动，但在内容上有所增加，如对体育（physical education）、运动（sport）、运动科学（exercise science）、运动机能学（kinesiology）等概念进行更为深入的讨论，增加了一些新的定义；从历史和哲学两个层面，完整地描述了各学科的形成、发展以及各领域之间的冲突和融合；详细论述了在体育教育、运动、运动科学和运动机能学下的子学科的发展。该书是美国体育原理研究中最新的论著，其中第七章（American Physical Education and Sport From 1941 to Today）的内容为本研究提供了大量的一手资料和新颖的观点。

二是以某个体育思想流派，或是某一时代的体育思想为主题的研究。代表性的有威廉姆斯（J. F. Williams）所著的《体育原理》（*The Principles of Physical*

Education）。曾任美国哥伦比亚大学体育系主任的威廉姆斯，是新体育的思想大师，也是集大成者。在其著作《体育原理》中全面展示了新体育的理念与思想体系，为本书第三章的撰写提供了很多启示和帮助。

艾伦（Ellen W. Gerber）所著的《体育中的改革者与机构》（Innovators and Institutions in Physical education），概略地谈到了哥伦比亚大学师范学院对于体育运动的推广以及新体育的创始人物，如古利克、伍德、赫瑟林顿以及威廉姆斯等人的思想及理念，包括他们的生平、求学过程，以及对学校体育教育的主张，[1]虽然未直接论及新体育的理论部分，不过经由综合本时期这些人物的教育哲学和体育思想的观点，仍可对美国体育本土化的过程有初步的认识。

考克利（Jay. J. Coakley）所著的《美国体育社会学》（Sports in Society：Issues and Controversies），从社会学的视角，全面、系统地考察了当今美国社会中的各种体育现象，尤其是学校体育中的竞技运动。作者没有像以前的研究一样，把目光停留在大学竞技运动中出现的贿赂、舞弊、暴力等丑闻上，而是把注意力集中在现象背后的、深层次的社会层面上，运用功能主义、冲突理论、批判理论和相互作用理论，对大学竞技运动进行彻底的剖析，一针见血地提出了"以校际体育比赛为主的体育活动具有教育吗？"[2]的质疑。不足的是，此书并没有就如何改造大学竞技运动给出建议，只是在宏观上提出美国体育将会向娱乐参与性方向发展。

美国学者在体育思想领域中的具体研究较少，代表性的有赫伯格（Helberg）等在《教学哲学》（Teaching Philosophy）2009年第3期发表的《通过身体的思考：瑜伽、哲学和体育》（"Thinking Through the Body：Yoga，Philosophy，and Physical Education"）。20世纪末至今，东方文化中的身体哲学成为美国学者关注的焦点，该文是此类关注中的代表性研究。该文通过调查研究跨哲学系和体育系开设的课程"通过身体的思考：哲学和瑜伽"（Thinking Through the Body：Philosophy and Yoga）[3]，发现课程存在的优点与不足，提出教学中应多涉及伦理演变等哲学思考的建议[4]，为此类课程的发展提供动力。

---

[1] Ellen W. Gerber, *Innovators and Institutions in Physical education*, Lea & Febiger, 1971：106-416.

[2] Jay. J. Coakley, *Sports in Society：Issues and Controversies*, McGraw-Hill Humanities. 10 edition (November 13, 2008).

[3] 该课程是Cressida Heyes在大学开设的选修课，一周两次，每次90分钟，一次讲哲学，一次通过瑜伽来思考身体文化融合的趋势。

[4] Helberg, Natalie；Heyes, Cressida J, Rohel Jaclyn. "Thinking Through the Body：Yoga, Philosophy, and Physical Education", *Teaching Philosophy*, 2009（32），263-284.

格林（Ken Green）等在《运动、教育和社会》（*Sport, Education & Society*）1998年第3期发表的《体育的哲学、概念和实践》（"Philosophies, ideologies and the practice of physical education"），总结了1900年以来美国学者有关体育概念的研究，并针对Alderson & Crutchley在1990年对体育的概念，以及国际体育课程（national curriculum for physical education，NCPE）对体育的概念进行论述。在此基础上，该文把所有体育概念分为两类：一是从学者视角出发的理论型概念，二是从体育教师、学生视角出发的实践型概念。作者认为，理论型概念所凸显的体育的标准更合理，也更能体现体育的价值，实践型的体育概念则不具备哲学意义的价值。该文对本研究的价值在于回顾了20世纪美国体育学者对体育概念的认识历程，使笔者对美国体育概念的研究有了宏观的了解和把握。不足之处是，该文并没有对体育的概念给出最后的界定。

## 三、小结

总的来说，中、美学者的上述研究为我们了解美国体育思想和体育实践的发展历程与现状提供了可能的路径，也为本书构建了研究的前提和基础。在具体层面，通过对中、美学者在美国体育思想、实践与变革三方面研究的归纳，可以看出我国相关研究主要存在以下不足。

在美国体育思想方面，我国学者的研究大多是针对某一个历史人物的思想和历史地位展开论述，形式上多以期刊、论文为主。这使得研究在整体上较为散乱，没有表现出美国体育思想发展的内在一致性和延续性，及其在体育实践中的具体对应。例如朱建国在论及美国体育思想的起源时，没有提及首先对体育的目的和价值进行论述的美国学者富兰克林（B. Franklin）和韦伯斯特（Noah Webster）；在阐述新体育运动时，也没有论及新体育的主要奠基人和发起者古利克的学说；林笑峰先生既没有对《现代美国SPORT（竞技）史》中有关体育的概念展开论述，也没有对美国体育思想史进行梳理和回顾，只是对《现代美国SPORT（竞技）史》做了简要的评价："这部书精确写出了SPORT的内涵外延及其在美国的传入和发展，它是现代美国SPORT思想和SPORT史学学科化的成果。"[①] 相对而言，美国学者的研究则十分深入、全面。在内容上，诸多学者不仅对美国体育思想的整体发展进行了系统性的描述，也对不同阶段体育思想的演

---

① 林笑峰，《从日本出版〈现代美国SPORT（竞技）史〉看美国体育思想的变迁》，载《体育学刊》，1995（3）：98.

变与转化展开了深入的分析,并阐述了不同体育思想流派的具体实践。在形式上,不但有视角不同的史学类书籍,更有大量针对某一思想展开论述的期刊文献。

在体育实践研究方面,我国学者的研究主要集中在大学校际竞技运动和体育专业学科建设以及具体的实例研究三个方面。而美国学校体育研究则主要集中在体育参与对学生学习、生活的影响和校际竞技运动两个方面。通过比较可以看出,我国学者有关美国体育的研究主要存在两方面不足:在学校研究方面,我国学者的相关研究不但在总量上明显不足,而且缺乏研究深度,大多为简单的介绍或数据罗列,没有对美国学者在此领域中的研究热点进行相应的关注;在竞技运动方面,我国相关研究首先存在翻译、理解方面的错误。例如我国学者对"校际竞技运动"的翻译和理解就有三种:"competitive sport"(王永盛,2010),"collegiate sport"(李丹阳,2011),"collegiate competitive sport"(池建,2003)。显然,这三种都不符合美国学者研究的惯例,而第三种表述更是不符合基本的英语语法。在美国学术研究中,用以表述广义的大学校际竞技运动的用词是"intercollegiate sports",用以专指"三月疯狂""玫瑰碗"以及国家校际竞技协会联盟等组织发起、承办的美国体育联赛的用词是"big-time athletics"。另一方面,我国学者对美国校际竞技运动的研究过于偏重正面。但实际上,对校际体育竞技体系进行质疑、批判和揭露的研究在美国一直是学校体育研究的焦点,从1883年哈佛大学运动协会第一次公开批判大学竞技运动的教育性至今,此类相关研究从未中断。发表此类研究报告的机构主要有美国校际竞技运动协会(Big-time Athletic Association of the United States, IAAUS)、国家校际竞技协会联盟(National Collegiate Athletics Association, NCAA)、美国教育协会(American Council on Education, ACE)、美国大学教授联盟(American Association of University Professors, AAUP)、校际竞技运动员同盟(Coalition on Big-time Athletics, COIA)、德瑞克组织(The Drake Group, TDG)[①]。他们针对校际竞技运动改革的研究报告如表1所示。

---

① 德瑞克组织曾是美国国家大学体育改革联盟(National Alliance for College Athletic Reform)。

表1 美国体育改革学术研究的主要机构与文献(1883—2005)

| 时间(年) | 组织机构 | 报告名称 |
| --- | --- | --- |
| 1883 | Harvard University | Committee Report |
| 1898 | Brown U et al. | Brown Conference Report |
| 1906 | IAAUS (NCAA) | Proceedings of the First Annual Convention |
| 1922 | NCAA | 10-Point Code |
| 1929 | Carnegie Foundation | American College Athletics |
| 1946 | NCAA & Conferences | Principles for the Conduct of Big-time Athletics (Sanity Code) |
| 1974 | ACE | An Inquiry into the Need for and Feasibility of a National Study of Big-time Athletics |
| 1983 | NCAA | Select Committee on Athletics Problems and Concerns in Higher Education |
| 1989 | AAUP | The Role of Faculty in the Governance of College Athletics |
| 1991 | AAUP | Statement on Big-time Athletics |
| 1991 | Knight Commission | Keeping Faith with the Student-Athlete: A New Model for Big-time Athletics |
| 1992 | Knight Commission | A Solid Start: A Report on Reform of Big-time Athletics |
| 1993 | Knight Commission | A New Century: Big-time Athletics in the United States |
| 2001 | Knight Commission | A Call to Action: Reconnecting College Sports & Higher Education |
| 2002 | AAUP | The Faculty Role in the Reform of Big-time Athletics |
| 2003 | COIA | A Framework for Comprehensive Athletics Reform |
| 2003 | TDG | Reclaiming Academic Primacy in Higher Education |
| 2004 | COIA | A Framework for Comprehensive Athletics Reform |
| 2004 | TDG | Reclaiming Academic Primacy in Higher Education |
| 2004 | Knight Commission | Challenging the Myth: A Review of the Links among College Athletic Success, Student Quality, and Donations |
| 2005 | COIA | Academic Integrity in Big-time Athletics: Principles, Rules, and Best Practices |
| 2005 | COIA/NCAA | A Report to the NCAA Presidential Task Force |

在多元文化和后现代思潮的冲击下,以COIA和TDG为代表的体育组织和一些学者,更是纷纷撰文质疑美国大学校际竞技运动的教育价值,揭露校级竞技运

动对学生运动员、一般学生以及美国高等教育理念的伤害和悖逆①。显然，我国学者普遍忽略了这些具有警示价值的研究。

在美国体育变革领域，我国学者的研究整体比较匮乏。尽管李佐惠教授的研究深入分析了美国体育在两个社会转型期的变革，但并没有针对美国体育的发展与变革进行深入考察，也没有从思想流变的视角对美国体育变革的动力机制进行探究。

综上所述，我国学者有关美国体育思想的已有研究主要存在三点不足：首先，没有从思想流变的视角对美国体育变革的动力机制继续深入的探析；其次，已有的相关研究较少参阅英文原著，多以二手甚至三手资料作为研究的基础，以致有些文献出现完全相同的错误；第三，没有体现出美国学者的主要研究热点与方向，在研究着力点上出现错位。显然，这些问题使我国对美国体育理论认识和评价缺乏应有的整体性和深度，继而影响着我们对美国体育理论与实践的认识与借鉴。因此，我们有必要以一手资料为基础，根据美国学者在体育思想领域中的研究理念和侧重点，从思想流变的视角，探寻美国体育变革的动力机制。

---

① Carman, Diane C U, "Shouldn't Investigate Its Own Mess", *Denver Post*, 2004（2）：1B.

# 第二章 研究的理论框架

## 第一节 研究对象与概念界定

### 一、思想

粗看起来,美国体育思想史就是有关美国体育思想发展的历史,这似乎是再明白不过的事情了。但放在学术语境中,问题没那么简单。从该研究领域内部看,由于长期以来对体育思想和体育思想史研究的忽视,中国学术界对体育、体育思想的定义差异极大,对体育思想史的研究对象也从未有过明确的界定,研究的视角也莫衷一是。因此,我们不仅缺乏体育思想史研究的具体成果,更缺乏对体育思想的元研究,即缺乏对于体育思想的范畴体系、体育思想的研究方法、影响体育思想发展的因素等基本问题的研究。从研究领域的外部看,世界上最不缺少的似乎就是思想。人人都能思想,人人都在思想,人人都有思想,正常人没有不思想和不会思想的。正因为如此,思想也就成了最常见也最没用的东西。尤其是在我国,任何一种思想——不管它是多么优秀多么具有说服力,如果不转化为政策或法令,它也就很难对生活产生什么实际影响。这就是为什么"孔子为鲁司寇,七日而诛少正卯之类是也"(《史记》)。

正因为国人对思想的这种习惯性看法,继而在主观上导致了中国体育思想研究的匮乏。但是,什么是思想?什么是体育思想?对这些问题的回答是本研究的必要前提。按照字面的理解,"思想"有两层意思:一是物质相对立面,表明思想是与物质和意识、存在和思维的关系密切联系的一个哲学术语,"是在意识中反映、掌握外部现实和在意识中创造对象的形式";二是相对于感性认识的理性认识成果,表明它是"认识过程的高级阶段和高级形式,是人们凭借抽象思维把握到的关于事物的本质、内部联系的认识",它"以抽象性、间接性、普遍性为特征，以事物的本质、规律为对象和内容"。①

显然，"思想"这个词的含义极为模糊，它既被用于指一种思维能力，同时又被用来指思想能力表现出的活动过程及其结果。思想不同于一般人的思维能力。虽然正常人都有思维能力，许多杰出人物更有超常的思维能力，如秦皇汉武或凯撒大帝、詹天佑或牛顿、比尔·盖茨或奥巴马等都有超常的思维能力，但没有人把他们称为思想家，因为他们思维活动的结果称不上思想。可见一般人都能够轻易辨别出思想和非思想、思想家和非思想家之间的差异，这说明思想的确区别于一般思维能力，也区别于一般思维活动的结果。

那么，究竟什么是思想呢？张汝伦在《大学思想读本》里转引了海德格尔对思想的四个定义，讨论了"思想"的特征：思想不像科学那样带来知识，思想不产生有用的实践智慧，思想不解决宇宙之谜，思想不直接给我们行动的力量。

这个定义与常人对思想的理解如此不同，以致人们几乎马上会问："那还要思想干什么？""研究思想和思想史有什么用？"对此，张汝伦认为，提出这样的问题恰好说明了我们缺少思想和缺少思想的原因：囿于工具理性主义或科学主义思维模式的现代人，已经习惯了对一切问题都问一个"有什么用"，已经无法用非功利的标准和眼光去面对思想这样的问题了，甚至已经不知道除"用处"之外还有什么其他标准了。科学是思想的一种特殊运用领域，但思想并不是科学，而是产生科学的能力；思想不是知识，思想当然也不能带来知识：知识是可以通过循序渐进的一整套方法一点点学的，但思想却没有办法学，人们只能去思想。

思想不是工具性的东西，所以不能指望它成为处理实践事务的指南。社会各界的成功人士如政治家、企业家、发明家等，他们都有丰富的实践智慧，但这种实践智慧基本不是来自思想；相反，许多思想家如孔子、老子、苏格拉底或佛陀等，却一生都命运多舛，卓绝的思想并没有带给他们实践智慧，思想不是能够使人在日常生活中成功的工具。

在海德格尔看来，思想既不能解决实际问题，也不能解决漫无边际的形而上学问题和宇宙论问题。事实上，曾经有过的对宇宙之谜的解答的确也都不是思想，而是信仰或者猜想。思想甚至也不能直接产生行动的力量。

张汝伦认为光有海德格尔对思想定义的四个否定性的规定还不够，还应该有对思想特性的正面描述，即及义、有疑、创新和反思：思想是非功利的，因而应

---

① 中国大百科全书（光盘1.2版），北京，中国大百科全书出版社，1998。

该是思必及义而且罕言利,它体现了人可以超越自身的自然性(动物性)而升华到精神的高度;思想应该导致有疑,通过怀疑和批判使我们从浑然不知的蒙昧或蒙蔽中解放出来,使我们有可能更好地理解自己和世界;思想的动力在于出新,重复是思想的堕落;思想鼓励反思,推陈才能出新,最激烈的离经叛道者往往从传统中撷取最多,创新的思想总是建立在对过去思想的回顾或坚持上。[1] 海德格尔对思想的否定性定义和张汝伦的肯定性定义描述了"思想"所具有的特征,但仍然没有明确指出"思想"是什么,不过他们对于"思想"的理解却给了我们极大的启示。沿着他们的思路,本书把"思想"定义为对有关人类生存状况和生活方式等全局性问题的整体性认识和反思,即"思想的思想"。

## 二、体育与体育思想

"体育思想"既然是对体育状况和体育方式的整体性认识与反思,要对它有更清晰的理解还必须回答一个问题,这就是对体育的理解:体育是什么或什么是体育?

"体育"作为一个从日文中直接拿过来的词,其中文从一开始就注定了是一个极度含混的语词:当大妈们在广场上翩翩起舞时,当学生们在操场上体育课时,当国家女排在里约奥运会场为国争光、再创辉煌时,当"驴友"们相邀外出去野营、登山或漂流时,乃至人们在电脑前进行所谓的"电子竞技"时,都被我们称为"体育"。

但是,这些同是"体育"的活动之间的差异却十分巨大——无论是从外显形态看,还是从其内隐结构即参加者的身份、动机、价值判断等分析,都迥然各异,似乎毫无共同之处。那么,究竟是什么使人们对这些现象产生了共同的联想呢?换言之,是什么使人们把这些各不相同的现象都称之为"体育"呢?显然,一定有某种共同的东西存在于这些形式各异的活动之中,否则它们就不会都被统称"体育"。

然而,当我们试图去寻找隐藏于各种"体育"现象背后的"共同的东西"并追寻"体育"的本质时,我们不禁会为关于"体育"的五花八门的解释感到眼花缭乱,如:

体育是"社会文化的组成部分。体育产生于劳动,随社会的发展而发展,为一定的政治和经济服务。体育以运动为基本手段,利用阳光、空气、水等自然因

---

[1] 张汝伦,《大学思想读本》,南宁,广西师范大学出版社,2004:1-4.

素，结合卫生措施，作用于人们的身体，从而增进健康，增强体质"。①

体育"是人们锻炼身体、增强体质、延长生命的重要方法；是与德育、智育、美育等相配合的整个教育的组成部分；它以竞技的形式，成为人们文化生活的内容和各国人民之间加强联系的纽带"。②

"体育（广义的，亦称体育运动）是指以身体练习为基本手段，以增强体质，促进人的全面发展，丰富社会文化生活和促进精神文明为目的的一种有意识、有组织的社会活动。"③

"人有生存、享受和发展三种基本需要。根据这三种基本需要对人类全部实践进行分类，体育属于人为满足自身享受和发展需要的一类实践……体育就是主体以自身作为改造对象的实践。"④

"体育是人类为适应自然和社会以身体练习为基本手段而自觉地改造自我身心和开发自身潜能的社会实践活动。"⑤

"体育是以人体运动为基本手段增进健康、提高生活质量的教育过程与文化活动。"⑥

"体育概念是一个无穷的意义生成过程，并没有什么精确性的概念。它的概念只能是以往各种意义的集合，并且这个集合也永远无法实际地构成。"⑦

"'体育'一词是约定俗成的用语，并不存在着永恒不变的定义。"⑧

从上述中国学者的论述中不难看出，"体育"的概念研究已经陷入"剪不断、理还乱"的学术泥沼。

那么，美国学者对"体育"一词是如何理解和界定的？

### （一）体育的定义

1. 美国学者的界定

对体育定义的研究与争论，贯穿整个美国体育思想的发展历程。在不同的历史时期，美国学者对"体育"一词有着不同的理解。

---

① 《辞海》，上海，上海辞书出版社，1980.
② 中国大百科全书，《体育》，北京，中国大百科全书出版社，1982：1.
③ 体育学院通用教材，《体育概论》，北京，人民体育出版社，1989：16.
④ 向家俊、袁旦，《论体育的本质属性及其现代特征》，载《四川三峡学院学报》，1999（2）.
⑤ 周西宽，《体育基本理论教材》，北京，人民体育出版社，2004：35.
⑥ 杨文轩、陈琦，《体育原理》，北京，高等教育出版社，2004：15.
⑦ 张庭华，等，《再论"体育"的概念问题：自然语言逻辑的哲学阐释》，载《体育文化导刊》，2004（11）.
⑧ 胡天玫，《体育的本质：一个认识论基础》，载《台北师范学院学报》，2003（1）：321-340.

（1）启蒙阶段。

"体操"（gymnastics）是美国学者使用的最早的有关"体育"的名称。19世纪以前，几乎所有的美国学者都认为体育的功能和价值就是强健体质和矫正不良身体形态。因此，瑞典和德式体操就成为体育的代名词。

"卫生"（hygiene）是美国体育研究中第二个较为通用的"体育"代名词。19世纪初至19世纪50年代期间，越来越多的美国人发现游泳、爬山、长跑等运动项目也可以起到增强体质的效果，并在此基础上初步形成了以促进体质健康为目的的学科，如健康教育课程。因此，"体操"一词逐渐被"卫生"替代。

"身体文化"（physical culture）和"身体训练"（physical training）是19世纪50年代至20世纪初期间使用较多的"体育"代名词。之所以会出现这些词语，原因是社会上逐渐出现了以增强体质、增进健康为目的的专业机构和人员。有关身体练习的专门性活动开始从自发性活动逐渐转变为组织性活动。在这个转变过程中，军事训练起到了重要的推进作用。

（2）本土化阶段。

"体育"（physical education）在20世纪初的广泛使用，标志着美国学者对"体育"本质认识的转变。以古利克、赫瑟林顿等学者为代表的"新体育"学派创造性地提出：体育的目的不是增强体质、增进健康，而是对人（尤其是青少年）的社会化教育。至此，美国体育完成了思想层面的本土化，为实践层面的本土化提供了动力与方向。

（3）回归阶段。

进入20世纪40年代，以体质健康为核心的"体适能"（fitness）逐渐取代"体育"，成为体育的代名词。而导致美国体育思想从教育再次"回归"到健康的原因，主要来自于政治层面。但与启蒙阶段不同的是，学者们不再认为体育的教育与健康功能是互相矛盾的，而应该是互为补充的。也就是说，新体育学派提出的"体育是通过身体的教育，而非针对身体的教育"的观点被继承了下来，但同时，体质健康的重要性再次被认为是体育的首要目标。

（4）学术化阶段。

自20世纪70年代，越来越多的学者认为"体育应该是一个学科"，而非一个研究领域或职业领域。在这种思潮的推动下，指代体育的词语迅速丰富起来。

"动作教育"（movement education）一词的应用相对比较广泛，但也较为模糊，它既可以指代一般性的体育运动，也可以指代舞蹈等艺术活动。因此，这一词语多见于学术性不强的文献资料中。

"动作艺术"(movement arts)被专门用来指代与艺术、舞蹈相关的体育运动,因而使用的领域相对较窄。

"运动表现与促进"(development motor performance)是一个更广泛的用语,它不但能指代田径,篮球、排球、足球等运动能力的提高与促进,以及舞蹈等艺术活动,还可以指代职业性身体活动中的发展与提高,如职业病的预防、职业动作精确度的提高等领域。

"运动科学"(exercise science)一词于1960年在麻省大学第一次被使用,但直至90年代才逐渐被推广。原因主要是该名词强调了体育运动和艺术、职业性身体活动的区别,因而被广大美国体育工作者所认可。

"运动机能学"(kinesiology)也是起源于20世纪60年代,兴于90年代的用词。该词语的广泛使用得益于美国体育协会(American Academic of Physical Education)的推动,该协会建议美国大学的体育学术机构使用该词语。①

"人体物理科学"(human physical science)一词主要用于学术领域,指体育与物理学科的交叉地带。

"身体适能"(physical fitness)一词主要指体质健康相关的领域,后来简化为"体适能",进入21世纪后出现逐步被"康盛"(wellness)② 替代的趋势。

除了上述"新"词,体育(physical eduaition)、运动(sports)、竞技运动(athletics)等"老"词也在继续使用。其中,推广速度最快的是"运动",原因是自20世纪70年代以来,随着"慕尼黑惨案"、兴奋剂等事件的出现,越来越多的社会学家开始关注体育,将其作为一种社会现象进行研究,而这些学者倾向于使用"运动"一词指代传统的体育。

最后,必须指出的是,学术化运动不仅使"体育"从单一概念发展为多维概念,如"截止到20世纪末,美国各大学体育院系有超过100种不同的名称来指代体育"③,还导致体育工作者逐渐分化为两派:一是以中小学体育教师为代表的"实践派",认为体育应该是一个职业;二是以美国体育学者为代表的"理论派",认为体育应该是一门学科。这种分化导致了体育作为一个领域的"边缘

---

① Newall, Karl M, "Physical Education in High Educaiton: Chaos out of order?" *Quest*, 1990 (42): 227-242.
② "wellness"的翻译在我国大陆学术界尚无定论,此处暂用我国台湾学者的惯称。
③ Brassie, P. Stanley, Jack E. Razor, "HPER Unit Names in High Education: A View Toward the Future", *JOPERD*, 1989 (7): 33-40.

化"。①

2. 本书的界定

从上面的描述我们可以看出,无论是在东方还是西方,体育既是人类一种特殊的实践活动,同时也是一个在体育活动中对人自身不断认知的发展过程;人超越了自然给予人自身造成的局限而创造了体育,并且不断超越这种局限而推动着体育的发展,体育又不断改变着人自身,并满足人的种种需求。

但问题并没有到此为止,本书作为中文论著,应该用什么样的中文词语来指称上述人类活动?在字面意义上,"体育"一词是由"体"(身体)和"育"(培育、教育)两个单字构成的复合词。无论这个"育"是指教育、培育还是发育,它所构成的复合词"体育"都只能是属于教育的范畴,它显然不能涵盖如大多数职业体育、老年健身等活动,但这些活动至今仍然被大多数人用"体育"一词来指称。针对这种困境,一部分学者主张用"体育"和"运动"分别指代属于教育范畴和不属于教育范畴的两类身体活动。显然,这种主张从逻辑上看是不合理的。另一种意见则更多地注意到"体育"一词在汉语语境中已经被广泛用于统称上述两类身体活动的现实,在语言实践中很难严格区分"体育"一词所概括的那些身体活动现象或行为,从而主张维持"体育"一词兼指所有非生产性、非功利性、非艺术表演性的身体活动,同时又特指作为教育的身体活动这样一种现实,其具体含义则交由特定论域去决定。

本书倾向于第二种意见,但同时认为,既然这两类身体活动都被人们用"体育"一词加以描述,这两者就应该存在相同或相通之处。与其徒劳地去改变或纠正当今我国亿万人已经约定俗成的语言习惯,还不如设法赋予"体育"一词以新的解释。在为数不多的体育界学人中谋求一定程度的共识,总比与亿万人和历史对抗要现实得多。

(二) 体育的本质属性

按照逻辑学的表述方式:"身体活动"是体育的属概念,"游戏"则构成了区别作为体育的身体活动与其他身体活动的种差,"游戏性"是构成体育这种身体活动的特征。那么,为什么要用游戏来区别体育这种特殊身体活动与其他身体活动呢?换言之,"游戏"具有什么样的一些特征呢?体育是否具有这些游戏的特征因而可以被归入游戏之列呢?

---

① 美国学者 Linda Bain 于 1990 年首次提出这一概念,本书在第四章第四节中有详细论述.

约翰·赫伊津哈在《游戏的人》（1938年）和弗里德里希·格奥尔格·容格尔在《玩游戏》（1959年）中，以目的（效用）为出发点对"游戏"下的定义是："没有明确意图、纯粹以娱乐为目的的所有活动。"按照这个定义，任何能为人们带来快乐且人们能够主动参与的活动都属于游戏的范畴，如跳舞、弹钢琴、堆雪人、玩玩具、猜谜、打球等。游戏是一种生物进化现象，也是一种社会文化现象，是人的一种实践活动，即个体与环境相互作用的过程。许多学者对游戏的特征进行了多方面的描述，例如赫伊津哈从活动的目的、规则、时空特征以及主体感受和态度等方面对游戏做了较为全面的归纳，尽管他对游戏特征的描述主要来自对竞争性游戏的概括，但仍然能够帮助我们去认识游戏的特征。

1. 游戏的特征

（1）游戏是主体非功利性的行为。

游戏最突出的特征是它区别于劳动或战争格斗等的非功利性和娱乐性，这里的功利是指物质利益。人们并不为有利可图而游戏，就像为了维持生计而工作或为了敛财而用业余时间进行投资活动那样。对这一点几乎没有哪位研究者会反对，例如，斯宾塞认为游戏"不以任何直接方式推动有利于生活的进程"[①]，赫伊津哈也说游戏具有"一种非实利主义的特性"[②]。因而许多游戏研究者甚至不把这一点列为游戏的特征。不言而喻，无论对孩子还是对成年人而言，游戏都意味着"正事"之外即课余或业余时的休闲娱乐和暂时摆脱压力。"游戏是多余的，只有在游戏创造的快乐成为一种必需、达到某一程度时，对游戏的需要才变得急切。游戏可以被推迟或被任意打断。它并没有被赋予物质需要或道德责任。它永远不是一桩任务。它只是在闲暇。"[③] 同时，游戏也是非功利性的。

（2）游戏是主体自愿和自由的行为。

游戏令人愉悦并不简单地在于游戏让人感到有趣和轻松，而是因为游戏是自主、自愿的活动，人们因为想要游戏而游戏，游戏意味着自由，意味着可以不遵从他人的命令和法则。赫伊津哈强调指出："游戏的最主要的特征，即游戏是自愿的，是事实上的自由。"[④] 即使是发育需要使幼儿游戏成为一种内在强迫性活动时，在主体自觉意识的层面上仍然可以是出于自愿或自我选择的，生理与潜意识层面的内在强迫性与自觉意识层面的自愿性是可以相容的。游戏动机源于主体

---

① 蒋孔阳,《十九世纪西方美学史（英法美卷）》,上海,复旦大学出版社,1990:124.
② ［荷］约翰·赫伊津哈,《游戏的人》,北京,中国美术学院出版社,1996:2.
③ ［荷］约翰·赫伊津哈,《游戏的人》,北京,中国美术学院出版社,1996:9.
④ ［荷］约翰·赫伊津哈,《游戏的人》,北京,中国美术学院出版社,1996:10.

的内驱力或需要,这种需要及其满足方式虽然也受到社会条件和生物本能的制约,但其直接动力却源于游戏活动本身的特点,反映出游戏主体对活动的态度、情感或兴趣。因此,游戏永远是自愿性活动,而不是强制性或义务性活动。这使游戏行为区别于工具性行为和固定工作模式造成的习惯性行为。

游戏的目的来自活动本身而不是来自于外部结果。有些游戏如规则性游戏活动的目的有时也可能是外显的,即指向游戏的结果,游戏的目的转移到被社会强化的结果上了。但这种活动仍然是游戏,因为它不能提供有用的产品,它被用于作为劳动练习或学习的工具。它与工作和学习仍然存在本质区别。

游戏的自由性还体现在它没有严格固定的程序,游戏过程具有足够的随机性和灵活性。这意味着游戏过程受到主体的控制。这构成了游戏与受既定程序制约的纯粹模仿行为的差别。

游戏中主体参与的积极性一方面来源于主体自身的强烈动机,这使得游戏者乐于投入游戏过程中;另一方面,游戏的趣味性又使游戏者在游戏过程中不断获得很强的正反馈,从而构成支持游戏者持续游戏的动力系统。这使游戏区别于强制性的劳动或枯燥的学习。

(3) 游戏是一种伴信性或虚拟行为。

游戏的另一个特征是活动者对于活动的虚拟和伴信意识,即游戏不是"日常的"或"真实的"生活,游戏只是"假装的"存在物。对于扮演行为的"假装"性,游戏者"总是同时既是知情者又是受骗者,但他却宁愿做受骗者"。[1] 游戏者对于活动明知是虚拟的,但又伴信为真,因而他对待这种活动的态度是严肃认真的。

早期的游戏内容大多源于对现实的反映,但游戏是通过假装的重构来再现现实而非构建现实本身。例如在跨栏、拳击、标枪等体育游戏中,都可以找到对现实狩猎活动的模拟。游戏者在游戏中能够清晰地意识到自己并非进行真实的活动过程。因此,游戏是一种具有戏剧性的模拟活动,游戏内容是游戏者借助想象虚构的,但对于游戏者来讲却被视同为真实的。游戏者在游戏过程中暂时进入这个虚构的世界,直到结束时才回到真实之中。在现代社会中被有意识创造出来的一些高级游戏如篮球、排球等,这种与真实生活完全无关的虚拟性质更为明显。

粗看起来,游戏与日常生活似乎是两个具有本质区别的世界,两者间显现出根本的对立,例如主动—被动、轻松—紧张、无目的性—有目的性、自由—服从等,

---

[1] [荷]约翰·赫伊津哈,《游戏的人》,北京,中国美术学院出版社,1996:28.

但这只是一种表面现象，从根本上说，游戏是对日常生存状态的虚拟性模仿，两者之间存在着内在深层的本质关联性和一致性，上述一连串二律背反只不过是从外部和内部来观察游戏的视域差异所致：当我们从日常生存状态的角度去观察游戏时，游戏体现为轻松的、无目的性的、自由的、主动的特征；当我们立足于游戏活动的内部来看时，游戏则显现出紧张的、有目的性的、服从规则的、被动的性质。正因如此，人们才赋予游戏崇高的超越性、理想性、神圣性等特性，从而使其成为人类文化中许多重要活动诸如艺术、审美、宗教等的一种"原型"。

（4）游戏过程的封闭性。

封闭性和限定性是游戏的一个重要的形式特征。在时空特征和活动规则上，人们都倾向于将游戏与现实活动区别开来。"游戏是在某一时空限制内'演完'（play out）的，比时间限制更为突出的是空间的限制。一切游戏都是在一块从物质上或观念上，或有意地，或理所当然地预先划出的游戏场地中进行，并保持其存在的……竞技场、牌桌、魔法圈、庙宇、舞台、屏幕、网球场、法庭等等，在形式与功能上都是游戏场地，亦即被隔离、被围起、被腾空的禁地，其中通行着特殊的规则。所有这些场地都是日常生活之内的临时世界，是专门用来表演另一种行为的。"① 赫伊津哈认为，现实生活中人是不自由的，但在游戏中人则可以按自己的意愿来行事。因此，人们特意将游戏安排在特定的时空中进行，将自己与现实生活暂时隔离开来。

游戏的封闭性也表现在活动规则上。人们在游戏中暂时放弃现实生活的规则，转而服从特定的游戏规则。"在游戏的圈子内，日常生活的规则和习惯不再有效……这种对日常生活的暂时取消为童年生活所完全认同，在野蛮人团体的宏大的仪典游戏中也同样显著。"② 在某些特定节日如各种狂欢节中，人们可以按照约定俗成的游戏规则，做某些一定程度上违反常规法律和道德规范的事。

（5）游戏规则的权威性。

规则是群体活动的前提，没有规则对群体成员行为的协调和制约，群体活动就无法正常进行并达到预定的目的。群体游戏也离不开规则，因为游戏是一种现实生活中不存在的虚拟性的活动，如果没有游戏者共同遵循的规则或游戏规则遭到破坏，游戏就无法进行。"规则决定那暂时世界（为游戏所划定）的东西。"③ 赫伊津哈认为，游戏的规则是绝对（有效）的。他说："游戏的规则绝对具有约

---

① ［荷］约翰·赫伊津哈，《游戏的人》，北京，中国美术学院出版社，1996：12.
②③［荷］约翰·赫伊津哈，《游戏的人》，北京，中国美术学院出版社，1996：15–16.

束力，不允许有丝毫的怀疑。""一旦规则遭到破坏，整个游戏世界便会坍塌。""违反规则或忽视规则的游戏者是个'违规破坏者'……破坏者剥夺了游戏的幻觉……破坏了魔幻世界，因而他成了胆怯者并必须被驱逐出去。"① 游戏规则的改变则会导致游戏性质的改变，甚至可能使游戏转变为非游戏。所以，为了保证活动的游戏性质，就必须维持游戏规则对游戏者的绝对约束力。这就是游戏规则对所有参与者都具有普遍有效意义上的绝对性或权威性。"孩子们的游戏、足球和国际象棋是以深沉的严肃性来进行的，游戏者连一点笑的意思也没有。"② 游戏本身可能并不是严肃性的活动，但游戏者对于游戏必须是严肃的。

游戏活动中存在着两种规则：外显的规则构成游戏方法，并规范游戏行为及其程序；内隐的规则构成了游戏情境即主题及其情节的关联性，并以特定的关联性制约游戏过程的展开。这普遍存在于团体性的游戏活动中，即使是单独个体的游戏活动中也同样可以观察到。例如学前期幼儿常常在游戏中用一个物品来代替另一个物品，这种象征就是一种内隐的规则。一个一岁半的小孩常常自己哄自己睡觉：当他咿咿呀呀地哼着催眠曲并且拍打着自己时，他扮演的是父母的角色并且像父母一样地行动，同时他像儿子一样在拍打中渐渐入睡，这体现为外显的规则；"催眠并且入睡"则构成了游戏的内隐规则。

规则的这种绝对强制性在体育游戏中表现得特别突出。为了维护体育游戏规则的绝对权威性，人们甚至制订了一整套规则、规程并设置专门角色（如裁判、仲裁委员会等）以保证规则的实施。

强制性的规则必然会束缚人的行动自由，那为什么人们通常会把游戏理解为自由、自愿呢？游戏者为什么会甘愿接受规则的限制呢？这是因为游戏者通过被规则约束而获得一种主宰的感觉。对游戏规则的服从乃是一种主动的认可而非被动地接受，游戏者自觉将规则内化成自己的、必需的行为规范从而获得对游戏行为的自由支配权。

（6）游戏形式的可审美性。

规则使游戏成为一种有序的流动，游戏的这种有序性使游戏具有了形式上的可审美性。赫伊津哈认为，游戏"把一种暂时的有限的完善带给不完善的世界与混乱的生活。游戏对秩序的要求是绝对的、最高的。对秩序的最微小的偏离都会'破坏游戏'，都会剥夺它的特性并使之失去价值"。"游戏与秩序之间的深刻联

---

① ［荷］约翰·赫伊津哈，《游戏的人》，北京，中国美术学院出版社，1996：15-16.
② ［荷］约翰·赫伊津哈，《游戏的人》，北京，中国美术学院出版社，1996：7.

系，也许就是游戏……在很大程度上似乎属于美学领域的原因所在。游戏有一种要成为美的倾向。这种审美的因素很可能就等同于那种创造有秩序的形式的冲动，它把生气贯注给游戏的各个方面……游戏迷住我们：游戏是使人'入迷的''吸引人的'。游戏带有我们可在事物中窥见的最高特质：节律与和谐。"① "仪式的参与者们都相信……它带来一种较他们日常生活更高的事物的秩序……这个世界的影响并不随游戏的结束而消失，相反，它持续不断地把它的光芒放射到外面的日常世界，对整个团体的安全秩序和繁荣起着有益的影响。"②

并非仅仅是节律与和谐产生美感，在竞争性游戏中，这种审美性同时也来自游戏过程的随机性、灵活性和结果的高度不确定性。这一点在体育竞赛中表现得尤其明显：中国运动员在乒乓球比赛中的长期优势降低了观众的兴趣，反复、长期出现的中国运动员包揽金牌的结果极大地降低了各项赛事的审判价值。这导致了国际乒联多次修改规则以削弱中国运动员的技术优势，目的在于增加比赛结果的不确定性，以提高比赛的审美价值。足球之所以能够成为"世界第一运动"的原因之一，就在于足球比赛结果有更高的不确定性。在足球比赛中，弱队出人意料战胜强队的概率远远高于其他赛事，这明显有利于提高足球的观赏价值。

2. 游戏的分类

上面从游戏活动的目的、过程、规则、主体感受等方面讨论了游戏的特征，具备这些特征的活动都被称为游戏。但是，游戏与游戏之间还存在着很大的形式上的差异。体育属于游戏中的哪一类呢？

在现代汉语语境中，对"游戏"有以下几种解释：

（1）游乐嬉戏、玩耍；

（2）犹戏谑，也指不郑重、不严肃；

（3）文娱活动的一种，分智力游戏（如拼七巧板、猜灯谜、玩魔方）、活动性游戏（如捉迷藏、抛手绢、跳橡皮筋）等几种。③

在现代汉语对"游戏"一词的三种解释中，第一义项为不及物动词，指从事工作学习以外的、以愉悦为目的的活动；第二义项是及物动词，即以游戏的态度对待严肃的工作或事情，如"游戏人生"，意思是把人生当作游戏；第三义项为名词，即我们正在讨论的、具备前述各种特征的游戏活动。在第三义项中对游

---

① [荷] 约翰·赫伊津哈，《游戏的人》，北京，中国美术学院出版社，1996：13.
② [荷] 约翰·赫伊津哈，《游戏的人》，北京，中国美术学院出版社，1996：17-18.
③ 罗竹风，《汉语大词典》，上海，汉语大词典出版社，2002.

戏进行了粗略的分类,分智力游戏、活动性游戏等几种。

游戏究竟有哪几种呢?从某种意义上说,对游戏进行分类就是对游戏的外延进行限定。研究者们出于各自不同的目的和理论,对游戏的分类也各不相同。华爱华比较全面地归纳了现有的几种游戏分类①:

(1) 从认知发展的角度,可以把游戏区分为机能性游戏、象征性游戏和规则性游戏;

(2) 从游戏主体的多少出发,可以把游戏分为独自游戏、平行游戏、联合游戏和合作游戏;

(3) 从游戏时间角度,可以把游戏区别为未分化型游戏、累积型游戏、连续型游戏、分节型游戏和统一型游戏;

(4) 从活动内容角度出发,可以把游戏区分为动作技能性游戏、认知性游戏、社会戏剧性游戏和结构性游戏;

(5) 从教育实用的角度出发,可以把游戏分为创造性游戏和规则性游戏两类;

(6) 从游戏者活动形式的角度,可以把游戏区别为以大肌肉肢体活动为主的运动性游戏、以小肌肉双手动作为主的操作性游戏、智力性游戏、装扮性游戏、接受性游戏等类型。

上述各种分类方法几乎都可以涵盖全部游戏,只是各自强调的重点和角度不同。从游戏者主体参与游戏的方式,我们认为可以把游戏分为以大肌肉肢体活动为主的运动性游戏、以小肌肉双手动作为主的操作性游戏和智力性游戏三类。上述最后一种分类方式中的智力性游戏、装扮性游戏、接受性游戏可以并为智力性游戏一类,因为这三类游戏都属于游戏主体以智力参与为主的游戏。在这个分类中,以大肌肉肢体活动为主的运动性游戏就是本书讨论的体育。

综上所述,我们可以用图 1 来表示体育和身体活动及游戏之间的关系。两个圆圈分别表示身体活动和游戏,二者的交叉部分就是体育。体育既是身体活动,也是游戏。强调体育的外部行为特

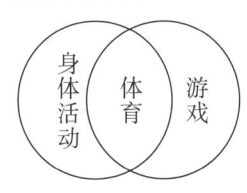

图 1 体育—身体活动—游戏关系示意图

---

① 华爱华,《儿童游戏理论》,上海,上海教育出版社,1998:150-157.

征，可以把它称为游戏性的身体活动；强调其内在价值特征，则可以称为以大肌肉身体活动为基础的游戏。

综上，体育的本质属性及其上、下位概念间的关系如图 2 所示。

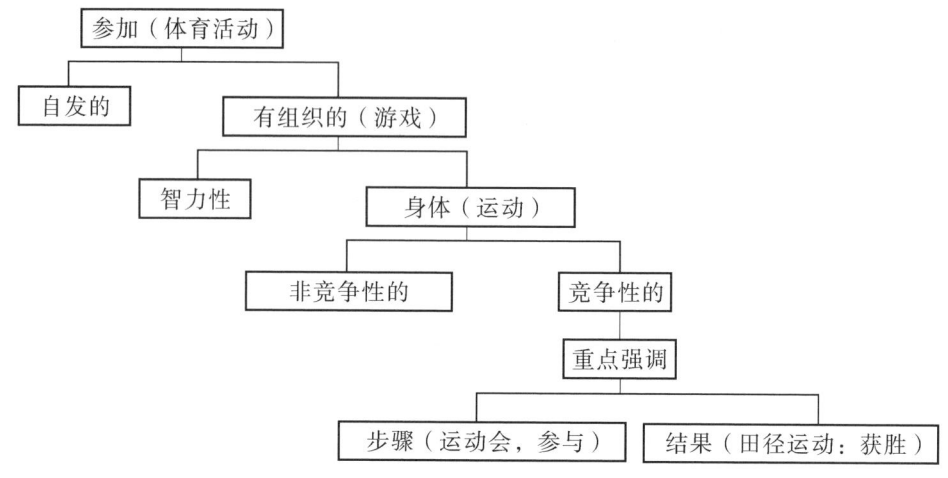

图 2　"体育"本质属性的逻辑图谱

### （三）作为体育行为载体的身体

在美国体育思想流变中，有过一段曾经持续了近半个世纪的争论：体育是对身体的教育还是通过身体的教育？美国著名体育学者威廉姆斯认为，不回答这两个问题，就不能真正理解体育的含意。虽然"通过身体的教育"为大部分体育界和教育界人士所认同，但其中仍然潜藏着"人类—理性者"优于"人类—游戏者"的身心二元论思想。台湾学者胡天玫认为，"通过身体的教育"强调"通过身体运动的学习"，把肢体动作视为达成各种认知与情意目标的手段，"学习身体运动"则把肢体动作当作体育的核心目的。①

姑且不论"身体运动"与"学习"的关系如何，威廉姆斯的问题本身已经表明体育活动或体育教育过程中的身体同时具有主体性、工具性和客体性（对象性）。贾齐从运动学习的角度深入讨论了人体的主体和客体属性，他说："如果说主体只能借助客体（或对象物）来显现自身，那么同样，在运动学习领域，

---

① 胡天玫，《体育的本质：一个认识论基础》，载《台北师范学院学报》，2003（1）：321-340。

显现主体存在的客体（或对象物）就是学习者自己的身体。显而易见，没有身体，主体当然无法使运动成为现实。主体在身体的运动过程中自身才得以展现，主体通过身体的运动性才反衬出自身的存在，身体运动在现时性上就是主体的存在性，主体的存在是借助身体的运动得以证实的。也正是在这个意义上说，身体体现出了相对于主体的对象性和工具性。"①

贾齐同时指出了体育学习中身体的工具性与对象性。"如果说主体只能借助客体（或对象物、工具）来显现自身，或者说主体是借助客体得以呈现的话，那么在运动领域，使主体得以显现的客体就是学习者自己的身体。主体在身体的运动过程中其自身才得以展现，主体是通过身体的运动性才反衬出自身的存在，显而易见，没有身体，主体就无法使运动成为现实。因此，身体运动在现时性上就是主体的存在性，主体的存在是借助身体的运动得以证实的。也正是在这个意义上说，身体的客体性是在相对于主体的对象性和工具性的时候才得以表现的。"②

从身体活动的角度看待人类的存在，自我始终与身体不可分割。身体伴随着人类存在的工具性特征，这种工具性特征构成人的客观物质存在的基础。最后，世界是事物存在的总体联系。身体的客观性是联系客观事物的重要环节，这个联系网络就是"自我—身体—工具—事物—世界"的联结系统。

从行为的主体方面来看人的存在方式，身体自身也是一种工具。人不仅把物作为工具，也把自己的身体作为工具。人在把自己为对象（客体性）对待的同时，又不断地超越这种客观存在，正是在这种存在和对存在的不断超越之中，人才表现为人的主体存在。

因此，作为体育行为载体的身体同时具有三种属性：作为体育行为的出发和归宿，身体是体育行为的主体；作为体育行为的直接对象，身体又是体育行为的客体；作为体育行为的实际表现者，身体还具有工具的性质。

## 三、欧美哲学史中的"体育"和"身体"

美国的"身体观"等哲学思想源于欧洲，并受其影响至今。而欧洲的哲学思想则同其他人类古代文明一起成型于"轴心时代"（公元前800年—公元前200年）。在这一时期，古希腊、以色列、印度和中国等文明发源地，人们几乎

---

① 贾齐，《运动学习：认识世界的一种方式——身与心如何走向统一》，载《体育与科学》，2003（4）.
② 贾齐、赵纪生，《作为世界的身体》，载《体育与科学》，2006（1）.

同时开始明确地把"我是谁？我从哪里来？"作为思考人类社会前途的中心议题。他们挣脱了原始宗教思维的绝对束缚，在前轴心期文化的基础上，从不同的角度对人的身体、人的本质、人的地位和前途提出了独到的看法，形成了各自不同的文化传统，其中包括中国孔子开创的儒学体系、犹太教的一神论和世界秩序思想、古希腊的理性主义以及印度的佛教等。这些文化传统已经成为人类文化的主要精神财富，在此后的两千多年中，"人类一直靠轴心时代所产生的思考和创造的一切而生存，每一次新的飞跃都回顾这一时期，并被它重新燃起火焰"。①

正是在这个时期，希腊人的理性精神和追求健力美的宙斯崇拜，使希腊人生活在对智慧和健美的积极追求之中。在这样的背景下产生了张扬智慧品格的史诗《伊利亚特》和张扬行动、力量的《奥德赛》，音乐学校和体操学校成为复制这种理想品格的场所。对理性和神性的狂热追求，形成了希腊哲学中扬心贬身的倾向，进而产生了柏拉图身心二元的命题。柏拉图借苏格拉底之口宣称，真正的哲学家一直是在追求死之状态；死亡是指肉体的死亡和寂灭，而灵魂得以最终摆脱"皮囊"的捆罚，获得轻松自在。柏拉图认为对肉体的宰制是哲学以及哲学家的应有之意，由此开始了对西方传统哲学的漫长统治。正是在被认为高度崇尚身体运动的古代希腊，已经埋下了此后欧洲在1500余年中将身体虚化、神圣化及贬抑身体和身体活动的种子。

文艺复兴、宗教改革和启蒙运动开启了人类自觉审视人类自身的新阶段，人类使一切包括人体逐渐对象化。从笛卡尔到黑格尔，身体最终被认为是"绝对理念"异化的结果，人被彻底地抽象为意识和精神，人的历史被抽象为意识和精神的历史。欧洲哲学中的"还原主义的思维偏向"把作为肉体的身体强行纳入思辨体系之中，肉体被还原成一个概念、符号或一架机器，身体被高度观念化并成为理性的仆从。稍晚些时候，文艺复兴以来的人文主义传统又使哲学走上了肉身化的道路。从爱尔维修到费尔巴哈，"肉体的感受性"被认为是各种活动、思想、感情以及社会人生的唯一原因，"肉体的快乐和痛苦"是"人的推动力"（爱尔维修语），旧哲学认为"肉体是不属于我的本质的"，新哲学则声称"我是一个实在的感觉的本质，肉体总体就是我们的自我"。②

理性使身体彻底对象化和客体化，人文主义使身体从神学的彼岸世界回到世俗的此岸，为现代体育的形成和发展奠定了坚实的思想基础。一些欧洲学者开始

---

① [德]卡·雅斯贝尔斯，《历史的起源与目标》，北京，华夏出版社，1989：14.
② 费尔巴哈，《费尔巴哈哲学著作选集：上卷》，荣震华译，北京，商务印书馆，1984：169.

以体育等手段，掀起反抗传统神学思想的浪潮。身体包括情欲、风度等各种身体活动，都在教育的名义下通过体育活动被有意识、有计划、有目的地作为完善或改造的对象，科学化成为这个时代体育的基本特征。受此影响，一些从欧洲留学回国的美国学者开始高扬理性的旗帜，使理性摆脱了神学的束缚，科学技术革命和工业革命进一步增强了理性的力量和影响，运动与身体变化的联系及其规律逐步被揭示和深化，并被理性加工为理论。但必须指出的是，有关体育的新理论、新思想之所以在19世纪末20世纪初的美国各个社会阶层中迅速传播且被广泛认可，并非是这些思想和理论本身的价值，而是当时的美国社会正处于全面"美国化"的浪潮中。也就是说，这些有关体育的"新思想"恰好站到了"风口"上。

"飘风不终朝，骤雨不终日。"以社会化和人文主义为核心的体育思想很快被工具理性主义打败，身体再次沦落为任意改造的对象和生产的工具。20世纪以来，各种全球性问题困扰着人类，伴随工业化而来的人的本质的全面异化更是令世人无可奈何。人类原以为随着传统人道主义教条的打破和固有理性的摧毁，人们可以凭借自己手中掌握的物质和制度的手段在这个星球上游刃有余。然而，他们错了。20世纪以来，"启蒙时代的玫瑰红正不可挽回地消退"（韦伯语），现代人类处于极度的恐慌和焦虑之中。人类的狂妄自大导致了"上帝之死"，尼采痛心疾首地宣布"上帝死了，从而人自立为王，成为历史的主体和客体"，福柯声称"人死了"，他揭示了现代性（合理性）进程如何用道德和知识来将欲望主体或身体主体转化、改造成知识主体和权利主体的过程。20世纪后期以来美国现代体育发展中的种种反常现象如兴奋剂、过度商业化、政治干扰、赛场舞弊等等，仿佛是专门为福柯的结论写下了最好的注脚。

## 四、合理性与合法性

在哲学、社会科学研究领域中，韦伯（Max Weber）是第一个以合理性概念作为分析工具展开研究的学者，其著作《新教伦理与资本主义精神》《学术与政治》《经济与社会》等均是以合理性概念的论述作为起点展开研究。

从整体上看，韦伯将合理性划分为两类：一是工具合理性（instrumental rationality）。这种合理性关注的是效果，特征是普遍性、客观性和可检验性。另一类合理性称为价值合理性（value rationality）。这种合理性仅关注动机而不关注结果，其特征是伦理性、美学性和宗教性。继韦伯之后，哈贝马斯等学者对合理性理论不断地进行发展与完善，使其适用于政治、经济以外的科学、文化、艺术等理论研究领域，但在根本上依然遵循韦伯的二分法。在科学领域中，人们多使

用工具合理性，在哲学领域中则多使用价值合理性。这种研究范式同样体现在体育研究中。在竞技运动领域，带有显著工具合理性色彩的"更快、更高、更强"思想成为所有研究的起点，而在人文体育或社会体育中，如何通过体育运动实现人的全面发展与人性的解放等带有显著价值合理性的思想成为所有研究的起点。

然而，无论是哪种合理性理论，其本质都是一种评价，而不是描述，这决定了所有合理性理论的共同特点是以单一的知识体系对事物进行解释。在体育研究中同样如此，无论哪种类型的合理性，都以一套单一知识体系作为解释和分析的基本工具。需要说明的是，这里的"单一"是指每种用以诠释合理性理念的知识体系的内部统一性与连贯性，而不是合理性理念的唯一性。这正是不同体育思想在内部自洽的同时，相互间又存在分歧与差异的根本原因。基于此，本书引入合理性概念的目的并非从工具或价值的视角对某个体育思想进行评价，而是通过对诸体育思想在阐述、界定体育合理性过程中所蕴含的"单一认知体系"的发现与分析，从根本上揭示导致美国体育思想发生转变的原因和动力机制。

合法性是合理性的伴生问题。韦伯在提出合理性问题后，随即在法理型统治类型研究中提出了合法性的概念与理论体系。当哈贝马斯在韦伯的基础上，把合法性研究从经验主义扩展到规范主义后，合法性研究从"为什么人们要服从某一特定的政治体系"这种一般性讨论应用到各种具体的政策与系统研究中，进而形成了系统的合法性理论体系。20世纪中期，随着利奥塔通过对知识与权利关系的辨析，提出"知识和权利是同一个问题的两个方面"后，合法性理念被应用到教育政策、体系的正当性与权威性研究中，我国学者的相关研究出现于2001年以后。本书中的合法性具体指体育体系的合法性。如果说体育体系的合理性主要是指体育的理念基础，那么体育的合法性就是指体育体系的合理性应该由谁来构建和人们为什么要服从这套体系的问题。也就是说，合理性关注的是"怎么做"，而合法性关注的是"由谁来做"。显然，只有具备上述两个条件时，体育体系才能真正运转起来。因此，本研究拟从合理性与合法性的视角，对美国体育思想与体育变革之间的作用关系进行探析。

## 第二节 研究内容与视角

### 一、研究的内容

美国体育思想史不是美国体育史，而是美国体育史的组成部分。美国体育史是关于美国人体育生活方式发生发展或演变的客观过程，而美国体育思想史则是美国人对这一过程的反思结果及其评价。考虑到思考对象和思考结果的特征，本书中美国体育思想史的内容分为三类：

第一类是美国学者对体育生活方式的特征和体育发展方式的思考，依思考对象的全局性程度和思考的抽象层次，这些思考结果大致表现为对体育本质、体育构成、体育与社会发展等问题的看法。

第二类是美国学者关于体育制度与方法的思考，依对象的差异，通常可以把这些思考的结果划分为体育战略思想、学校体育思想、体育管理思想以及对体育结构与功能的认识等。

第三类是美国学者关于体育观念本身的思考，重点是精英人物和大众的体育观念，即对体育价值的认识及其历史。

## 二、研究的视角

### （一）说明的与理解的体育思想史

体育史研究者通常把人类的体育活动视为人类体育实践的结果，而体育思想史研究者则往往把它视为人类自觉选择的行为，人类的理性或体育观念在其中起着尤其重要的作用。这两种视角都以其合理性成为理解人类体育行为的有效方法，但其差别也显而易见。前者倾向于对体育思想做实证的研究，立足于对体育思想观念的成因、影响与内容进行客观的分析；后者偏重于应用人文理解的方法，致力于探寻体育思想发生的主观心境与深层动机，并对体育观念的价值层面加以挖掘。二者虽然各具合理性，但理解的思想史以其兼具的历史本体论性质在理论层面上高于说明的思想史。

但是，无论是说明的体育思想史还是理解的体育思想史，都一定要充分考虑特定的历史背景及一系列复杂的社会、政治、经济条件和体育发展的实际情况，即使不可能完全还原历史，也要做到历史描述的相对客观性。本书将兼顾上述两种方式，首先对美国各个历史阶段的体育思想、流派的特征、异同、贡献进行说明，然后在此基础上，对体育思想与实践间的影响机制进行解释。

### （二）精英的与大众的体育思想

中国传统思想研究缺少形而上的传统，偏重于生活经验型，注重解决生活态度、生活意义等类型的问题。这种传统导致我国体育思想史研究表现出强烈的应

用性，使体育思想和思想史研究必然以精英体育思想，甚至主要把政治领导人和体育领导人的体育言论作为研究对象，缺乏思想研究所必需的超越性。

近年来，社会学方法不断介入体育人文学科的诸多领域，且有日益升温的趋势。它要求体育思想史研究从社会体育生活乃至民众日常体育生活中提炼出更多的东西。体育思想史既是人类体育生活的有意识的反映，自然应从体育生活史中攫取更为丰富的材料。换言之，体育思想史研究应该脱离既往精英体育思想史的束缚，将研究范围扩大至体育生活史领域，更多地关注大众的体育观念，因为大众体育观念才是实际影响社会体育生活的直接因素。这将会为体育思想史研究增添新的活力，扩大学术研究的空间。

但也有学者认为，大众体育思想或一般社会体育观念未必应该是体育思想史研究关注的重点。精英体育思想之所以备受关注，并不仅仅因为其思想的深刻，而是因为它能更准确、更有效地表达当时社会的体育思想及其动向，是一般社会体育思想的浓缩形态。而沉淀于社会体育生活等方面的一般社会体育思想由于分散芜杂，则难以典型地展现一个时代的体育思想观念，在体育思想史研究中只具有辅助地位。

作为余暇生活方式组成部分的体育生活极具私人性质，因而大众体育思想对社会体育影响极大，也会间接影响到高水平竞技等活动。因此，大众体育思想和精英体育思想具有至少是同样重要的意义，它们都应该成为体育思想史研究的重点。由于过去对大众体育思想的长期忽视，加之我国正处于从计划经济向市场经济、从国家主导型社会向民主型社会转型的过程中，这一点也就显得更为重要。

（三）体育与美国社会及人的发展

从历史研究的角度看，美国的体育和体育思想属于"本土化"的范围。美国体育的"本土化"——无论是欧洲传入的还是美国本土产生的体育，其核心或本质都是身体运动中人的"美国化"意识的确立及其对象化过程。教育和体育本土化进程的压力以及美国社会全面实现"美国化"的要求，决定了美国体育思想发展的终极目标。与此同时，体育中人的主体意识的兴起和体育活动的对象化过程，也建立在"美国化"社会环境里重建自我和个人存在的基础上。因此，必须从体育与社会发展的关系以及体育与人的发展的关系两个方面着手，体育观念和体育意识才能真正成为"思想史"的问题。

# 第三章 美国体育思想的萌生与体育体系的形成

早在1749年,富兰克林(Benjamin Franklin)就提出了身体锻炼在维护健康方面的重要意义。① 同时期的韦伯斯特(Noah Webster)也提出了体育锻炼可以加强正在发育中的身体的观点。② 但直到18世纪末,基于下述三个方面的原因,体育在美国的发展一直处于极其缓慢的状态。

一是清教徒们的抵制。这一时期的体育在形式上多以自发的游戏和娱乐项目为主,而这些活动正是清教徒口中的"原罪"的具体表现。在1774年召开的第一次大陆会议上,以清教徒为主的会议代表共同提出:"要抵制、唾弃那些放荡奢侈、腐蚀灵魂的活动,例如那些赛马、斗鸡、戏剧表演等纯粹以娱乐、游戏为目的的活动。"③ 该倡议受到当时大多教师和年轻父母的支持,以至于很多青少年在试图参加一些娱乐和游戏活动时都会受到警告:"魔鬼总是为无所事事的人找很多事做。"

二是18世纪的官能心理学(faculty psychology)理论的盛行。"德、智、体三育可以分开发展,学校是提供智力训练的场所,家庭和社会是提供德育的场所,而体育所涉及的器官功能、肌肉力量、营养等完全可以交由身体自己发展。"④ 这些现在看来毫无依据的教育理念,使体育在很长一段时间里被排除在美国的学校体系之外。

三是恶劣的自然环境。当时的美国大多数地区都还处在荒野阶段,移民们需

---

① Franklin Benjamin, "Proposals Relating to the Education of Youth in Pennsylvania", *Journal of General Education*, 1928 (3): 256-261.
② Noah Webster, *A Collection of Essays and Fugitiv Writings*, Boston, Thomas and E. T. Andrews, 1790: 338.
③ D B Van Dalen, *A World History of Physical Education*, California Prentice-Hall, Inc, 1971: 26.
④ D B Van Dalen, *A World History of Physical Education*, California Prentice-Hall, Inc, 1971: 371. 官能心理学的观点并非范达冷本人的观点,是其在描述18世美国体育现状时的背景介绍,原文已佚失。

要通过繁重的体力活动来建设家园，很少有人在劳动了一天后还有精力和体力进行一些体育锻炼。同时，造成早期移民死亡的主要原因是疟疾等突发性疾病和印第安人的袭击，而这些问题显然都无法通过体育锻炼来快速、有效地解决。

进入19世纪后，随着工业化的发展和城镇的广泛建立，以及裴斯塔洛齐、赫尔巴特等欧洲教育思想的影响，体育才逐渐受到社会的认可，但其过程却并非一帆风顺。1790年，时任美国总统华盛顿（George Washington）提出："全国所有学校中都应派遣军事教官来教授学生们体操，而18~20岁的青年应接受军事化的体质训练，且训练合格后才能获得选举权。"[①] 但该提议在1817年和1819年两次被众议院否决。直至1862年，华盛顿总统逝世63年后，该提议才经由《莫里耳法案》（Morill Acts）的公布得以部分实施。

同时期，一些大学开始尝试开设体育课程，但也大多昙花一现。福林（Charles Follen）博士在哈佛大学担任德语教师的同时，每周给自愿前来锻炼的学生讲授两次德国杨氏体操，但仅仅坚持了两年就因为没有学生而自动取消了；布朗大学的校长维兰德（Wayland）作为极少数热心于体育的大学校长，基于"体育提供了纯粹而又吸引人的社交娱乐，学生可以从中获得快乐，既不至于担心道德的风险，也不会引起不适当的寻欢作乐"[②] 的认识，为学生开设课余体操训练班，但同样也遭受了和杨氏体操一样的命运。当时著名体育学者哈特维尔（Hartwell）对这一时期美国体育的总结是："从19世纪初到1860年之前，在如何给学生提供专门的体育教育方面，美国所有的大学都没有进行周密的考虑和不懈的努力。"[③]

然而，自19世纪60年代开始，一些成功的案例开始出现，有关的学说和理论也逐渐增多，进而在这个新兴的共和国掀起了第一次体育热潮。尽管从现在看来，这些实践和理论存在明显的缺陷和不足，但它们却构建了美国体育体系的基本框架，是我们了解美国体育思想萌生与体育体系形成的起点。

## 第一节　体育思想的代表性学说

美国体育理论研究之所以在19世纪60年代进入蓬勃发展时期，主要原因有

---

① D. B. Van Dalen, *A World History of Physical Education*, California Prentice-Hall, Inc, 1971: 38.
② Louis F. Snow, *The College Curriculum in the United States*, New York, Company, 1857: 13–14.
③ Edward M. Hartwell, *Physical Training in American Colleges and Universities*, Washington D. C., Government Printing Office, 1886: 26.

两个：一是有些学者发现体育锻炼除了能够增强体质外，还能在精神和智力方面引起积极的效果。例如阿尔科特（A. B. Alcott）认为体育锻炼在增强体质的同时也能使人心情舒畅；布朗大学校长维兰德赞同体育练习具有促进学生学习能力的观点等。二是随着斯宾塞教育学说的传入，人们开始注意到体育锻炼作为学校体系组成部分的可能性。例如杰弗逊（Tomas Jefferson）认为，人在出生、成长和衰亡的过程中，精神和身体之间持续进行着交互式影响，这是极为严肃的事实，误导则会产生危险，因此，体育有必要成为国民教育的必要组成部分。但遗憾的是，大多数学者没有把这些思想落实到实践中，就像当时一位学者总结："一些学者已经发现了经常的体力锻炼与健康和智力之间的关系，但这些发现往往只存在于理论上，而很少被应用在实践层面。"[1] 然而，希区柯克、沙金特、毕彻和路易斯四位学者不但提出了开创性的学说，还将其应用到实践中，从而对这一时期的美国体育变革产生了深远的影响。

## 一、希区柯克（Edward Hitchcock）的学说

作为美国第一个大学体育部主任，希区柯克以"保持体质健康以及为学生提供紧张学习之后的休息"[2] 为目的，为全校学生开设了体育课程。他在1881年的校务委员会报告中概括描述了自己的体育理念："从阿姆赫斯特学院（Amherst College）80年的历史中可以看出，体育已经不仅仅是肌肉活动而已，它对神经系统和内脏器官都有益处。更重要的是，学生可以通过体育活动从紧张的学习中解放出来。如果去除单调的军事训练，按照合理规则进行的话，那么体育完全就是一种愉快的修养和优美的运动。"[3] 从中不难看出，除了维护健康，希区柯克还看到了体育在休闲娱乐方面的功能和价值。除此之外，他的开创性理念还体现在以下两个方面。

首先，希区柯克是第一个使用"体育"（physical education）一词的美国体育学者。[4] 富兰克林和韦伯斯特等早期的学者用"身体训练"（physical training）指代体育，与希区柯克同时期的学者大多用"身体文化"（physical culture）指代体育，直到20世纪20年代后，随着"新体育"思想的出现，美国学者才开始使用

---

[1] John C. warren, *Physical Education and the Preservation of Health*, Boston, William D. Ticknor and Company, 1846: 6.
[2] D. B. Van Dalen, *A World History of Physical Education*, California Prentice-Hall, Inc, 1971: 376.
[3] [日] 今村嘉雄，《欧美体育史（第三分册）》，成都体育学院翻译小组，1976：131.
[4] Anne S. Aller, *The Rise of State Provisions for Physical Education in the Public Secondary Schools of the United States*, Doctoral dissertation, University of California, 1935: 163.

"physical education"指代体育。然而，在19世纪中叶，希区柯克在担任阿姆赫斯特学院第一届主任的职位后，就开创性地使用了"体育部"（department of physical education）的名称。尽管笔者没有查到有关他为何使用这个名称的进一步研究，但可以肯定的是，希区柯克在此方面的理念领先同时代的学者近半个世纪。

其次，希区柯克辨析了体力劳动训练和体育锻炼在概念上的逻辑关系。19世纪30年代起，效仿费冷伯格模式（Fellenberg's school）的体力劳动训练曾一度风靡全美高校，尤其是在中、西部的俄亥俄州、印第安纳州和伊利诺伊州等新建大学中。体力劳动训练的提倡者认为工厂和田地的劳动同体育场上的运动一样，都是有益于健康的，还能使学生掌握一定的劳动技能，甚至还能给学校带来一定的经济收入，继而大力提倡用劳动训练代替体育锻炼。19世纪40年代，这种思想和模式发展到了最高峰。然而，希区柯克极力反对这种理念。他明确地指出，尽管体育和劳动训练在实践方式上有共通之处，但体育的目标是增强机体健康，而体力劳动训练的目标则是获得劳动技能、提高劳动效率和完成劳动任务，这种本质上的区别使二者不能互相替代。

综上，希区柯克的学说主要体现在三点：体育健身娱乐理论的系统化，体育概念的使用，体力劳动与体育锻炼的本质辨析。尽管希区柯克在体育方面提出了上述诸多开创性理念和做了诸多先驱工作，但他的学说和工作多载于范达冷和梅布尔等体育史学者的论著中，他自己公开发表的学术文章只有《美国大学中的运动》（*Athletics in American Colleges*）[1]，内容是对其体质测量系统的介绍和说明。

## 二、沙金特（Dully A. Sargent）的学说

19世纪中叶至20世纪之前，美国体育的特点是同时存在各种不同的模式，如德式体操、瑞典体操、重体操等，这些模式有的是从欧洲输入的，有的是在本国发展的，但无论哪个模式，其根本理念和最高追求大多都集中在体质健康。然而，沙金特博士所创立的学校体育模式在形式上尽管以瑞典体操为主，却蕴含着与其他模式大不相同的思想。

沙金特1879年来到哈佛大学时，提出了开创性的体育思想。此时，恰逢哈佛大学校长埃里奥特大力推行自由选课制度，在他的领导和推动下，哈佛大学全面实行选修制，除英语和现代外语之外，包括体育在内的其他所有课程均为选修

---

[1] Edward Hitchcock, "Athletics in American Colleges", *Journal of Social Science*, 1885, 20 (6).

课。沙金特向全校学生开设体育课的想法受到了埃利奥特校长的大力支持。所以，美国体育课程的确立除了沙金特等学者的努力，也得益于哈佛大学选课制度的创立与推行。

沙金特提出："体育运动的目标绝不仅是体质健康，而是个人在生理结构和功能方面的共同发展。"① 基于这种理念，他认为体育的目标具体由四个部分组成：①卫生目标：考虑个人机体各部分的正常相称、各器官的解剖和生理功能，以及研究促进健康的一般条件，如锻炼、营养、空气、沐浴以及服装。②教育目标：培养某些运动如高尔夫球、游泳等所需的特殊智力和体力。③修正目标：恢复精力，使人能精力充沛地恢复到日常工作，轻而易举地完成任务。④矫正目标：恢复失调的功能，矫正机体的缺陷和畸形。② 1883 年，沙金特在一篇文章中再次表示："肌肉活动的目的不仅在于获得机体的健康和优美，而是要打消病态的心理倾向，祛除意志消沉的阴影，并且保证精神的安定。"③ 1906 年，沙金特出版了美国第一本有关体育思想和哲学体系的专著《体育》（*Physical Education*），书中详细阐述了他对体育的认识与理解。

总的来说，沙金特体育学说最大的特征就是对体育目标和功能的发展。这使得沙金特的体育学说与当时学校体育中流行的各体操派系有显著的区别。同时，他还根据自己的理念提出了在学校体育中推行竞技运动的设想，这也是当时很少有人能够考虑到的。

### 三、毕彻（Catherine Beecher）的学说

毕彻的学说首先体现在女子体育方面，她认为对女子而言，体育同德育和智育同等重要，体育的目的不仅是促进健康，而是要实现"促进健康（health）、体态优美（beauty）和力量（strength）的综合发展。"④ 为了实现这个目的，她在德式体操的基础上创建了柔软体操，并把柔软体操的特征归纳为四点：①简单易行。所有学校和家庭都可以使用，不必设置专门的场所和设备。②男女皆宜。在保证促进健康、力量和体态优美的基础上，去除了激烈和高难度的练习。③以林氏发现的科学依据为基础。④每个练习动作都有附图，任何人在没有教师指导

---

① Dudley A. Sargent, *Physical Education*, Boston, Ginn and Co., 1906: 296.
② Dudley A. Sargent, *Physical Education*, Boston, Ginn and Co., 1906: 61-67.
③ Dudley A. Sargent, "Physical Education in Colleges", *North American Review*, 1883, 136 (2): 177.
④ Catherine Beecher, *A Manual of Physiology and Calisthenics for Schools and Families*, New York, Harper and Brothers, 1856: 5.

的情况下都可以进行练习。①

从中可以看出，尽管毕彻也看到了体育在体质健康之外的功能，但与希区柯克等学者不同的是，她把健康、体态优美、力量作为同位概念，共同构成了体育的目标，而希区柯克则把力量、身体姿态等作为反映健康的具体指标，是健康的下位概念。与毕彻的学说大致相同的还有温希普（George Winship），他认为，体力和健康是等同的，凡能提高力量的练习必然有利于健康。② 除此之外，毕彻还认为医学在维护健康方面的能力大于体育，提出"如果学生身体虚弱或是在练习中产生任何不良反应，体育教师应立即寻求医生的帮助"。③

1856年，毕彻出版了《学校与家庭生理学和柔软体操指导手册》（*A Manual of Physiology and Calisthenics for Schools and Families*），这本书不但是她影响最大的著作，也标志着她的学说从女子体育转向对整个欧洲体操的本土化方面。

在毕彻所处的时代，大多数体育练习手段都是来自欧洲，几乎没有人考虑过这些练习在美国社会的适应性问题。毕彻是第一个看到这个问题并为之付出努力的美国人。④ 她认识到创建一套适合美国人的体操体系是体育推广的关键所在："这场艰苦而巨大的斗争就是要通过建立一套真正适合美国人的体操体系，使学生、教师、家长以及学校的管理者愿意在学校教育的计划中增设足够的时间和精力用于体育，以保障学生的健康、强壮和美丽。"⑤

总的来说，毕彻的学说主要集中在两个实践层面：一是女子体育，二是对欧洲体操的改造。

## 四、路易斯（Dio Lewis）的学说

尽管在今天的美国体育中已经几乎看不到路易斯的身影，但在19世纪下半叶，他的理念及其创立的"新体操"对美国体育的阶段性发展有着巨大的影响。

路易斯对当时的四种主要体育学理论均持反对态度。"他反对温希普和毕彻把力量、优美姿态和健康等同起来的体育学说，认为力量象征健康和幸福的观点

---

① Catherine Beecher, *A Manual of Physiology and Calisthenics for Schools and Families*, New York, Harper and Brothers, 1856: 4.
② D. B. Van Dalen, *A World History of Physical Education*, California Prentice-Hall, Inc, 1971: 375.
③ Catherine Beecher, *A Manual of Physiology and Calisthenics for Schools and Families*, New York, Harper and Brothers, 1856: 9-10.
④ D. B. Van Dalen, *A World History of Physical Education*, California Prentice- Hall, Inc, 1971: 389.
⑤ Catherine Beecher, *A Manual of Physiology and Calisthenics for Schools and Families*, New York, Harper and Brothers, 1856: 6.

是极端错误的；他反对当时'形式自由的游戏有助于身体机能发育'的自然主义思想，认为教师的引导是最主要的教育元素；在军事训练占统治地位的战争时期，他公开表示军事训练不但不能使肢体获得发展，而且会导致关节僵硬等不良症状，而在当时提出这种观点是很需要勇气的，因为不支持军事训练的行为往往被认为是对国家的不忠诚；他还反对当时初露端倪的大学竞技运动，认为它会使身体各部分的负担不均匀。"①

路易斯认为，实现"精神与身体均衡发展"的最佳途径是他自己创建的"新体操"。在1860年的全美教学协会年会上，他把自己的体育思想及其"新体操"介绍给了与会学者，获得了广泛的赞同："会议用了两个多小时观看路易斯的体操表演，由此引发的有关体育训练的讨论吸引了所有学者的关注，并被认为是历届会议中最重要、最具有使用价值的问题。"② 会议最后形成决议，建议所有学校都采用他的体操。新英格兰地区的一些学校在课程中增加了路易斯的"新体操"，每天15分钟左右。他的开创性工作还体现在专业体育方面。1861年，他在波士顿创办了全美第一所体育师资培训学校——体育师范学院（Normal Institute for Physical Education）。

综上，路易斯初建了"新体操"体系，丰富了体育的途径和手段。另外，他还创办了美国第一所体育师资培训机构，填补了美国专业体育体系的空白。

## 五、其他学者及其思想

在这一时期，还有一些学者也提出了自己的体育理念。较之上述四位学者，他们的观点或是不够系统，或是欠缺实践与反思。但尽管如此，他们也对美国体育思想及其实践体系的形成起到了重要的作用。

波塞（Nils Posse）是第一个系统地把瑞典体操介绍到美国的人。他对体育运动的功能有着独特的认识："身体训练不仅要使人健康，更重要的是让人掌握收、放、表达的技巧。具体练习动作的选择标准是鼓励人体自然地动作，防止和克服异常发育的倾向，继而实现抵消现代文明对人类身体的侵蚀。"③ 从中不难看出，波塞已经认识到体育在促进身体健康以外的功能与价值。

---

① ［日］今村嘉雄，《欧美体育史（第三分册）》，成都体育学院翻译小组，1976：104 – 108.
② *Massachusetts Teacher*，1860，13（10）：383.
③ Nils Posse, *The Special Kinesiolgy of Educational Gymnastics*, Boston：Lothrop, Lee and shepard Co., 1894：2 – 3.

法国戏剧与声乐教师迪尔沙特（Francois Delsarte）曾在波士顿创办了一所教授体操的俱乐部。尽管他自己并没有公开发表任何学术观点，但他在体操教学中对韵律与姿态美的强调，使美国人认识到体育运动的美学意义和价值，这使其成为美国体育美学实践的第一人。①

还有一名学者，他的思想之所以没有引起大家的关注，并非其不够深刻，而是超越了他所处的时代。1893年，刚刚从斯坦福大学转到哥伦比亚大学担任健康教育系主任的伍德，在全国教育学会（National Education Association）大会演讲时提出："体育的伟大理念不在于身体训练层面，而在于身体训练和全面教育的关系，以及身体如何在个人生活中的环境、运动、文化方面充分发挥它的作用。"② 遗憾的是，伍德当时的理念就像旷野里的呐喊，直至多年以后，才渐渐有了回声。

## 第二节　讨论与分析

### 一、诸学说之间的共性和异性

通过上述考察可以看出，四位学者的学说在体育的目标和内容方面均存在明显的差异。然而，由于各学说的根本目的都是谋求学校体育的建立和发展，因此在理论上存在三个方面的共性：首先，他们都看到了体育在促进健康方面的功能与价值；其次，他们都认为体育是学校教育的必要组成部分，支持体育课程的开设和推广；最后，他们都或多或少地借鉴了德式和瑞典体操的教学内容与方法。例如，沙金特把德式体操和瑞典体操综合应用在自己的课堂上，希区柯克主要以德式体操为主，而毕彻的柔软体操借鉴了德式体操以音乐为伴奏的特点，路易斯创立的"新体操"则大量借鉴了德国体操家施勒巴的"室内医疗体操"、克罗兹的"家庭体操者的哑铃练习"，后来又融入了一些瑞典医疗体操。

在差异性方面，四种学说首先表现为对理论和实践侧重的不同。希区柯克和沙金特的学说相对偏重于理论方面，如希区柯克对体育与劳动训练的概念辨析，沙金特对体育目标体系的构建；毕彻和路易斯的学说则相对偏重于实践层面，如

---

① Emily Bishop, "Americanized Delsarte Culture", *Proceedings of the American Association for the Advancement of Physical Education*, 1892; 85.
② Tomas Wood, "Some Unsolved Problems in Physical Education", *National Educaiton Association Proceedings*, 1893, 621.

二者都构建了特有的体操体系。在具体层面，四种学说的异性主要表现在对体育目标的定义和课程内容的选择上。在体育的目标方面，希区柯克认为体育的目标是健康和娱乐；沙金特与路易斯相同，把体育的目标定义为身体和精神的共同发展；毕彻则把健康、体态优美、力量等同起来，共同作为体育的目标。在具体的课程内容实施方面，希区柯克的特点是把每节课分为内容不同的几个部分，在每个练习部分都辅以不同的体操道具或音乐伴奏，沙金特的特点是以瑞典体操为基础，辅以由他自己创造的许多力量练习器械练习，毕彻和路易斯则分别以自己创建的体操体系为课程实施的主要内容。

## 二、诸学说的历史贡献

总的来说，19世纪中叶至20世纪前，体育尚未得到美国社会和学校的普遍支持，但上述四位学者通过在各自领域中的不懈努力与先驱工作，使愈来愈多的人看到了学校体育的价值和必要性，为美国学校体育的发展做出了巨大的贡献。具体来看，这些贡献主要集中在以下两个方面。

### （一）体育思想的发展

在19世纪中叶以前，受德国等欧洲体育思想的控制，美国体育思想的主题主要集中在体质健康方面，很少有人对体育在其他方面的功能和价值进行深入的思考。而上述四位学者则通过各自的开创性学说，从娱乐性、教育性两个方面，极大地拓展了美国体育思想的研究视域。

1. 在娱乐性方面

根据范达冷的记载，19世纪中叶以前的一段时间，美国高等教育出现了一个令人担忧的情况：商业活动和休闲时间的增多，使大学生成为弹子房、酒店和滚木球场的新兴消费群体，饮酒、吸烟、吸毒以及一些赌博性游戏逐渐成为他们的主要消遣方式。于是，教育家和学校管理者纷纷出台各种法令，试图禁止这些不正当的娱乐活动。但同时，他们又没有给学生提供正当的休闲娱乐手段以代替那些被禁止的活动。针对这种情况，希区柯克首先在理论上提出大学应该为学生提供组织化的体育活动，以供学生作为课余消遣、休闲的手段和消除脑力疲劳的方法。然后，他又通过在课余时间为学生组织体操锻炼的手段，从实践层面为休闲体育的发展做出了贡献。沙金特在此方面的贡献是支持校园竞技运动的发展。在当时，以橄榄球为代表的大学竞技运动充斥着严重的暴力和伤亡事故，因此而受到了学校和社会的普遍抵制。然而，沙金特对大学竞技运动持赞同态度。他认为,只要组织管理得当,这些娱乐活动可以和体育课程一样具有教育性,因为"从教育的眼光来看,一切肌肉活动的总目标都是改进行为与培养品德"。① 毕彻在此方面的贡献是创建女子休闲体育途径。针对女子体育锻炼方式匮乏的状况,毕彻创立了柔软体操以供女生在每天的课余时间进行锻炼,她在一则学校公告中这样描述:"我们骄傲地指出,学院每半天就会有半小时的体育锻炼时间,而不是像其他学校一样每天只有五分钟时间。具体方法是在音乐伴奏的环境下练习柔软体操,或是直接进行音乐韵律的练习。凡是采用过这两种方法的学校都认为,这些活动不但没有任何伤害和危险,而且在改进姿态和仪表方面要远远胜于舞蹈。"②

2. 教育性方面

在教育性方面,做出突出贡献的是沙金特。他不但在理论上提出了教育目标是学校体育的主要目标之一,以及竞技运动也存在教育性功能和价值,更重要的是,他把这种思想落实到了实践中,这是同时期其他学者所欠缺的。沙金特带着他开创性的体育思想来到哈佛大学后,受到了时任校长埃利奥特(Eliot)的关注和支持。因为在沙金特的重新诠释下,体育的目标与功能完全符合埃利奥特所提倡的新型通识教育。埃利奥特倡导根除旧式经典教育及其死板的课程模式,在他的领导下,哈佛大学的课程迅速扩大,允许学生选择课程。由此,体育成为哈佛大学通识教育的一部分,这为体育成为教育的必要组成部分迈出了重要的一步。

综上,希区柯克等人的学说和理念拓展了美国体育思想的领域,系统化地阐述了体育在个体健康促进方面的价值和功能。但必须指出的是,尽管他们论及了体育的休闲娱乐和教育功能,但在他们的理念中,这些功能的作用对象依然在个体层面,而没有上升到社会层面。

(二)体育课程与教学

在 19 世纪中叶以前,由于缺乏标准的课程模式和有效的教学方法,美国体育课程一直处于若有若无的状态,仅有的几次尝试也大多以失败而告终。但上述四位学者的先驱工作,为美国体育课程与教学的标准化与有效性做出了重大的贡献。

---

① Dudley A Sargent, "Academic Value of College Athletic", *Education*, 1907, 27 (2): 323.
② *American Annals of Education*, 1833, 3 (8): 380.

希区柯克在阿姆赫斯特学院开设了第一个有组织的美国体育课程，为其他学校树立了典范。在他的建议下，学院修建了一个新体育馆（面积40英尺×50英尺），为学生设置了单杠、架杠、跳马、跳板、卷轴绳、栓柱、倾斜板、垂直杆、横梯、竖梯、木环、滚木球道、划船器、重物和火棒等设施设备。他要求所有学生每周到体育馆4次，每次半个小时。在具体的授课内容与方式上，范达冷（1971年）是这样描述的："首先是大约20分钟的轻型木质哑铃操，每个哑铃大约一磅重，偶尔也用棍棒和木环代替。然后是10分钟左右队列行进，夏天用快步，冬天用跑步。剩下的10分钟是自选活动的练习，包括跑步、舞蹈、唱歌、翻筋斗或是火棒和重器械练习。"①

毕彻和路易斯在此方面的突出贡献是提出了体育课程本土化的要求。毕彻创立了独特的柔软体操课程。路易斯则创立了"新体操"体系，他的体操课程尤其针对那些最需要合理实施身体练习的人，比如特别强壮的人或肥胖、体质虚弱的青少年以及各种年龄的女性。这种课程对德式和瑞典体操起到了必要的补充。

沙金特在此方面的贡献是通过改善教学器材、制订教学步骤两个方面，极大地促进了矫正体育的发展：在教学器材方面，沙金特创造出体弱者和肢体残缺者也能进行针对性练习的力量促进训练。沙金特设计每种器械都是用来锻炼针对性的肌肉群，学生在课堂上轮换使用各种器械，就可以锻炼到全身所有主要肌群。基于他自己改造的各种器械，沙金特创建了一套独特的教学步骤：①调查个人卫生情况，家庭病例等；②彻底检查心肺功能；③用测力器精确测量两臂、胸、背的力量；④详细记载身体各部测量数字，注意各部两侧发育的不同以及与规定标准的差异；⑤规定适合个人职业和经常使用肌肉的运动练习；⑥按照规定用特制器械增强软弱肌肉的体力；⑦软弱部分增强后，即可参加正常班的集体练习。②

综上，希区柯克等四位学者通过在体育课程模式、教学实施步骤、教学器材使用和课堂组织管理方面的卓越贡献，完成了美国体育课程体系的初创，使大学管理者看到了设立体育课程的价值与可行性。

（三）体育师资培训的创建

1861年，路易斯在波士顿创建的体育师范学院是美国第一所按年级编制的体操师范学校，开设的课程有解剖学、生理学、卫生学、体操和口令等，每期的

---

① D. B. Van Dalen, *A World History of Physical Education*, California Prentice-Hall, Inc, 1971: 371.
② D. B. Van Dalen, *A World History of Physical Education*, California Prentice-Hall, Inc, 1971: 386.

课程为九周。除此之外，路易斯还在马萨诸塞州的莱克星敦开设了专门针对病弱少女的学校，目的是恢复健康，养成良好的生活习惯。在路易斯的学校于1868年因为招不来学生关闭后，美国体育师资在很长一段时间里几乎处于停滞状态，唯一的一所由纽约体操联盟在1866年创办的体育师资培训学校也处于名存实亡的状态：首先是南北战争使学校被迫关闭，然后在长达十年的时间里都处于没有固定校址的流浪状态，好不容易在芝加哥找到校址并招收了一个班的学生后，整个学校又因为芝加哥大火而付之一炬。

沙金特为美国体育师资培训的复苏做出了关键性的努力，他在麻省的剑桥开办了一所名为 Sanatory Gymnasium 的体育馆，凡是希望从事体育教学工作的人都可以免费入学，接受为期一年的体育师资培训课程。为了提高教学质量，沙金特还制订了一套包括理论与实践内容的两年制培训课程。史学家本内特（Bruce L. Bennett）对培训课程的描述是这样的："沙金特的体育馆与现代体育馆大不相同，它设在一个马车库的二楼，一端是一个滑动的仓库门，另一端有一个大火炉，四周开了许多大窗户以便保持室内空气流通。沙金特博士就坐在火炉旁给学生讲课，然后进行练习。下午是儿童班的课，晚上则是在职教师和成人的课程。师范学校的学生先是在这些班上做助教，然后被派到附近的公立学校实习授课。"① 尽管学校早期毕业的人数并不多，但大都成为后来美国体育的领导人和权威。

沙金特在体育师资方面的另一个贡献是创办了暑期培训学校。他是第一个发现暑期培训学校在促进体育师资发展方面的价值，并付诸实践的人。在哈佛校长埃利奥特的支持下，沙金特于1887年创办了第一期培训班，时间为五周，学生达到57名之多，只比参加人数最多的化学培训班少5人。学员的人数和沙金特认真负责的态度保证了培训班的成功，为各级学校培养了众多高质量的体育教育人才。沙金特还和乔治·菲茨合作，于1891年在哈佛大学的劳伦斯科学院（Lawrence Scientific School）开设了四年制的解剖、生理与体育系（Department of Anatomy, Physiology and Physical Training），但这个系只培养了9名毕业生，并且几年后就停了。

总的来说，路易斯和沙金特的开创性工作和不懈努力为美国体育师资的形成

---

① Bruce L. Bennett, "The life of Dudley Allen Sargent, M. D., and his Contributions to Physical Education", Doctoral Dissertation, University of Michigan, 1947: 103.

和发展做出了重要的贡献。另外还要指出的是，沙金特体育师资培训班的成功，吸引了来自全国各地的体育教师和学者，这些拥有不同教育经历、背景的人聚在一起学习，成就了一个意想不到的效果：几乎导致美国体育界分崩离析的德式体操、瑞典体操等不同派系之间的斗争，因为有了自由接触和交流的机会而逐渐增加了了解、消除了对抗，进而为美国本土体育系统的形成奠定了必要的基础。

（四）体育测量与评价

希区柯克开创了人体测量学。在阿姆赫斯特学院的执教生涯中，他细致地测量每个学生的年龄、体重、身高、手指伸展幅度、胸围、肺活量和体力（以引体向上的次数来反映），从入学第一天到毕业，所有的学生都要经过5次这样的测量。希区柯克获得的这些数据，为解剖学和生理学提供了大量的研究数据，并使学生能通过每次测量看到各自体质的发展。

沙金特在此方面的贡献是引起了人们对体力测试的普遍关注。经过多次观察和实验，沙金特认为只凭皮尺测量不足以衡量学生的体力和运动成绩。因此，他于1880年利用哈佛大学毕业生布利海姆（W. T. Brigham）八年前从巴黎带回来的测力器，创造了一系列的体力测验项目。尽管布利海姆首先进行了体力测试，但他只坚持了很短的时间，而沙金特却把这项工作继续深入下去。他创建了一套体力测试方案，以测定背力、腿力、握力、臂力以及肺活量为主。1898年，沙金特统一了大学大规模校际比赛用的这些测验标准。尽管进入20世纪后体力测试即被更全面的体育测评系统替代，但较之单一的身体测量，它已经是体育测评方面的重大进步。

综上所述，希区柯克、沙金特、毕彻和路易斯的学说使人们对美国体育的认识发生了巨大的转变：大学管理者认识到体育不但能够增强体质，而且在精神和智力上也能对学生产生积极的影响；教师通过正规的师资培训，掌握丰富的教学内容和方法；学生则从系统化的体质与体力测评中切实看到体育锻炼在体质健康促进方面的功效，继而激发出体育参与的兴趣。

### 三、诸学说存在的问题

通过上述考察可以看出，四位学者对美国学校体育早期发展做出了巨大的贡献，但从历史的眼光看，他们的学说共同存在三个方面的不足。

## （一）重"体"轻"育"

在有关体育功能的理解方面，较之 19 世纪中叶以前，四位学者都取得了一定的进步。例如希区柯克提出娱乐休闲也是体育的主要功能与目的，并且否定了以体力劳动训练代替体育的错误理念；沙金特构建了一个综合的体育目标体系，首次把教育目标作为其中之一。然而，从更深层次看，他们都没有明确指出学校体育的教育本质。

希区柯克虽然指出了体育的休闲娱乐功能，但这种功能从本质上还是为体质健康服务，为学生能更好地进行智力学习而服务。这种理念使他在四十年的体育生涯中实际上一直扮演着医生的角色，而非真正的体育教育者。毕彻把健康、体力和优美姿态等同起来的思想更是缺乏依据的。显然，体力和姿态优美只能是健康的构成要素，而非健康的同位概念。沙金特虽然在其目标体系中开创性地提出了体育的"教育目标"，但他的进一步解释是"培养高尔夫、游泳、篮球等运动项目所需要的特殊智力和体力"，也就是说，他所谓的教育目标只是运动的技战术能力和体能方面的教育，而非一般意义上的教育。

总的来说，尽管他们都大力提倡学校体育的价值和必要性，但在他们的理念中，始终把"体育"看作是医学或卫生学的组成部分，而非教育的组成部分。这也就解释了为什么"新体育"发起人伍德博士于 1893 年宣扬"体育不是针对身体的教育，而是通过身体的教育"[①] 时，"他的声音就像旷野里的呼声，几乎没有激起任何回声"。[②]

## （二）本土化改造的缺失

为了能更好地推广体育，希区柯克、沙金特等人的学说都注意到了对德式和瑞典体操的改造并为之付出了不懈的努力。然而，他们所创建的课程体系都没有摆脱形式化体操的桎梏。显然，体操练习是以纪律、规范、形式化为核心，代表了德国、瑞典的军国民政治思想，与美国的新教伦理以及新兴资产阶级所追求的民主、自由思想是相悖的。因此，以体操为主的练习无论多么的合理、有效，都

---

[①] Thomas D. Wood, "Some Unsolved Problems In Physical Education", *National Education Association Proceedings*, 1892 (32): 621（原文：The great thought in physical education is not the education of physical nature, but the relation of physical training to complete education, and then the effort to make the physical contribute its full share to the life of individual, in environment, training, and culture）.

[②] D. B. Van Dalen, *A World History of Physical Education*, California Prentice-Hall, Inc, 1971: 400.

势必受到来自美国主流意识形态的抵制和反抗。当时的一名专栏记者反映了人们的这种态度:"体操教师和有关组织通过他们的努力,为我们提供了很好的体育课程,但必须说明的是,我们看不到我们的美国青年在这些课程中真正得到了哪些益处。"①

毕彻虽然是最关注本土化改造的学者,但她创立的柔软体操显然也是以体操为主,只是在形式上有所变化而已。这同样使人们不会对这些运动产生真正的兴趣。就像瓦尔任(Dr. J. C. Warren)在波士顿举行的美国教育学年会上所说的:"全国普遍兴建体育馆的热潮,似乎预示着美国即将进入体育的大发展时代。然而,由于体育的传播者没有将体育真正的重要性教授给人们,所以大多数人的体育锻炼只是出于一种新奇和时尚的动机,这使得人们很快就忽视或忘掉这些练习,至少在我们附近是这样的。"②

路易斯的"新体操"虽然在中小学一度风行,甚至一些大学也把它作为课程,但"截至19世纪末,由他亲手创办的学校和毕生努力的体操在所有学校中几乎没有留下一点痕迹。这一事实表明,路易斯的体操没有考虑到如何按美国人的要求去改造、创新。这不仅是路易斯体操的下场,整个德式体操的命运都是如此。"③

综上,尽管希区柯克、沙金特等人使体育教学的效果与合理化得到了显著提高,但他们并没有考虑到如何构建一种真正美国化的体育形式。究其原因,他们对体育的认识只停留在身体层面,也就是个体层面,而没有从整个社会层面考虑体育的价值和功能,这使得他们的学说没有实现对欧洲体操的本土化改造。

(三)游戏的忽视与抵制

如前文所述,希区柯克等人的学说在根本上是以促进体质健康为目标。因此,他们在实现体育的娱乐休闲功能时,只是以体操为主要形式和手段,有关游戏的价值和功能几乎没有被考虑过。例如根据哈特韦尔(Hartwell)的记载:"希区柯克极力反对以竞技运动和任何激烈的游戏作为学生休闲娱乐的手段,因为他认为那些活动是'狂热且暴力的职业选手才进行的活动'。"④

---

① "The Turnfest", *Frank Leslie's Illustrated Newspaper*, 1 October 1964: 29.
② Quoted in Hartwell, *Physical Training in American Colleges and Universities*, Washington, Govt. Print. Off, 1886: 25.
③ [日] 今村嘉雄,欧美体育史(第三分册),成都体育学院翻译小组,1976: 108.
④ Edward Hartwell, *Physical Training in American Colleges and Universities*, Washington D. C., Bureau of Education, 1885: 5.

实际上，欧洲教育家在此方面的思想早就传入了美国，如弗勒伯尔的游戏论早在19世纪中叶就在美国教育界形成了一定的影响。但希区柯克等人始终没有将此类学说付诸实践，只是考虑如何通过各种形式的体操活动去实现体育的功能与价值。例如当社会上逐渐盛行的野营、民族舞蹈和体育比赛等游戏活动使人们逐渐看到承认游戏在休闲娱乐方面的价值，继而提出是否在课余时间用游戏代替形式化体操的观点时，受到了瑞典体操拥护者的反对："体操和游戏尽管在一些目标上是相同的，但两者所产生的效果截然不同，尤其是对瑞典体操而言，决不能把游戏作为体操练习的辅助手段。"①

除了理念层面，对游戏的抵制还来源于实践层面：19世纪下半叶美国大学科目和课程迅速增多，这使得在体操的有限练习时间里再费时费力地去组织游戏活动几乎成为不可能的事情。因此，德式体操与瑞典体操之间的争论一下子变成了整个体操界与游戏论之间的对抗。体操拥护者认为体操远比游戏更有教育价值，如路易斯就坚决反对自然体育学说所提倡的游戏论；而游戏论拥护者则认为游戏具有最高的教育价值，如"新体育"的主要开创者古利克。

总之，对19世纪末初露端倪的游戏论思想，体操家们在理论和实践层面都采用漠视甚至抵制的态度，这为体操运动在20世纪初的再次衰落埋下了伏笔。

## 第三节　美国体育体系的形成

尽管一般意义上的美国体育可能和美国的历史一样长，但真正现代意义上的、具有完整框架体系的美国体育直到19世纪末才逐渐形成。因为直到这一时期，美国的学校体育、专业体育和休闲娱乐体育三个要素终得以形成。而在诸要素的形成过程中，希区柯克等四位学者的学说发挥了重要的影响作用。

### 一、学校体育

如前文所述，希区柯克等学者在学校体育领域中做出了许多开创性工作。在他们的影响和推动下，美国学校体育的组织机构管理、课程设置、教学实施与体

---

① ［日］今村嘉雄，《欧美体育史（第三分册）》，成都体育学院翻译小组，1976：162.

质健康测评纷纷被建立起来。

在管理方面,希区柯克所在的阿姆赫斯特美国体育部和沙金特所在的海明威体育馆,成为美国学校体育组织管理模式的典范。在管理者的任用方面,美国体育部或体育馆的管理者逐渐由医生担任,薪金由学校支付(希区柯克是第一个由学校支付薪金的全职体育部门管理者,第一年的薪金为1000美元,次年升至1200美元①)。在此之前,大学在此方面没有特别要求,也不支付薪金。例如弗吉尼亚大学在1852年聘用一个经营菜园和俄式浴池的法国人作为体育教师和体育馆的管理者;哈佛大学在聘任沙金特之前,其体育教师和管理者由一名前职业拳击手担任,他们的薪金由学生负担。② 在管理制度方面,希区柯克要求学生每周不定时来体育馆锻炼4次的办法不但在当时成为一种典范,甚至在两个世纪后的今天依然被美国一些学校采用,只不过是由原来的签名制度换成了高科技的电子打卡器。总之,"截至1915年,高等学校中有252所大学效仿阿姆赫斯特美国体育部、海明威体育馆的模式管理美国体育,占当时大学总数的95%"。③

在课程设置方面,希区柯克和沙金特创立的美国体育课程远远走在了时代的前面,直到19世纪80年代末,他们的影响才逐渐展露。"1887年,在全国272个主要城市中,把体育列入教学计划中的学校只有7%,1890年增至29%,1892年增至54%。"④在美国州立大学中,"1888年之前没有一个学校开设体育课程,但在1888年至1900年之间,有14个州立大学开设了男子体育课程,同时,也有15个州立大学在这一时期开设了女子体育课程"。⑤ 在美国体育课程快速发展的过程中,他们的影响主要体现在三个方面:一是希区柯克所开设的体育课程为其他大学树立了模式。二是沙金特在矫正体育方面的努力为美国体育树立了目标。"在有体育课程的大学里,沙金特的课程体系成为主要的效仿对象,重点是增强体质和矫正身体上的缺陷。"⑥三是毕彻的柔软体操为大学女子体育课程的设立提供了理论依据和实施途径。

在教学实施方面,希区柯克、沙金特等人在课堂组织、教学方法、教学步骤方面的诸多先驱工作,对美国体育教学产生了深远的影响。不仅在20世纪前,甚至在20世纪后的"新体育"时期,他们所创立的教学组织和方法依然被大量

---

① Mabel Lee, *A History of Physical Education and Sport in the U. S. A.*, John Wiley & Son, 1983:90.
② D. B. Van Dalen, *A World History of Physical Education*, California Prentice-Hall, Inc, 1971:376.
③ [日] 今村嘉雄,《欧美体育史(第三分册)》,成都体育学院翻译小组,1976:88.
④ [日] 今村嘉雄,《欧美体育史(第三分册)》,成都体育学院翻译小组,1976:101.
⑤ Mabel Lee, *A History of Physical Education and Sport in the U. S. A.*, John Wiley & Son, 1983:88-91.
⑥ D. B. Van Dalen, *A World History of Physical Education*, California Prentice-Hall, Inc, 1971:400.

采用（这方面的具体内容将在下一章详论）。希区柯克首先开创了在一节体育课中安排多个活动内容的教学形式。在此之前，大多数学校的体育课程在内容上均由单一的活动内容组成。例如美国历史上第一个聘任体育教师的圆山学校（Round Hill School），它的体育课程内容只有德式体操。① 沙金特的"七步"教学法被纽约市体育学校、卫生研究所写在教学指南手册中，建议纽约所有开设体育课的学校仿效。毕彻则首先注意到了如何在课堂上充分发挥学生之间的相互影响，她还提出教师有责任培养学生助手或分队长，利用他们去指导各队操练并做示范动作。在她的课程上，每个学生在教室或体育馆中都有固定的位置；每个学生都有一个练习搭档，如班上男女生都有，就把他们配成对，好像伙伴一样。毕彻还建议，所有练习都要经过重复，以便学生牢固掌握，随着练习次数的增加，可适当增加动作速度和力量。这些创举在提高体育教学效果方面做出了贡献。路易斯在体育教学时特别强调音乐的伴奏。在没有音乐的地方，用打鼓指导节律。他同样认为男、女生同时上课不仅没有坏的影响，而且还能增添上课时的喜悦气氛和社会性。另外，他还特别强调体育课要注意通风、明亮度和防尘。

在体质健康测评方面，希区柯克和沙金特带领美国体育界在1885年至1900年期间进入了人体测量的黄金时代。沙金特于1879年在哈佛大学制订了一套由40多项指标组成的人体测量方案。作为美国体育促进会（American Association for the Advancement of Physical Education）的第一任主席，希区柯克以促进会的名义，大力支持沙金特的人体测量项目体系，将其作为全美大、中学使用的标准方案。基督教青年会（YMCA）也采用这套标准作为国际体格检查的基础。另外，还有许多大学在这一时期使用这套方案作为学生的体格检查标准："赛吾尔在耶鲁大学检查了2700名学生；伍德在韦尔斯利女子学院检查了1600名学生；克拉普在内布拉斯加大学检查了1500名学生；波特在圣路易斯、海斯汀在奥马哈、克里斯托弗在芝加哥以及其他的一些学者对本地的大学或公立学校的学生进行了体格测量。"②

在整个美国，以竞赛为主的竞技运动主要起源于大学校园。原因主要是当时的大学生大都远离家乡，在空余时间无所事事，各种形式的竞赛成为大学生们消磨时间的最佳选择。自发的学生社团是竞赛活动的主要发起者，最初的形式主要是自发开展各种自由运动和游戏，没有学校管理者的参与，甚至大多数情况下是

---

① D. B. Van Dalen, *A World History of Physical Education*, California Prentice-Hall, Inc, 1971：378.
② D. B. Van Dalen, *A World History of Physical Education*, California Prentice-Hall, Inc, 1971：426.

瞒着校方进行的。直至1860年代，才有校方以顾问的形式参与到这些竞赛活动中。从某种意义上看，在南北战争前，就有大学开始对学生的竞赛活动进行干预和管理，主要原因是这些竞赛活动造成学生伤害事故。但正式的、有组织的大学竞赛开始的标志是1870年美国大学赛艇协会（Rowing Association of American College）成立。随后，普林斯顿大学、耶鲁大学等学校于1873年联合组成了校际足球协会（Intercollegiate Association for Football）；耶鲁大学等于1875年成立了校际业余运动员协会（Association of Amateur Athletes of America），这些协会的成立标志着美国组织化竞赛运动的开始。

综上，尽管富兰克林等学者也从体质健康的视角，看到了体育在学校教育体系中的价值和必要性，但他们都没有构建出切实可行的学校体育组织管理与课程实施体系，这使得他们的学说只能停留在理论层面。而希区柯克和沙金特则建立了大学公共体育组织与实施的模式。同时，基于大学生的自发组织，以及学校管理方出于安全理由的介入，组织化的竞赛活动在美国社会初现端倪。至此，美国学校体育完成了基本框架的构建。

## 二、专业体育

如前文所述，在希区柯克开创有组织的学校体育课程的同时，路易斯创办了以体育师资培养为目的的专业体育。随后，沙金特为这种专业体育体系的恢复做出了巨大的贡献。在他们的影响下，美国专业体育走上了以私立师范学校为主的发展道路，代表性的机构有威廉·安德森于1886年开办的布鲁克林体育师范学校（Brooklyn Normal School for Physical Education），以后他转至耶鲁时又迁至纽黑文。哥伦比亚大学的沃森·萨维基在纽约创办了萨维基体育学校（Savage School of Physical Education）。波士顿体操师范学校（Boston Normal School of Gymnastics）是专为培养瑞典体操教师，由海明威夫人赞助于1889年设立的。第一名教师是瑞典皇家中央体操学院（Royal Central Gymnastic Institute）毕业的尼尔斯·波塞。一年以后，波塞辞职，创办了自己的波塞师范学校（Posse Normal School）。在课程设置方面，上述专业体育师资培训机构均效仿沙金特和路易斯的方案，以生理学、解剖学和卫生学知识为主。直到20世纪后，这种专业体育发展模式随着大量综合性美国体育系（科）的出现才逐渐消失。

在这一时期，还有一个重要的体育师资培训机构是位于麻省春田市的基督教青年会干事专科学校（YMCA Training School）。它于1887年开设了体育系，沙金特的矫正体育和他改造、发明的体育器械被这所学校采纳。但是，这所学校与当时的其他体育师资培训机构有明显的不同：首先，它带有明显的宗教色彩，其目的是培养基督教干事，而不是一般意义上的体育教师；其次，它的主要领导者是"新体育"思想的主要创始人之一——古利克，这使得它的体育理念与当时的其他体育师资培训机构有着本质上的不同（本文将在第三章有关"新体育"运动的研究中对其进行详论）。

### 三、休闲娱乐体育

在 19 世纪中至 20 世纪前，休闲娱乐体育主要存在两种形式：一是校园内的，包括课余训练和竞赛，二是校园外的游戏场运动。

课余体育训练的开展主要归功于希区柯克和沙金特。如前文所述，为了帮助学生解除紧张学习所带来的压力，希区柯克在正常的课程之外，还带领学生利用课余的时间进行体操练习。"这种（希区柯克）模式在 19 世纪 80 年代成为许多学校中确立的组成部分。"[①] 另外，普林斯顿大学、耶鲁大学等新英格兰地区的学校，纷纷效仿沙金特的做法，为体育能力特别强和特别弱的学生设置特别的课余体育训练计划。

竞技运动的发展几乎没有得到希区柯克等学者的支持，而且大多数情况下，甚至受到了学者们的打压和反对。但是，他们的态度在企图遏制大学竞技运动推广的同时，也使其进入了规范化发展的道路。19 世纪中叶，由于无法容忍校际比赛中日益严重的商业化、职业化以及种种腐败、欺骗行为，学校和教师便试图接管由学生组成的校际竞技运动管理机构。第一个由教师和学校管理人员组成的体育协会成立于 1882 年的哈佛大学，成员由沙金特等三名教授组成，目的是对学生运动员参与比赛的条件、时间和次数进行约束和限制。这个协会促成了 1883 年 12 月在纽约召开的全美大学校际运动会议。这次大会标志着学校管理者与学生联合管理校际运动的开始，创建了美国大学校际竞技运动管理模式的雏形。在这种管理模式下，篮球、足球等项目逐渐摆脱了"暴力、野蛮"的特征，成为社会和教育机构承认的体育运动形式。遗憾的是，大学管理者和学者们在这一时期对大学竞技运动的改造仅仅停留在机构、制度的规范化层面，有关这些竞技运动教育价值的问题直到 20 世纪初才逐渐被"新体育"学者提出。总的来说，在希区柯克等四位代表性学者中，仅有沙金特对竞技运动持赞同态度，因为他认为只要组织得当，任何体育运动都能达到同样的目的，此外的三名学者均持明确的

---

① D. B. Van Dalen, *A World History of Physical Education*, California Prentice-Hall, Inc, 1971: 401.

反对态度,认为竞技运动和游戏不能达到促进健康的目的。

在校园以外,休闲娱乐体育的主要形式就是游戏场运动。南北战争以后,波士顿政府开始积极推进游戏场运动,为青少年提供休闲娱乐活动的场所。游戏场运动开始的标志,是马萨诸塞州应急措施与卫生协会于1883年在波士顿的帕门特教堂与西端幼儿园之间放置的两堆沙子。提议者是玛丽·扎克祖思克(Marie Zakzowska),理由是她在德国留学时看到柏林的公园里有很多这样的设施,供青少年们游戏娱乐。之后,游戏场运动在波士顿得到迅速发展,1893年,政府开始设置专门的人员来管理这些场地。1890年,纽约也出现了大量的游戏场及其专门的管理机构,极大地推进了青少年的休闲娱乐活动的发展。但由于某些政府部门为了节省开支,而把游戏场设在校园内,并且没有派驻专人看管,导致游戏场的开放受到了一些学校和学生家长的抵制。然而,时至20世纪初,游戏场运动已经波及全国,底特律的一家报纸对游戏场运动的价值和意义进行了较为客观全面的总结:"游戏场运动是有益的和必要的。无论学校管理者提出怎样的反对意见,或者某些政府当今显示出怎样的漠不关心,以及一些新闻报纸上偶尔出现的一些反对声音,游戏场运动在美国还是得到了全面的发展,并受到了警察、学生家长、商店店主的一致赞扬。"[1]

综上所述,在19世纪下半叶,美国体育在管理、课程、教学、师资、测评与课外体育方面均发生了突破性的发展,进而形成了现代意义上的美国体育体系。在这个过程中,希区柯克等学者的学说发挥了极其重要的作用。然而,我们同时也要看到,他们在体育思想上的局限性也使其在一些变革中没有做出贡献,甚至站在了历史发展趋势的对立面。

## 四、体育组织与机构

### (一)学校体育相关组织与机构

19世纪末,以体操为主要内容和形式的体育运动在各级学校中被广泛采纳,并逐渐成为学校教育中的一部分。这一重大变革除了学者们的开创性思想与实践,还离不开各类体育组织与机构的推动。

美国体操总联盟和遍布美国各地的德国体操联盟是"体育进校园"的首要推动者。1880年,德国体操联盟在全国代表大会上通过决议,全力敦促各地公

---

[1] The Detroit News, 1926-06-27.

立学校中实施体育必修课。1887年，美国体育促进会在德式体操家拉什曼（C. G. Rathman）的倡议下，也通过了类似的决议。该类行为极大地推动了美国学校体育体系的形成。

美国学校体育得以实施的重要保障是体育立法，而早期各州体育立法的实现，主要归功于德式体操联盟和基督教妇女戒酒联合会（Womens Christian Temperance Union）。美国第一个通过体育立法的是俄亥俄州，而该州体育立法的议案则是由雷波尔德（Anton Leibold）和莫尔特（J. Molter）在周议会上提出的，两人均为体操联盟成员。该法案的提出和通过，得力于克利夫兰、哥伦布、辛辛那提等城市体操联盟的大力支持。1890年，基督教妇女戒酒联合会专门设立了体育部，该部门的第一项工作就是要求各州立法规定所有各级各类学校开设体育必修课。尽管该提议最终没有完全得以实施，但至少促使了达科塔州、宾夕法尼亚州体育立法的通过。同时，该协会还促成了全国教育协会下属体育部的成立。

## （二）专业体育组织与机构

除了学校体育体系的形成，美国体育体系形成的另一个标志是专业体育组织与机构的建立。美国卫生、体育与休闲活动协会（American Association for Health, Physical Education and Recreation, AAHPER）是第一个全国性体育专业组织。该组织原名体育促进协会（Association for the Advancement of Physical Education），于1885年在布鲁克林成立。协会成立之初有49名正式会员，主要作用是促进全国范围内的体质测量以及协调瑞典、德国体操支持者之间的"派系之争"。协会还于1896年创办了《美国体育评论》（American Physical Education Review）期刊，并在新英格兰地区的近20个城市建立了分会，正式会员发展至1067人，在全美专业体育组织中发挥着至关重要的作用。[①]

# 第四节　美国体育的阶段性特征

## 一、科学化

科学化是这一时期美国体育变革的首要特征。主要体现在两个方面：一是人

---

① Mabel Lee and Bruce L. Bennett, "This is Our Heritage", *Journal of Health, Physical Education and Recreation*, 1960 (31): 26–33.

体测量与评价方法的开创和广泛使用。在希区柯克和沙金特的引导下，人们开始用具体的数据来反映体质健康水平和基本的运动能力，这使得人们对身体机能的认识、理解从经验上升到科学层面；二是学校体育开始按照科学学科发展的范式，向体系化、系统化的方向发展。例如体育专业培养模式趋向统一化，体育促进会、美国体育评论等专业体育组织和刊物开始成立，体育课的内容和教学法开始受到普遍的关注，这些事实无不渗透着科学化发展的诉求。

但值得注意的是，希区柯克、沙金特等学者的科学化思想缺少显著的价值性和方向性，他们在发展体质健康、促进学校体育发展的同时，却忽略甚至否定了体育在社会层面上的教育价值，以及体育运动在人与社会之间的地位与功能，仅仅把体育的价值禁锢在个体的体质健康层面。

## 二、多样化

通过前文的考察可以看出，19 世纪下半叶，美国体育存在多个实施体系。除了传统的德式体操和瑞典医疗体操，学者们还创立了多个新的体操系统。如德－美体操、德尔萨特体操、柔软体操、重体操、新体操等。这使得美国体育在整体上表现出多样化的特征，对美国体育的形成和发展同时产生了消极和积极两方面的影响。

在消极一面，多样化使美国体育在内容选择与实施过程中陷入一片混乱。支持德式体操者认为瑞典体操过分形式化和单调，而瑞典体操支持者则认为德式体操缺少科学依据，例如瑞典体操的倡导者波塞男爵通过主编的《体操杂志》（*Gymnasium Journal*）支持瑞典体操，德式体操联盟则通过其出版物《精神与身体》（*Mind and Body*）全力支持德式体操。同时，德－美体操则四处宣扬体育在国家服务方面的政治功能；德尔萨特体操也出版了不少论文和小册子，证明表演体操（gymnastics of expression）、审美体操（gymnastics of aesthetic）和社交体操（society gymnastics）的价值，并在 1890 年引起了全国学校的一度追捧；沙金特、毕彻和路易斯也都自我称赞其体操系统的合理性。这种"派系之争"在很长一段时间里阻碍着美国体育的发展。当时的著名学者包依金（J. C. Boykin）对此的评价是："美国体育发展的历史表明，体育界最危险的事情不是教师的不称职和人们的漠不关心，而是各种体系与方法之间的无休止的争论。"[1]

---

[1] James C. Boykin, *History of Physical Education*, Report of the Commissioner of Education for 1891—1892, Washington, D.C.: U.S. Government Printing Office, 1894: 254.

在积极的一面，多样性使美国体育的改革方向保持着最大的可能性与活力。从整体上看，多样化能使美国体育研究的理念和观点始终处于碰撞与批判中，进而使思想的活性得以保障；从具体层面看，不论德式体操或路易斯的新体操，都有它独特的价值和功能，多样化使得这些体操家可以从另一个角度来了解自己的优势和不足。例如路易斯的新体操和毕彻的柔软体操都是在综合德式和瑞典体操的基础上发展而来。更重要的是，多样化为学者们提供了一个"俯瞰"的平台，进而可以对体育的整体和宏观进行审视。这也正是20世纪初"新体育"学说之所以能及时出现的主要原因之一。

### 三、去宗教化

尽管宗教体系在19世纪后半叶的美国社会中依然掌控着绝对的话语权，但从这一时期美国体育的蓬勃发展可以看出，宗教对美国体育的影响和控制出现了明显的弱化，其原因来自于两个层面：首先是"美国于19世纪末在整体上出现了显著的非宗教趋势"[①]。基于南北统一带来的民族主义的形成、民主政治思想的推广，以及工业与科学的迅速发展，教育思想中的宗教色彩被逐渐淡化，继而使包括大学在内的所有教育机构都出现了去宗教化的趋势。其次是宗教思想自身的变革。19世纪末，一些教会和宗教团体纷纷转变对体育运动的态度，例如基督教刊物《时代精神》（*Spirit of Time*）在1856年公开呼吁："宗教要承认并限制它们（sports），但也要用神圣的约束来保护它们，使它们纯洁、健康继而有益于人生的伟大目标。"[②]

## 第五节 体育思想发展与美国体育形成的影响机制

美国体育思想与实践体系之间的密切关系是不言而喻的事情，从上述考察中也可以看出，美国体育思想的形成不但与其实践体系的建立形成了契合，也在美国体育诸多方面的具体变革中发挥着重要的影响。那么，这种影响究竟是怎么发生的？本节拟从合理性与合法性两个层面对美国体育思想与美国体育实践体系之间的影响机制进行探寻。

---

① D. B. Van Dalen, *A World History of Physical Education*, California Prentice-Hall, Inc, 1971: 397.
② Editorial, "The Necessity of Recreation", *Sporit of Time*, 1856, 26 (10): 546.

# 第三章 美国体育思想的萌生与体育体系的形成

## 一、美国体育合理性的构建

美国体育实践体系的合理性主要由以下四个元素组成。

### （一）理念合理性

在19世纪中叶之前，人们的体育理念主要有两种：一是以清教徒为主的体育理念。他们普遍认为，有关身体锻炼和娱乐的行为和欲望都是邪恶的。因此，有关体育的思想和实践在包括学校在内的所有场所都被明令禁止。二是以官能心理学为主的体育理念，认为学校是发展智力、传播知识的地方，有关身体活动和发育的认识和实践既和智力无关，也不属于知识，因此不必在学校中进行。因此，体育被排除在学校教育体系之外。显然，上述两种体育理念都从根本上排除了构建美国体育合理性的可能。

然而，希区柯克等人的学说却提供了体育理念的合理性：第一，他们提出身体健康是学生完成学业的前提和基础，而体育锻炼则是促进健康的最佳手段，因此学校有责任为学生提供体育锻炼的途径；第二，他们证明了体育锻炼能够消除学生因为紧张的学习而带来的心理压力，进而提高学生的学习效率；第三，体育锻炼可以培养人们在运动方面的特殊智力；第四，体育锻炼可以矫正身体上的缺陷。基于这些体育理念，希区柯克等人成功地构建了美国体育理念的合理性。

### （二）内容合理性

在19世纪中叶以前，由于体育在理念层面的合理性无法确立，所以内容合理性也就无从谈起。而当希区柯克等学者确立了美国体育理念的合理性，随之而来的问题是体育内容的合理性。也就是说，什么样的体育内容是实现那些体育理念的合理途径？

在希区柯克等学者的体育理念中，增进健康是体育最主要的特征，这决定了他们在构建内容合理性的过程中主要遵循两个原则：一是以形式化的个人体育为主，二是对游戏和竞技运动等运动的排斥。通过前文的考察可知，事实正是如此：希区柯克等学者所采用的体育内容多是在德式与瑞典形式化体操的基础上，通过不断的融合和发展，形成的一系列体操体系，如柔软体操、轻体操、沙金特体系等。同时，由于游戏和竞技运动并不包含维护健康的知识，也很难对其在体质健康促进方面的效果进行客观的测评，所以他们大多不支持以游戏和竞技运动为主的体育内容，例如路易斯对游戏和竞技运动持明确的反对态度。

## （三）形式合理性

在确定了理念合理性和内容合理性之后，随后的问题就是形式合理性。也就是说，通过什么方式才能把体育的理念与内容正确、有效地传播给学生？

在希区柯克等学者看来，体育的内容以卫生学知识和体育锻炼的方法技能为主，因此，合理的美国体育形式应该是在教师的主导下，学生通过形式化的反复练习，逐渐掌握各种体育锻炼的知识、方法和技能，进而具备促进个人健康的能力。虽然这种形式极大地抹杀了学生创造知识，以及形成个人运动体验的可能，使所有的体育知识都成为一个个刻在教科书上的教条，但从宏观上看，希区柯克等学者毕竟为体育理念和内容构建了一套规范化的传播体系。

## （四）评价合理性

当学者们以体质健康的理念为基础，构建了美国体育在理念、内容和形式上的合理性之后，最后的问题就是如何对健康进行评价。也就是说，什么样的评价标准才能客观反映健康的状态，继而确定美国体育的实际功效？

从前文的考察可知，希区柯克和沙金特分别开创了体质测评和体力测评的先河。这种开创性的努力并不是这些学者偶然的兴趣，而是完成美国体育合理性构建的最后一个必要条件。从二者创建的测评体系中可以看出，他们的健康测评理念主要体现在两个层面：一是通过自我测评数据的对比，发现不同体育锻炼形式对健康的促进效果。例如希区柯克通过对每个学生每年的体质测试，使他们了解到自己的健康发展状况。二是建立一个有关体质健康的"模型标准"，通过个体实际数据和"模型标准"的对比，确定个体的健康程度。例如在1893年的哥伦比亚世界博览会（World's Columbian Exposition）上，沙金特就根据自己多年的测量数据，制作并展出了两个真人大小的美国男生、女生的"模型标准"，以此向人们展示他在体质测评方面的工作。

综上，通过对美国体育理念、内容、形式和评价四个方面合理性的构建，以希区柯克和沙金特为代表的学者在理念层面完成了美国体育体系的构建，回答了有关美国体育体系"如何做"的问题。然而，仅仅解决了"如何做"的问题无法构建完整的美国体育体系，由前文有关合理性、合法性概念的考察可知，只有同时具备这两个要素，美国体育体系才能得以运转。也就是说，希区柯克等学者在构建美国体育体系合理性的同时，还构建了与之相适应的合法性，解决了"由谁去做"的问题。

## 二、美国体育合法性的构建

在美国体育体系的形成过程中,希区柯克、沙金特等学者充当了秩序与制度的创建者与维护者。那么,他们是如何为此构建正当性与权威性,继而使整个体系具备合法性的?

### (一)人才合法性

要使一个教育体系具备合法性,首先就要确定这个体系可以培养出人才。那么,就美国体育而言,究竟掌握了哪些专业知识和专门技能才算是人才?路易斯和沙金特通过他们所创办的首批体育师资培训机构,向人们诠释了"体育人才"的意义,进而为体育体系合法性的构建奠定了基础。

根据前文中有关路易斯和沙金特师资培训机构的课程设置可以看出,可能成为体育人才的人,既不是运动健将,也不是具有广博知识和教学能力的教育家,而是具备生理学、解剖学、卫生学等具有明显医学倾向的人。从历史的角度看,这种体育人才观显然是片面的,但对于希区柯克等人所建立起来的以体质健康为根本的体育体系而言,这种人才观与其体育理念是完全统一的。在规范了人才合法性之后,希区柯克等学者继而构建了权威合法性。

### (二)权威合法性

学校,乃至整个学术界,都是一个需要权威的领域。因为学术制度需要学术权威来制定和维护。权威基于他们令人信服的学术造诣,在获得一般学者和知识分子赋予的强大学术权力后,肩负起维护、促进甚至改变学术制定与规范的责任。那么,什么样的学者才能称之为权威?这显然建立在每个时期不同的人才观上面。因为权威首先应该是人才,然后才能通过不断地被认可,继而成为权威。

由上文可知,希区柯克等学者在确立人才合法性时,规定了只有熟练掌握了生理学、解剖学和卫生学等相关知识和能力的人,才能被看作是人才。也就是说,只有首先成为满足上述条件的人才,才有可能成为这一时期的体育权威。基于此,从医学院毕业的学生或是从事医学领域研究的学者,显然比其他相关类型的学者更容易成为权威。事实正是如此,在希区柯克等代表性学者中,几乎都是从医学院毕业或具有明显的医学研究倾向。例如希区柯克与沙金特都是医学博士,而沙金特在创办全美第一所体育师资培训学校时,所聘任的教师几乎全是当时的著名医师和医学博士，如解剖学的霍肯斯（H. Hoskins）博士、生理学的卡特斯（Josiah Cuttis）博士、卫生学的钱宁（Waltar Channing）博士。另外，这也就解释了为什么毕彻会认为医学在维护健康方面的能力大于体育，并提出"如果学生身体虚弱或是在练习中产生任何不良反应，体育教师应立即寻求医生的帮助"。① 在这种理念的影响下，希区柯克等学者自然成为这一时期的权威，继而拥有了构建制度合法性的权力。

（三）制度合法性

1857 年，联邦最高法院在斯威琪（Sweezy）控诉新罕布什尔州（New Hampshire）议会一案中②，对大学的学术制度做出了著名的司法诠释："大学的四大基本自由是：基于学术自由，决定谁来教、教什么、怎么教，以及谁可以入学。"基于此，任何政治、军事、商业等领域的人士都不能对大学的制度进行直接的干预，建立和维护合法学术制度的只有学术自身。显然，"学术"只是人类思考与思想的产物，不具备建立和维护任何制度的能力。因此，这里所说的"学术"权力，实质上是指"学术权威"的权力。也就是说，在 19 世纪 50 年代以后，学术权威具有法律赋予的制定和维护大学制度的权力，由他们所制定的制度，自然是合法的。

在 19 世纪，学术权威一般由大学校长或学术部门领导人担任，他们既是学校和部门的管理者，也是学术能力很高的学者。事实正是如此，希区柯克是阿姆赫斯特学院体育部主任，沙金特是哈佛大学体育部主任，路易斯是第一个体育师资培训机构的开创者和校长，毕彻也是她所创办的学校的校长。

从上述考察可以看出，希区柯克等学者通过"人才、权威、制度"的路径，形成了逻辑上的自洽，赋予了自己构建制度合法性的权力，也最终解答了"谁有资格构建体系"以及"人们为什么要服从该体系"的问题。

综上所述，通过对体育思想与美国体育变革关系的归纳与分析，发现思想对变革的深层影响机制主要发生在两个层面：首先，希区柯克等学者以他们的学说

---

① Catherine Beecher, *A Manual of Physiology and Calisthenics for Schools and Families*, New York, Harper and Brothers, 1856: 9 – 10.
② 1951 年，新罕布什尔州议会通过法案，规定颠覆分子不得受雇于州政府，包括不得成为公共教育机构的教师。1954 年，斯威齐被控涉嫌颠覆罪。在质询过程中，他拒不回答涉及其妻子、朋友与进步党的关系，以及他在课堂上讲述社会主义、马克思主义的内容，因此被判蔑视法庭罪，遭到监禁。此后，该案一直上诉到联邦最高法院。1957 年，联邦最高法院推翻州最高法院的判决。联邦最高法院大法官沃伦在判词中宣布了著名的"大学的四大基本自由"（the four essential freedoms' of a university）。

为核心，构建了美国体育体系在理念、内容、形式和评价方面的合理性；其次，他们通过"人才合法性—权威合法性—制度合法性"的路径，构建了与美国体育体系合理性相统一的合法性，继而使这个体系得以确立并运转起来。当然，从历史的眼光看，这一时期的合理性与合法性均存在明显的历史局限性，而这正是下一时期体育学者努力的方向和动力。

## 本章小结

自18世纪末，一些美国学者开始对体育锻炼的价值进行探讨和阐释，但在很长一段时间里，这些学者没有建立系统的理论和完整的学校体育体系。然而，从19世纪中叶开始，希区柯克、沙金特、毕彻和路易斯四位学者不但提出了系统的体育理论学说，更在实践层面开展了诸多开创性的工作。在理论层面，他们从医学健康观的视角，对体育的目标、功能和价值进行了系统的论述和辨析；在实践层面，他们以形式化体操练习为主，创建了学校体育和专业体育课程与教学模式的典范。

通过美国体育体系合理性与合法性的构建，希区柯克等学者引发了美国体育四个方面的变革：学校体育从随意性的身体锻炼和管理模式转变为组织化的体育课程和制度化的管理模式；专业体育从无到有并呈现出标准化的发展趋势；娱乐休闲体育不但有了组织化的校内训练和校际竞赛，还出现了席卷全美的游戏场运动；各种体育专业组织与机构纷纷建立，为体育在学校和社会中的推行提供了保障。基于上述四个方面的变革，美国体育体系得以形成。

总的来说，19世纪下半叶，基于希区柯克等学者的开创性思想与不懈努力，美国形成了以体质健康为目标的体育体系。尽管这个时期的美国体育不论在理念上还是在形式、内容上，基本上都以仿效欧洲体育为主，但它为真正美国体育的形成奠定了前提和基础。

# 第四章　美国体育思想体系的形成与体育实践体系的发展

从独立战争至19世纪中，南北政体的分裂与经济上的落后使美国社会一直没有形成一种坚强的民族主义。但南北战争后带来的政体统一，以及"镀金时代"①的到来，使美国民众的民族主义在19世纪末逐渐形成，进而使"美国化"的诉求在各个社会阶层日益彰显，其中自然也包括体育思想及其实践体系。然而，从希区柯克等学者的体育思想及其所采用的实施方式中可以看出，整个美国体育体系无论是理念上还是形式上都充斥着明显的欧洲色彩。因此，如何彻底地改造美国体育体系，使其为"美国化"的总体教育目标服务，便成为这一时期体育学者的首要任务。

## 第一节　主要的体育思想

19世纪末至20世纪初，在杜威实用主义哲学的影响下，美国体育思想出现了哲学意义上的变革，它不是对原有体育思想的补充和发展，而是在价值层面的根本性变革。它不仅重新诠释了体育的本质功能与属性，也带领美国体育走进了新时代。在体育史学研究中，引领这次变革的思想被称为"新体育"思想。

"新体育"思想的目标与内容体系是在诸多体育学者的共同努力下，历经近30年的时间逐渐发展、完善起来的。其中，最具代表性和影响力的当属以下四人：古利克和伍德首先倡导了"新体育"的理念；作为伍德的学生，赫瑟林顿创立了"新体育"一词，是"新体育"思想的立论者；而威廉姆斯属于相对比较后期的学者，是"新体育"思想的集大成者。本文将以上述顺序，从体育教

---

① 首次出现于马克·吐温于1873年出版的长篇小说《镀金时代》。此后，人们就用"镀金时代"这个词来表述从南北战争结束到20世纪初的美国社会经济快速发展、社会价值观显著变化的时代.

育目标和课程内容设置两个方面,对四位学者的主要学说展开评述,以期达到对"新体育"形成过程的概述。

## 一、古利克(Luther Halsey Gulick)的学说

在沙金特 1906 年出版第一本美国体育思想专著《体育》(*Physical Education*)之后的第二年,古利克就以同样的书名出版了美国第二本体育思想专著《体育》。该书从游戏论的视角,指出游戏的教育价值和竞技运动对人的社会化功能,为"新体育"奠定了重要的理论基础。同时,作为北美基督教青年会的第一任体育部秘书长、美国田径运动联盟的创始人,他的开创性思想受到了普遍的关注。

### (一)体育的目标

Emmett A. Rice 等人的论著详细介绍了古利克针对体育教育目标的论述,归纳起来共有四条。

1. 强调身体、心灵和意识的整体性

古利克认为:"体育运动不仅是为了要让身体各机能达到协调,而且在于使身体、心灵和意识三方面能够达到调和统一。这使得体育本身扮演了一个很有价值的角色:借由学校体育的实施,可以使学生精神和道德上受到良好的引导。"① 由此可以看出,古利克深信体育教育的价值不仅在身体层面,更体现在使人可以达到身体、心灵和意识的统一与协调方面。这种从新教伦理"三位一体"理论演变过来的思想,对美国高等教育核心目标的确立具有深远的影响,春田学院的校徽(图3)就是极好的证明。

图 3　春田学院校徽

2. 促进人的社会化

20 世纪 30 年代,人们逐渐认识到游戏和运动在促进青年社会化方面的功能和价值。而古利克在 1910 年的著作中就对此展开了详细论述:"青年并不需要大量的操练,但他们非常需要业余的休闲和游戏,因为他们可以在这些游戏和运动中培养合作互助、自我牺牲等优良的社会品质;培养民主社会中良好公民所具备

---

① Emmett A Rice, *A Brief History of Physical Education*, The Ronald Press Company, 1958: 416.

的道德习惯；培养运动道德精神和公正、公平的理想和实践。"①

3. 培养健全的人格

古利克认为，人的品格可以在运动中显露出来。因此，教育者可以通过运动训练的方式，对学生在运动过程中所产生的欲望、刺激和感觉施加针对性的影响，对学生在人格方面的不足和缺陷进行锻炼和提高，进而帮助其形成健全的人格。②

4. 促进健康和形成良好的姿态

针对学生因长时间坐在课桌椅上学习而带来的身体上的不良影响，传统的学校体育是通过每天几分钟的体操训练来达到促进健康和形成良好姿态的效果。但古利克认为这远远不够。他提倡学校设立固定的课后体育活动时间，并要求学生尽可能多地参加游泳、田径、球类等各种形式的运动。只有这样，才能达到健康以及良好姿态的目的。③

（二）体育课程的内容

接任春田学院体育教师的职责后，古利克对美国体育课程的内容进行了改革，如增设篮球、投掷、跳高、舞蹈等运动项目，减少德式与瑞典体操的内容。这些措施归纳起来共有三点。

1. 强调非形式化的运动

非形式化运动大多指游戏和嬉戏，相对体操等形式化运动而言，这些运动没有明显的规则或要求，动作、规则都以参与者的兴趣为主。古利克认为："青少年对游戏和运动的兴趣远远大于形式化体操，因为游戏中所涉及的随意性的跑、跳、投、躲避、攀登等能力，曾经是人类求生的基本技能，尽管随着文明的进步，这些技能已经失去其功利性的价值，但这些活动对于细胞组织的成长和发育仍具有重要的作用。"④基于这种认识，古利克将游戏等非形式化运动视为体育的必要组成部分，并将其定义为"去做当我们在自由、无拘无束时所想要做的一种行为，它是内在欲望自发性的一种表现。人们从游戏中所获得知识的范围和永久性，比从学校中被迫学来的要好"。⑤

---

① Luther Gulick, "Physical Education from Standpoint of Health", *Journal of Proceeding and Addresses of the National Education Association*, 1910, 48: 349 – 350.
② 周池天译，《西洋体育史》，台北，黎明文化事业股份有限公司，1971: 441.
③ Emmett A Rice, *A Brief History of Physical Education*, The Ronald Press Company, 1958: 324 – 325.
④ Ellen W Gerber, *Innovators and Institution in Physical Education*, Lea & Febiger, 1971: 351.
⑤ Emmett A Rice, *A Brief History of Physical Education*, The Ronald Press Company, 1958: 352.

## 第四章 美国体育思想体系的形成与体育实践体系的发展

### 2. 赞成高度组织化的团队运动项目

除了以游戏为主的非形式化运动,古利克还高度赞成篮球、排球、曲棍球等组织化团队运动项目。他认为:"这些项目的比赛都是以参赛队为单位,与强调肌肉的个人运动(如体操)恰好相反,这些项目非常强调团队精神,因而对于个人未来在社会上的发展有极大的影响。"①

### 3. 发展舞蹈课程

舞蹈是在古利克的倡议下加入学校体育课程中的,这在当时是一项创举。他聘任俄罗斯人路易斯·查理夫为舞蹈教师,在纽约大学教授民族舞和民间舞蹈。在古利克的鼓励和支持下,查理夫编写了正式的舞蹈课教材,并对芭蕾舞和一些民间舞进行改造,使其正式进入美国体育课,为美国体育增添了新的内容。② 1910年,古利克出版了《舞蹈的健康艺术》(The Healthful Art of Dancing)的著作。

综上所述,古利克在当时可以说是一位具有前瞻性的体育学者,在他的先进理念的引导下,不论学校体育目标或是体育课程内容,都呈现了和以往不同的风貌。在体育目标方面,他强调身体与精神的一致性,并强调借由运动来培养健全的人格,进而达到健康的目标。在课程内容方面,他将游戏和广受学生欢迎的竞技运动导入课程。古利克以非凡的领导能力,以及对体育独到的见解,开风气之先,成为美国体育思想体系的始创者和学校体育改革的先驱者。

## 二、伍德(Thomas Denison Wood)的学说

伍德是第一个提出体育应具备一般教育价值和功能的人。早在1893年,他就开创性地提出:"体育的伟大理想绝不仅限于身体方面的训练,最主要的应该是体育与全面教育的关系,然后是身体能在个人生活的环境方面、训练方面和文化方面充分发挥它的作用。"③ 然而,伍德当时的观点并没有引起人们的普遍关注。另外,伍德创立了"健康教育"(health education)一词,是第一个以目标、内容、行政框架等区分体育和健康教育的人。④ 1927年,伍德与威廉姆斯的学生凯西迪(R. Cassidy)合著了《新体育》(The New Physical Education)一书,详

---

① Emmett A Rice, *A Brief History of Physical Education*, The Ronald Press Company, 1958: 376 - 477.
② L H Gulick, *A Philosophy of Play*, New York, Charles Scribners Sons, 1920: 178.
③ Thomas D. Wood, "Some Unsolved Problems in Physical Education", *National Education Association Proceedings*, 1893, 32: 621.
④ D B Van Dalen, *A World History of Physical Education*, California Prentice-Hall, Inc, 1971: 424.

细阐述了他的思想理念与实践，完善了"新体育"思想的理论框架。

## （一）体育的目标

针对传统的德式和瑞典体操，伍德提出了颠覆性的观点：专门为获得健康而进行的体育锻炼很可能达不到那个目的，健康应该是体育锻炼的副产品，而不是主要目的。① 基于此，伍德认为体育的目标主要有以下四个。

### 1. 发展健全的身心

伍德认为，体育是指"能够对个人、人群乃至整个社会、人种的健康习惯、态度和经验产生积极影响的知识总和。它必须通过与身体活动有关的课程来实现，教师通过对学生在身体、精神和道德方面的积极引导，进而使学生达到身体、心智和品格等各方面的完整性"。② 因此，伍德认为体育的首要目标是发展强健的身心。

### 2. 明确身体活动的目标

学生在进行体育活动时，首先遇到的问题是预期目标的设置，例如把足球射进球门里、跳跃至一定距离、奔跑达到一定的速度等等。此时，教师应能够借助自己的经验和科学的依据，帮助学生制定合理的运动目标，并通过目标的实现，使学生不但能达到生理上的提高，更能体验到运动带来的快乐和成就感。③

### 3. 提升个人的潜能

正确、合适的体育活动，应该是学生在任何地点、时间都希望积极参与的活动。需要大量器械和教师的组织方得以实施的德式和瑞典体操无法满足这个要求，但球类活动和田径等竞技性运动不仅可以在大多数场所和时间进行，更能充分调动学生的积极性和兴趣，让学生以兴趣为导向，以竞技为核心，充分发挥个人运动能力，提升个人的潜能。④

### 4. 发展社会适应能力

教师应对体育活动进行适当的规范和指导，使学生通过运动规则的学习，领悟到个人与社会的契约关系。这要求体育教师不但要注意学生的生理特征，更要关注学生的心理特征，并通过对运动规则的讲解，使学生认识到个人愿望和社会

---

① Tomas D. Wood, *Health and Education*, *Part I*, *Ninth Yearbook of the National Society for the Study of Education*, Chicago, University of Chicago Press, 1910: 81.
② Emmett A Rice, *A Brief History of Physical Education*, The Ronald Press Company, 1958: 353.
③ Ellen W Gerber, *Innovators and Institution in Physical Education*, Lea & Febiger, 1971: 379.
④ Ellen W Gerber, *Innovators and Institution in Physical Education*, Lea & Febiger, 1971: 378.

需求之间的矛盾及其解决的办法，进而提高学生的社会适应能力。①

（二）体育课程的内容

伍德极力反对以德式和瑞典体操为主要内容的传统体育课程，并从三个方面揭示了以体操为主的传统体育课程的不足：形式化的体操运动不能通过肌肉和肢体的机械动作练习，来实现形成良好身体姿态和纠正不良生活习惯的目的；体操运动忽略了体育对学生在心理和性格上的影响，仅仅把注意力集中在身体上；体操锻炼中所采用的种种姿势，大多与人类生活中的种种活动的关系并不密切，因此，没有理由花费那么多的时间和精力去进行。②

基于对德式、瑞典体操的批判，伍德把形式体操、徒手体操和器械体操等活动称之为"人造的技能"（artificial skill），并认为这些"机械式"（mechanic styles）的活动缺乏目的和精神的内涵，③而球类运动、舞蹈、田径等运动则符合人类自然的本性，蕴含着人类进化的过程。例如原始人通过与狩猎、钓鱼、农耕、战争等相关的游戏和舞蹈中习得发展身体和精神的力量。尽管现代体育在形式和目的上和原始人不同，但在精神和方法上是相同的。④

Emmett A. Rice 曾是伍德班上的一名学生，他在论著中详细描述了伍德的体育课："这些课程包括形式化（人造的）和非形式化（自然的）两种。形式化的练习主要具备身体某些部位生理学上的价值，非形式化的练习则主要具备社会学上的价值。户外活动课程的安排和室内活动课程一样的好，包括使用课程的教学、手球、篮球和越野赛等。我在斯坦福大学里，经常年复一年地看到许多学生，在不同的活动中表现出他们的兴趣，并且在这些有组织的课程中得到学分"。⑤

综上所述，伍德认为以往德式和瑞典体操太过于注重身体方面的训练，忽略了体育在社会层面的价值，而这正是体育本质之所在。为了实现体育在社会层面的教育价值，课程的内容应该以竞技运动和游戏为主，因为这些活动既符合人类

---

① Tomas D. Wood, *Health and Education*, *Part I*, *Ninth Yearbook of the National Society for the Study of Education*, Chicago, University of Chicago Press, 1910：85.
② Tomas D. Wood, *Health and Education*, *Part I*, *Ninth Yearbook of the National Society for the Study of Education*, Chicago, University of Chicago Press, 1910：82.
③ Tomas D. Wood, *Health and Education*, *Part I*, *Ninth Yearbook of the National Society for the Study of Education*, Chicago, University of Chicago Press, 1910：83.
④ D B Van Dalen, *A World History of Physical Education*, California Prentice-Hall, Inc, 1971：428.
⑤ Emmett A Rice, *A Brief History of Physical Education*, The Ronald Press Company, 1958：326 - 327.

自然的本性，也能为青年的社会化提供帮助。

## 三、赫瑟林顿（Clark Wilson Hetherington）的学说

1910 年，赫瑟林顿在为全美教育年会会报撰写的论文《教育基础》（*Fundamental Education*）中，首次使用了"新体育"一词。他以当时的生物学和社会学理论为基础，指出教育是在追求人类所具备的一切能力得以均衡发展，而体育教育是一种完整的教育过程。

### （一）体育的目标

赫瑟林顿赞同伍德有关体育教育目标的观点，并对其做了更进一步的阐述："他（伍德）对体育教育目标的解释完全可以称之为新体育，因为他不仅把体育一词的重心放在了'育'上，而且还通过体育教育以肢体练习为必要手段的特征，证明智力训练并非教育的唯一手段。根据他的理论，我们认为，教育既不是为了身体，也不是为了精神，而是要依靠教育活动来实现人类的所有能力的发展。"[①] 基于伍德的观点，赫瑟林顿认为体育的目标主要包括以下四个方面。

1. 器官教育（organic education）

身体活动可以使个体充满活力，它不仅可以使骨骼肌肉得到生长，也可以使体内器官得到良好的发展。除此之外，身体运动的另一项目标就是养成良好的卫生习惯，借由活动的实施，能让儿童了解对于健康的有利因素，以及对于健康有害的不利因素，由此培养学生正确的卫生观念。

2. 品格教育（character education）

人格是欲望、态度、认识、经验和习惯等行为特质的有机结合，体育课程中所提供的身体活动，对于上述人格基本特质均存在重要的影响，这正是体育成为教育主要组成部分的原因。因此，在青少年人格发展过程中，学校体育扮演着重要的角色，因为它可以提供适当的活动，让学生在人格品质的形成过程中得到积极的指引和教导。

3. 智力教育（intellectual education）

赫瑟林顿认为，学校体育活动必须经由教师预先的精心设计，促使学生只能通过认真的学习、思考和尝试，才能达到教师设置的预期目标。这种学习经历的

---

① Clark Hetherington, "Fundamental Education", *Journal of Proceeding and Addresses of the National Education Association*, 1910, 48: 350.

反复,将逐渐固化为学生的学习经验和知识,进而达到提升智能的目标。

4. 神经运动教育(psycho-motor education)

神经肌肉活动的主要功能,是借由运动来发展肌肉和神经系统,进而促进神经系统的稳定。赫瑟林顿认为每个学生均可从体育活动产生的刺激中获得满足。因此,教师要充分利用各种竞技性运动项目,以提升体育教育的效果。①

### (二)体育课程的内容

为了达到上述目标,赫瑟林顿认为体育课程的内容应由以下活动组成:"一是自然的活动,包括竞技运动(个人、团体)项目、舞蹈、田径运动、游戏活动(模仿、格斗、田猎追逐)等;二是社会活动,泛指室外欣赏自然的活动(徒步、爬山)、工艺生产的活动(园艺、家务)等;三是戏剧与韵律活动,包括表演、唱歌、体操、社交舞会等活动;四是修正后的形式或人造活动,包括徒手体操、医疗体操。"②

综上所述,赫瑟林顿强调体育是教育的基本构成要素,他将游戏、舞蹈和竞赛活动视为体育课程的主要项目;同时,他认为自然的活动比僵化的体操活动更具备教育的价值,并且这些活动可以提供学生智力、情感和组织性的发展。总之,赫瑟林顿大力提倡游戏和竞技运动的教育功能,对美国体育教育的发展有非常重大的贡献。

## 四、威廉姆斯(Jesse Feiring Williams)的学说

伍德和赫瑟林顿提出的新体育思想,在 20 世纪初逐渐得到了人们的接受和支持。但真正把这种思想进行系统化并发扬光大的是哥伦比亚大学的威廉姆斯。1920 年代至 1960 年代期间,身兼美国体育协会会长、美国体育学会主席等多个重要职位的威廉姆斯,通过其为数颇多的著作,大力提倡新体育思想的观点和理论。在他的努力下,新体育从一种思想发展为一个严谨、完善的理论体系。

### (一)体育教育的目标

威廉姆斯基于伍德的理论,逐步提出了自己的观点。首先,他提出:"体育

---

① Clark Hetherington, "Fundamental Education", *Journal of Proceeding and Addresses of the National Education Association*, 1910, 48: 351-357.
② Mabel Lee, *A History of Physical Education and Sport in the U.S.A.*, John Wiley & Son, 1983: 207-208.

与其说是关于身体的教育,倒不如说体育是通过身体的教育。"① 在此基础上,他提出了新的概念:"体育教育是人们为了提高身体机能而选择的所有身体运动的过程与结果的总称。"② 以此为前提,威廉姆斯认为体育教育的目标是:"提供称职的领导和足够的设备,使个人和团体能在对身体有益、对智力起鼓舞而令人满意的效果,又符合社会习俗的情况下具备活动的机会。"③

Ellen W. Gerber(1971年)将威廉姆斯对体育教育目标的界定归纳为三点。

1. 发挥个人的潜能

威廉姆斯非常赞同人类自然本性的理论,他认为教育必须要能运用到人类本能的运动,借此将学生的本性引导到社会赞同的行为模式,④ 进而发挥个人的潜能,达到更高层次的目标。

2. 发展社会道德行为

威廉姆斯认为个人和社会的关系在于"服务",每一位公民都有责任来服务社会;竞技运动和游戏活动是一种很好的手段,因为他们本身具有吸引力,并且可以提供学生社会和道德行为表现的机会。因此,学校体育应该要提供适当的设备和技能学习环境,来给予个人和团体在其中活动,通过学习来促进身体健康,获得心理、生理上的满足,并学习社会的道德规范。

3. 发展健全的人格

体育是借由身体活动来使得个人得到发展,它并非只是呈现和个人有关的一门学科而已。威廉姆斯认为在民主国家里,创新、自我训练、自我管理都是教育的目标,他积极地将心理学的指导方法导入体育之中,使个人的欲望、刺激、感觉和习惯、理想等人格特质,能和体育活动做适当的结合,达到发展健全人格的目标。⑤

(二)体育课程的内容

威廉姆斯认为人类自然的活动应该是体育课程的基础,因为他们是与生俱来即为人们所感兴趣的,而课程内容应该本着少年儿童的需要和兴趣,并且能有效地帮助他们发展人格和社会道德规范,因此,这些活动应该是游戏活动、竞技运

---

① Jess F. Williams and Clifford L. Brownell, *The Administration of Health and Physical Education*, Philadelphia: W. B. Saunders Company, 1947:25.
② Jess F. Williams, *The Principles of Physical Education*, 8 th ed, Philadelphia: W. B. Saunders, 1964:13.
③ Jess F. Williams, *The Principles of Physical Education*, 8 th ed, Philadelphia: W. B. Saunders, 1964:242.
④ Ellen W Gerber, *Innovators and Institution in Physical Education*, Lea & Febiger, 1971:411.
⑤ Ellen W Gerber, *Innovators and Institution in Physical Education*, Lea & Febiger, 1971:412.

动、舞蹈和田径运动。威廉姆斯批判那些追求大肌肉发展、追求额外和不切实际的技能活动，他认为这在生活中不具有任何的价值和功能，有时甚至会造成个性上的失调①，而且这种强调肌肉力量的发展方式几乎不具备心理和精神方面的价值。

综上所述，威廉姆斯在继承伍德和赫瑟林顿体育思想的基础上，结合了教育哲学家杜威及教育心理学家桑代克（E. L. Thorndike）、詹姆士（William James）等人的理论，形成了他个人的体育哲学。他的学说在体育界占有非常重要的地位，对美国体育的发展有非常重要的影响。

## 第二节 讨论与分析

### 一、"新体育"创立者思想的比较

表2为新体育运动四位主要创始人的体育思想与主张。

表2 新体育运动主要创始人的体育思想与主张

| 思想与主张 \ 人物 | 古利克<br>（1865—1918年） | 伍德<br>（1865—1951年） | 赫瑟林顿<br>（1870—1942年） | 威廉姆斯<br>（1886—1966年） |
|---|---|---|---|---|
| 学校体育目标 | 1. 强调身体、心灵与意识的一致性；<br>2. 促进人的社会化；<br>3. 培养健全的人格；<br>4. 促进健康和形成良好的姿态 | 1. 发展健全的身心；<br>2. 明确身体活动的目标；<br>3. 提升个人的潜能；<br>4. 发展社会适应能力 | 1. 器官教育；<br>2. 品格教育；<br>3. 智力教育；<br>4. 神经运动教育 | 1. 发挥个人潜能；<br>2. 发展社会道德行为；<br>3. 发展健全的人格 |
| 学校体育课程 | 1. 自然的活动；<br>2. 高度组织化；<br>3. 游戏活动；<br>4. 舞蹈课程 | 1. 自然的活动；<br>2. 竞技运动；<br>3. 游戏活动；<br>4. 舞蹈课程 | 1. 自然的活动；<br>2. 社会性的活动；<br>3. 表演与韵律；<br>4. 竞技运动 | 1. 自然的活动；<br>2. 竞技运动；<br>3. 游戏活动；<br>4. 舞蹈课程 |

---

① Ellen W Gerber, *Innovators and Institution in Physical Education*, Lea & Febiger, 1971: 413.

续表2

| 人物<br>思想与主张 | 古利克<br>（1865—1918 年） | 伍德<br>（1865—1951 年） | 赫瑟林顿<br>（1870—1942 年） | 威廉姆斯<br>（1886—1966 年） |
| --- | --- | --- | --- | --- |
| 具体实践 | 1. 强调游戏的价值，创立美国游戏场协会；<br>2. 将舞蹈纳入体育课程；<br>3. 创立公立学校运动联盟 | 1. 清楚区分学校体育的目标、内容和行政框架；<br>2. 将心理、生物和教育、社会学融入体育课程 | 1. 构建出新体育的四大具体目标；<br>2. 确立了新体育课程中竞赛活动的地位 | 1. 强调身、心一致的体育论点；<br>2. 借由体育课程目标的价值，强调体育在教育中的重要性 |

通过表2的分析可知，在学校体育的目标方面，四位学者都认为应该培养学生健全的人格，并强调通过体育活动来发展社会行为的重要性。至于在体育课程方面，四位学者几乎一致地强调自然活动的重要性，以及游戏、竞技运动和舞蹈在学校体育课程体系中的重要性，这是他们的共同之处。

他们对于学校体育目标和课程内容的主张之所以如此相似，主要是因为古利克、伍德和威廉姆斯在大学求学期间，均受教于同一位教师，而赫瑟林顿又是伍德的学生，因此，四位学者可说是系出同门。此外，伍德、赫瑟林顿和威廉姆斯又曾经同时任教于哥伦比亚大学师范学院体育系，所以他们在体育教育方面的主张具有很高的相似性。但相对来说，威廉姆斯在体育教育概念方面的认识超越了其他三人。从他的概念表述中可以看出，他对体育教育的认识已经脱离了"of physical""about physical"或"through physical"的桎梏，而是一种综合的、多元的教育行为，即"体育教育包含的内容有情绪反应、个人关系、团队行为、脑力学习以及其他的智力、社会和美学层面的效果。"①

另一方面，当时学校体育的目标已经逐渐摆脱传统体育主张身心二元的说法，他们所强调的是身心一元的观点，认同体育在身体和精神层面所扮演的角色，并且将体育的观点由个人扩展至社会层面。

综上所述，新体育创始者强调个人内外兼备的观点，也就是借由学校体育的

---

① Jess F. Williams, *The Principles of physical education*, 8th ed, Philadelphia, W. B. Saunders, 1964：8.

实施，除了可以使心智、身体得到健全的发展之外，也可以发展社会道德行为，建立与他人之间的人际关系。他们之所以能创造出如此新颖的观点，乃是基于美国素有"资本主义实验室"的称号，而移民到新大陆的人具备了冒险和勇于尝试的精神，因此，才能改革过去学校体育所欠缺的观点，进而创造出适合美国人所需要的学校体育课程。

## 二、"新体育"思想的历史贡献

通过对古利克、伍德、赫瑟林顿和威廉姆斯四位学者体育学说的比较，可以看出他们的学说互为依衬、相辅相成，构成了新体育思想的理论体系。因此，本书把他们的学说看作一个整体，对其历史贡献展开论述，归纳起来共有三点。

### （一）体育目标体系的确定

以德式和瑞典体操为主的传统欧洲体育认为，体育的目标就是强健体格、增进健康。然而，"新体育"基于自然主义和实用主义哲学，提出体育目标不在于个体的健康，而在于个人社会价值的体现，是"通过身体的教育"，而不是"针对身体的教育"。这个观点甚至得到了一贯支持德式和瑞典体操、反对竞技运动的著名学者莱昂纳多（Leonard）的支持："新体育所提倡的以身体运动为手段、以教育为目的的观点是值得肯定的，因为这种观点凸显了人的整体性，使体育的目的和价值上升到智力、品德和身体相协调的整体层面。"[1]

在新体育思想的推动下，美国体育的目标被设定为培养青年人的社会价值和公民道德。这个目标由两个具体目标组成。

1. 训练良好的公民

体育在社会层面的首要目标就是培养良好的公民，就像1919年美国体育协会会长波迪克（William Burdick）在就职演说中所强调，美国体育能够帮助退役后进入大学的军人成为更好的公民；里德（Dudley B. Reed）在1920年接任美国体育协会会长后就首先表示："体育的目标就是改善我们的公民。"[2] 基于这种观

---

[1] Fred E. "Leonard, The Relation of Motor Activity to Health and Education", *American Physical Education Review*, 20（November 1915）：516.

[2] "Presidential Address", *American Physical Education Review*, 23（June 1920）：226.

念，美国体育主任委员会将美国体育的目标确定为四点："①基于个人的社会价值要高于个体价值的认识，体育的首要目标就是培养服从、谦让、自我牺牲、合作、友善、公平以及具备运动道德的青年。②培养青年品格上的自信、自制和道德上的勇敢、进取等与集体生活相关的优良品质。③促进青年身体的正常生长和发育，维持健康，增强体力和耐力以及神经肌肉的控制能力，养成良好的姿态。④培养青年健康、明智的生活兴趣和社会交往习惯，以及终身进行积极锻炼的愿望和能力。"①

2. 发展特殊的社会人格

除了对普通学生的体育教育，"新体育"对特殊体育的目标也赋予了新的意义和价值。传统的体育思想认为，体育在特殊教育方面的功能主要是肢体上的治疗和矫正。但新体育思想认为，体育作为教育的一环，必须关注个体差异，帮助每个有缺陷的学生并使其同样成为公民。这种观点使体育学者和教师对特殊学生的态度有了根本的转变。例如俄勒冈大学（University of Oregon）的斯科特（H. A. Scott）教授基于新体育思想，认为体育对特殊学生的教育目的应该有三个："使其获得将来有机会参加的各项活动所需要的技能，培养其社会和情感上的控制能力，了解自己在身体上的缺陷并使其处于良好的社会状态。"② 哥伦比亚师范大学任教的德鲁（Lillian Drew）也根据新体育思想的观点，在其 1922 年出版的《个人体操》（*Individual Gymnastics*）一书中强调，"个人体操"一词比"矫正体操"（corrective gymnastics）更合适。俄亥俄州立大学的麦特卡夫（H. Metcalf）认为，"个人体育"（individual physical education）一词要比以前的有关用词更恰当。总之，新体育思想关于特殊教育的观点，被大多数大学教师和体育学者所认可，继而成为大学特殊体育的新目标。

综上，"新体育"思想将体育的目标从个人层面提升到了社会层面，使美国体育与以德式和瑞典体操为主的欧洲传统体育有了本质上的区别，赋予了美国体育新的核心与灵魂。

---

① Society of Directors of Physical Education in Colleges , "The Aims and Scope of Physical Education", *American Physical Education Review*, 25（June 1920）: 259–260.
② Harry A. Scott, "Supervised Exercise Corrects Defects of College Men", *Nation's Health*, （Oct. 1926）: 662.

## （二）体育的形式化之争

如前文所述，在1880年代，各种体操体系之间的争论使美国体育思想的发展陷入了混乱与无序的状态中。进入20世纪后，各体操体系之间的争论又转变为"新体育"拥护者和德式、瑞典体操运动拥护者之间关于体育是否应该以形式化运动为主的争论。

"新体育"思想认为，形式化的德式和瑞典体操具有无法弥补的缺陷。其中德式体操主要表现在两个方面：一是缺乏科学基础。德式体操多以"强国强种"的军国主义为起点，没有较多地考虑科学依据。二是体弱及残障人士不适合参与。德式体操多以器械练习为主要手段，故体弱与残障人士无法参与。瑞典体操主要体现在三个方面：一是不适合平民。瑞典体操多强调口令与动作的一致，故适合军队的需要，而不适合平民。二是缺乏社会和道德方面的关注。瑞典体操强调团体一致性的活动，缺乏学生个体之间的互动，故不具备社会道德方面的价值。三是不具备娱乐和消遣的价值。瑞典体操强调医疗和矫正身体缺陷，故无法引起大多数学生的学习兴趣。[1]

实际上，体育的形式化之争本质上是两种意识形态之争：以体操为主的形式化体育以强健体格为目标，是强国强种的军国民思想的具体表现；以游戏和球类活动为主的非形式体育以教育为目标，是公民意识和民主精神的具体表现。这种本质上的差异使得非形式化体育在美国逐渐占得上风。就像1922年赫瑟林顿在其著作《学校体育教育的课程计划》（*School Program in Physical Education*）中指出的："德式和瑞典体操对美国体育虽有贡献，但这种欧陆体操终究无法在民主自治的美国社会中生长。"[2]

但是，当一些学校依照新体育理论，把徒手体操和器械体操转变为游戏和球类运动以后，出现了一个严重的问题：体育课教学几乎完全没有了章法，变成了一场场游戏活动或比赛，教师和学生都完全处于一种"放羊"状态。针对这个问题，新体育思想的集大成者威廉姆斯创造性地提出，尽管德式和瑞典体操存在诸多缺陷，但在教学方法上却有着高度的发展，值得所有体育教学者学习借鉴。他曾经撰文写道："无论我们如何批判形式化体操……都不能忘记它在教学方法上的发展是它的诸多优点之一。从事形式化体操教学的教师知道体育教学如何开

---

[1] Emmett A Rice, *A Brief History of Physical Education*, The Ronald Press Company, 1958: 326-327.
[2] C. W. Hackensmith,《西洋体育史》，周恃天译，台北，黎明文化事业公司，1971: 512.

始、如何进行、如何结束以及如何对学生的表现进行客观、公正的评价。在任何时候、任何地点、任何教育模式中,这都是不可或缺的价值。"①

经由威廉姆斯发展、完善的新体育思想,使人们认识到无论何种目的的体育课程,都必须包括各种不同类型的活动,而决定体育的活动是形式化或非形式化的主要因素是教学方法,而不是教学目标。在这种思想的引导下,持续了近半个世纪的体育形式化之争终于冰消瓦解。这不但促进了体育课在规范化、科学化方面的发展,也为新体育思想在实践层面的推广扫清了障碍。

(三) 竞技运动的课程化

在"新体育"的倡导下,一些竞技运动项目开始被列入体育课程,这为美国体育课程摆脱形式化体操的桎梏迈出了实践层面的第一步。为了使竞技运动成为体育课程的组成部分,"新体育"在引入竞技运动的形式之前,首先对竞技运动的理念进行了重新诠释。

在"新体育"思想推广之前,英语世界中与"竞技运动"相对应的有"athletics"和"sports"两个词。相对而言,前者偏重于对胜败结果的追求,后者偏重于对富于乐趣的运动过程的追求。因为"athletics"本意是指运动员作为英雄的化身,在神的面前通过击败对手来获得荣誉;"sports"的本意则是含有散心、游戏、在户外进行的运动比赛之意。② "新体育"引入竞技运动的形式后,极力倡导"sports"的教育价值和功能,优先将具有游戏特质的田径、球类运动项目引入到体育课程中。例如古利克在1890年接任春田学院的体育指导者之后,将田径和球类运动作为体育的主要内容。这个创举不但推动了风靡全美的校际竞技运动,也使人们对竞技运动的概念有了新的认识。同时,伍德也提出了"运动竞赛是一种很好的学习机会,学生可依照个人的能力和所担任角色、任务的不同,自然而然地产生出社会组织。"③

把竞技运动引入美国体育课程的创举,不但形成了新的体育教学模式,还促进了课外体育活动的繁荣。在20世纪初以前,大学生们的课外体育活动要么是枯燥乏味的体操练习,要么是极具吸引力但却被学校和教师禁止的美式足球等竞技运动。然而,"新体育"将竞技运动引入体育教学后,一方面使学校管理者和

---

① Bonnie Cotteral and Donnie Cotteral, *The Teaching of Stunts and Tumbling*, New York, A. S. Barnes and Co., Inc., 1936: 12.
② 徐元民,《体育史》,品度股份有限公司,2005: 200.
③ T. D. Wood, R. F. Cassidy, *The New Physical Education*, New York, The Macmillan Company, 1927: 93.

教师认识到了竞技运动的教育价值,另一方面也使学生通过课堂上的学习,懂得如何安全、正确地参与到各种激烈对抗性运动中,这使得校内课外体育运动在20世纪初的30年里得到了迅速的发展。例如根据美国大学校内竞技与娱乐促进委员会(Committee on the Encouragement of Intra-Collegiate and Recreational Sports)的资料记载,1913年至1914年期间,有半数以上的大学生没有经常进行体育锻炼[1],但诺顿(Norton)在1928年的调查显示,大学生的课外活动参加率达到了51%~91%,同时,学校为学生提供的课外体育活动项目已经达到10~14个。[2]

总的来说,以古利克、伍德、赫瑟林顿和威廉姆斯的学说为核心的"新体育",为美国体育的形成和发展做出了巨大的贡献。在具体的美国体育领域中,"新体育"思想以"通过身体的教育"为核心理念,以竞技运动为实践方式,解决了体育的形式化之争,带领美国体育彻底摆脱了德式、瑞典体操的桎梏,使体育的价值从个体层面上升到社会的层面,继而构建了独特的"美式"体育。

(四)女子体育的发展

到19世纪末,除了毕彻发明的柔软体操和沙金特体操,美国妇女在大多数情况下被排除在运动场之外,原因有两点:一是人们对体育的传统观念,认为这是表现男性特征的活动;二是几乎没有适合女性参与的运动项目。然而,"新体育"在体育运动形式方面的创新使这种情况得到了显著的改观。

篮球、高尔夫、曲棍球、田径等竞技运动引起了大学女生们的广泛兴趣。尤其是在东部的新英格兰,一些大学女生开始在女子竞赛协会的指导下开展各种竞技运动项目,例如威尔斯勒女子学院就开设了女子划船比赛。根据1909年的调查,继美国东部以后,西部和中部也有将近一半的大学组织了女子体育竞赛。但这些比赛一般都采取特殊的管理方法,例如任用女子裁判、参观必须经过要求、杜绝职业化等等。争论最大的是是否允许男子参观比赛,就像俄亥俄大学当局担心的"灯笼裤可能比运动本身更吸引人"。[3]但无论如何,女子体育进入了新的时代。

除了竞技运动,"新体育"所提倡的舞蹈也给女子体育的发展带来了新的契

---

[1] H. Shindle Wingert and others, "Report of the Committee on the Encouragement of Intra - Collegiate and Recreational Sports", *American Physical Education Review*, 19 (May 1914): 368.
[2] 梅根悟,《新体育—理论—实践—世界教育史大系(31)》,东京,讲谈社,1975:452.
[3] Gertrude Dudley and Frances A. Kellor, *Athletic Games in the Education of Women*, New York, Henry Holt and Company, 1909: 99 - 100.

机。如前文所述，在"新体育"创始人古利克的鼓励和支持下，俄罗斯人查理夫成为第一个大学舞蹈教师。此后，赫道普勒于1926年在威斯康星大学开办了第一个舞蹈专业，为争取把舞蹈列入美国体育课程做出了不可或缺的贡献。真正将舞蹈运动与"新体育"充分结合的是科尔贝首创的自然舞蹈。这种舞蹈形式对体育乃至教育的目标都具有重大的贡献。它突破了人们对舞蹈的传统审美观念，使人们开始逐渐接受女性在运动时所表现出来的强壮而灵活的身体。另外，这种舞蹈也为女性争取了更多获得民主经验和社会交往的机会，使舞蹈不仅在于表演个人的技巧，且成为一种方法，使人们可以同别人交换和分享某些有益的事物。

总的来说，"新体育"通过竞技运动和舞蹈的推广，不但使人们逐渐改变了"体育只属于男性"的传统观念，也发展了大量适合女性参与的运动项目，进而极大地消除了体育中的性别差异，为体育公平性的体现做出了巨大的贡献。

### 三、"新体育"思想的局限

尽管"新体育"对美国体育的形成和发展有着巨大的贡献，但从历史的眼光看，其理论体系依然存在着一些不容忽视的缺陷，归纳起来有以下三点。

#### （一）忽视理性教育

"新体育"思想以发育主义为基础，在对人的教育方面重情感而轻理性（rational education）。就此点而论，"新体育"思想同教育哲学家杜威、思想家边沁（Jeremy Bentham）等人的学说具有相同之处。他们相信人的本性是善良的，皆有社会成员意识，会自然地顾及社会公益与大众利益，人与人之间在社会交往中出现的问题都会因这些本性而彼此相互调和得到解决。因此，体育的功能和价值就是充分激发出人的这种本性，使其成为良好的公民，继而构建出民主自由的理想社会。

然而，从早期的校际竞赛中可以看出，学生运动员们并没有表现出太多的合作、互信、尊重对手、公平竞争等优良的社会意识和素质，少数学生甚至将体育场变成了表现男性主义与以自我为中心的权利意识的场所。19世纪至20世纪初，暴力和欺骗充斥着校际竞技运动，以至于一些教育家和学者要求当时的罗斯福总统召集哈佛、耶鲁等名校的教练员，"说服他们教导球员诚实公正地打球"。[①] 从1905年开始，哈佛大学、西北大学（Northwestern University）、哥伦比亚大学、联和学院（Union college）等一批广泛开展橄榄球运动的学校，面对大量的运动伤害事故和球员比赛资格问题的严重分歧而无能为力，以致不得不暂停开展这项运动长达10年之久。具有讽刺意味的是，这项运动最后在大学校园内的恢复主要得益于竞赛规则的完善和组织管理体制的发展，而不是学生综合素质或公民意识的提高。这充分说明，在整个社会未达到思想家所谓的人性尽善之前，纪律、规范等理性教育是包括体育在内的所有教育活动无法偏废的。

（二）忽视次级文化意识

次级文化意识（sub-cultural）是指相对于社会主流文化意识而言，人们由于国籍、种族、性别、职业、宗教、贫富、社会地位等不同而各自具有的道德标准与行为准则。例如在美国的大学中，白人学生和黑人学生想法必有所不同，来自贫民窟的学生与富人的学生也必有所不同。

在体育运动中，"新体育"所提倡的公民意识、团队精神固然是人们应该遵循的主流文化意识，但实际上，种族、性别、经济条件、社会地位等差异往往使人们在运动场上的行为处于次级文化意识的控制下。例如在20世纪初的大学校际竞技运动中，几乎很难看到白人学生和黑人学生一起打球，在高尔夫、网球等项目中也很难看到黑人的身影。古利克所推广的舞蹈运动虽然给女性体育的发展带来了新的契机，但这种把女性运动贴上"柔美"标签，使其符合男性审美观念的思想，其根源是不可辩驳的男权主义。由此可以看出，"新体育"思想在提倡团队精神等主流意识的同时，没有关注到少数族群的意识与权利，进而损害了黑人、女性等群体的体育权利。

（三）过于注重个人经验

"新体育"根据杜威实用主义教育哲学的理论，认为教育的过程主要是来自于个人经验：首先由学生根据自己的经验提出疑问，然后借由自己的思考得出解决的办法，最后以行动来检验。对个体而言，这种认知程序固然有其实用价值，但在群体性问题方面，"个人经验"往往并不适用。例如"体育迷"现象及其所

---

[①] Letter from Endicott Peabody to Theodore Roosevelt, Sept. 16, 1905, quoted in Guy M. Lewis, "The American Intercollegiate Football Spectacle, 1869—1917", Doctoral dissertation, University of Maryland, 1964: 224.

引发的一系列问题。

"新体育"所提倡的竞技运动，使很多青年学生在运动场上完成了自我实现，并由此对体育产生了浓厚的兴趣。校际竞技运动和校内娱乐体育的迅猛发展证明了此点。然而，"新体育"在激发学生们运动潜能的同时，也有意无意地把一些体育爱好者从运动场赶到了看台——他们被称为"体育迷"。这些人在"新体育"所带来的高水平竞技运动来临之前，或许还经常在体育场上参与一些自己喜欢的运动项目，但那些有"天赋"的学生使他们逐渐认识到，体育场是一个强者生存的地方，如果你不能或不希望"打败"一些人，那么你就必须离开这里。所以，对这些人来说，体育使他们认识到自己原来并不适合进行体育运动，而观众席才是他们应该去的地方。显然，这种情况也是一种"个人经验"："提出疑问"（为什么自己总是运动场上的失败者或从来不想战胜谁）——"解决办法"（离开运动场）——"行为检验"（看比赛依然能带来快感）。但实际结果却与"新体育"的初衷大相径庭。也就是说，"新体育"使体育成了某些人的特权。这使得美国 20 世纪初的竞技体育大发展带有了一定程度的虚假色彩，就像当时的著名体育学者包伊尔（R. H. Boyle）所言：美国 20 世纪 20 年代竞技体育的繁荣，主要是在观众方面，而不是在运动员方面。①

另一方面，这些"体育迷"在观看体育比赛时，已经丧失了所谓的"个人经验"。他们以所支持的运动员或运动队为标准，形成了不同的群体，每个人的思想和行为都和群体保持一致，个人理性荡然无存，所有的行为都充斥着粗暴的宣泄和毫无责任感的随机性。更为重要的是，这种带有破坏性和攻击性的本能宣泄并不一定能够使人变得平静和理性，恰恰相反，由于这种行为在一定程度上暗含了对攻击性行为的鼓励和认可（例如在看台上大声叫喊或辱骂对手并不会被认为是非常粗鲁的事情），因此也就很有可能使人们的攻击性意识得到强化。② 显然，新体育并没有就此给出解决的办法。实际上，他们甚至没有思考过这个问题。

（四）重"目标"轻"过程"

在"新体育"的思想体系中可以看出，"新体育"的课程目标主要是从培养良好的公民、以兴趣为主、教师的要求，三个从高到低的递进层面来考虑。从中

---

① R. H. Boyle, *Sport – Mirror of American Life*, Boston, Little, Brown and Company, 1963: 39 – 42.
② 边宇，《体育"本能宣泄"功能的哲学思考》，载《上海体育学院》，2009（2）：40 – 41.

不难看出，新体育思想的课程理论存在重"（教育）目标"轻"（教育）过程"的不足，具体表现在以下几个方面。

（1）"新体育"制定的"培养良好公民和发展特殊人格"的总体目标无法被量化，不能形成具有可测性的行为目标。这使得学校管理者无法对"新体育"课程的整体有效性进行测评。

（2）以目标确定内容的方式会使课程内容过于工具化，不能充分体现课程内容的价值。

（3）并非所有的体育练习结果都能预先得到确定，尤其是对结果不可预测的竞技运动而言，这很容易引起不符合目标要求的格式化和标准化的弊端。

（4）目标为主的模式很容易使教师的注意力集中在容易达到的低级目标上，把复杂的练习过程看作是简单的"刺激—反应"模式，从而忽略了公民意识、社会化、意志品质等高级目标的实现（因为高级目标无法被准确测评）。

综上，尽管"新体育"思想为美国体育的发展做出了巨大的贡献，但依然存在上述四个方面的缺陷。在后现代主义的关注下，这些缺陷开始逐渐凸显并成为美国体育思想反思的主题，与此相关的内容将在下一章中详论。

## 第三节 "新体育"思想影响下的美国体育实践变革

从伍德、赫瑟林顿等人的主要学说中可以看出，"新体育"并不是对传统体育的改良和增补，而是在否定其哲学基础上的重构，是具有革命性的变革。随着"新体育"思想体系的推广和日趋成熟，它逐渐成为美国学校体育发展的行动指南，引发了一系列关键性的变革。在美国体育的领域中，这些变革主要体现在公共体育课程内容设置、教师教学方式、课外体育、学校体育发展环境和硬件设施四个方面。

### 一、体育课程与教学

从伍德等人的论著中可以看出，"新体育"对传统体育课的批判首先集中在以形式化体操为主的课程内容上。因此，针对课程内容的改革是"新体育"思想影响下美国体育改革的首要目标。从时间上来看，这个变革可以分为两个阶段。

## （一）增设自然体育活动的课程内容

19世纪中后期，在竞技运动被全面推广之前，"新体育"主要通过在课程中增设自然体育活动的方式来表达改革的意愿。但需要指出的是，基于客观条件和长久以来人们对体操练习形成的依赖性，"新体育"不可能在短时间内用自然体育活动取代所有体操练习。因此，在改革的初期，所谓的"增设"主要是通过"改造"的方式来完成。例如"新体育"在保留体操练习作为课程主要内容的同时，指出传统体操练习中要求脚趾尖向外伸展的动作、踏足和脊柱向后弯曲等形式化动作是不适合身体健康与发育的，正确的体操动作应该是自然而有意义的动作，它们或是能够表达有益的思想、感觉和情感，或是具有一定的目的性，如击中球、游过游泳池、投球进篮筐等。

随着自然体育活动的推广，人们逐渐认识到形式化体操的弊病以及自然体育活动的价值。对形式化体操的改造已经不能满足改革的需求。于是，"新体育"开始在美国体育中全面推广自然体育。依据目的的不同，这些运动可以分为六种类型。

### 1. 日常生活中的自然活动

此类活动是最早列入传统体操课程的"新体育"项目。它们主要是根据日常生活中的需要而进行的锻炼，主要包括身体的控制活动（bodily control）、徒步旅行、游泳和骑马（hiking, swimming and riding）、露营活动（camping）、自救活动（emergency activities）。[1]

### 2. 自然体操

它的内容强调身体各部分的技能和力量的练习，和德式、瑞典体操有类似之处，但在教学方法上存在不同，目的也由原来的培养纪律与规范等意识转变为改善学生参与自然活动的技能。"新体育"认为，体操练习确实具有一定的生理价值，但必须将其融入自然、实际的活动中，才能使其具有教育价值。例如用攀绳代替单杠训练，既可以锻炼学生的攀爬能力和上肢力量，也消除了形式化体操的缺陷和不足。

### 3. 舞蹈

根据表现形式的不同，美国体育舞蹈课主要有四种：一是自然舞蹈（natural dancing），它是学生基于内心的需要，配合音律以最佳的动作表现各种不同的场

---

[1] T. D. Wood, R. F Cassidy, *The New Physical Education*, New York, The Macmillan Company, 1927: 103 – 105.

景，大多数动作以走、跑、跳等基本肢体活动为主；二是抒情舞蹈（lyric dancing），与自然舞蹈不同的是，它着重于通过肢体动作来诠释音乐，而不是对情景和理念做出表现动作；三是民族舞蹈（folk dancing），它是传承世袭种族的一种表现形式，基于文化的差异而表现出不同的特色；四是现代舞（modern dancing），它是基于方步舞演化而成的一种舞蹈形式，其具有更加欢快、明朗、热烈的特点，并且不受年龄、人数的限制，在20世纪30年代后迅速风靡全美。根据1947年对美国除专门培养师资机构以外各高等院校开设舞蹈课的调查报告，在被调查的526所大学中，有42%（221所）的学校至少开设了一门现代舞蹈课，只有3%（17所）的大学没有开设舞蹈课。[1]

4. 社会服务和职前教育

这种体育活动是"新体育"的创举。它的目的是通过体育活动对学生实施身体、心理和道德层面的综合教育，有助于学生进入社会发展的需要。这种活动多采用野营的形式，使学生能够在进入社会之前了解到许多人际交往的知识与技能，并同时培养和提高团队意识与奉献精神。[2]

5. 自我测试活动

这种活动主要用来发展学生的耐性、勇气和创造力。学生通过群聚的机会，展示他们的体育技能学习成果，进而达到娱乐的目的。此时，学生会尽全力展示他所能做到的程度，并以略带冒险的心理，尝试向更高层次的技能挑战。

6. 休闲活动

伍德曾在论著中指出，将休闲活动列入美国体育课程中，可以使学生在体育方面得到更完整的发展，也可以从这些活动中选择出他们有兴趣，并且在未来的闲暇时间中能继续去从事的活动。[3] 这种观点使一些大学开始为学生提供徒步旅行、露营、钓鱼、狩猎、游泳、划船等课外休闲活动。20世纪30年代开始出现的经济大萧条加速了大学休闲活动的发展——经济危机引发的失业潮，使很多美国人"被迫休闲"，大学因此担负起教导人们如何正确利用休闲时间的责任。

（二）增设竞技运动的课程内容

进入20世纪后，在自然体育被广泛接受的基础上，"新体育"开始在学校体

---

[1] Phyllis Pier Valente, "The Dance in American Colleges", *Journal of the American Association for Health, Physical Education, and Recreation*, 20 (May 1949): 312–313.
[2] C. W. Hetherington, *School Program in Physical Education*, Yonkers, World Book Company, 1922: 47–53.
[3] T. D. Wood, R. F. Cassidy, *The New Physical Education*, New York, The Macmillan Company, 1927: 103.

育中推广竞技运动,以期达到彻底改革传统体育教学模式的目的。经过近半个世纪的努力,竞技运动终于成为美国体育课程的主要内容。这个变革主要体现在普通美国体育课程、军事训练和个人体育三个方面。

1. 普通美国体育课程

竞技运动在普通体育课程中的推广并非一帆风顺。第一个阻力来自于德式和瑞典体操拥护者的坚决反对。例如,一些学者声称,篮球和排球不能发展身体的上肢力量,也不能像参加体操运动那样加以科学的节制,甚至对人体良好姿态的形成有不良影响。① 第二个阻力来自于竞技运动自身的问题。橄榄球的暴力和粗野一度使其在大学里被中断了十年之久。篮球也同样经历了这个阶段。1909年曾有一篇社论认为:"篮球已经逐渐堕落为粗野活动,成为一项摔跤加拳击的混合物。"②

针对守旧派学者的批评与质疑,"新体育"毫不示弱。例如,当一些学者把"二战"入伍新兵测试中所暴露的美国青年体格不好的问题归罪于新体育时,著名学者 Delbert Oberteuffer 就提出五条理由证明那些批评是毫无根据的:①因体质问题不能参军的青年,绝大多数是因为视力、听力、牙齿、重病以及精神上、营养上的缺陷,这些原因显然与体育无关。②体育没有及时矫正那些可以矫正的身体缺陷,是因为校内鉴定部门和家庭或地方上的矫正措施没有协调一致。③许多不能参军的例子,是生育方面的遗传因素,除非能对生育进行强制性干扰或通过遗传学的介入,否则不会产生明显的改变。④第一次世界大战时的检查方法和标准比这次严格。⑤如果体育是在理想体制下进行的,那么所发现的骨骼、肌肉系统的缺陷可以归罪于体育。但实际情况并非如此,例如几乎所有的学校都没有给学生提供足够的体育锻炼时间和机会,因此体育是不能承担全部责任的。③ 这些言论逐渐使人们认识到,"新体育"所提倡的体育模式并不会导致青年体格健全方面的缺陷。

在消除竞技运动自身存在的野蛮、暴力等问题方面,三个体育组织做出了不可或缺的贡献。一是下属于美国体育协会(American Physical Education Association, APEA)的体育课程委员会,二是下属于美国体育主任协会(Society of College Directors of Physical Education, SCDPE)的体育课程教材研究委员会(Committee

---

① D. B. Van Dalen, *A World History of Physical Education*, California Prentice-Hall, Inc, 1971: 457 - 458.
② "Editorial Note", *American Physical Education Review*, 14 (Mar. 1909): 179.
③ Delbert Oberteuffer, *School Health Education*, New York, Harper & Brothers, 1949: 356.

on Curriculum Research），三是美国大学生竞赛运动联合会（National Collegiate Athletic Association，NCAA）。其中，APEA 和 SCDPE 下设的课程研究委员会通过建议的方式，积极倡导大学将各种竞技运动列为课程内容，NCAA 则专于在篮球、橄榄球、棒球等竞技运动项目规则的修改、发展与完善，使这些运动最终成为被大多数教育者和家长接受的体育活动形式。

在学者和体育组织的共同努力下，竞技运动逐渐从充满危险与事故的比赛（athletic）发展为适合大多数人参加的运动（sports）。同时，在充分吸收了体操在教学方法上的先进经验后，竞技运动的教学效果也得到了显著的提高。这使得课程内容从形式化体操逐渐转化为田径、球类等竞技运动的趋势，成为 20 世纪初美国体育的主要变革之一。①

2. 军事训练

在美国体育的领域中，竞技运动所引发的变革不仅表现在普通体育课程上，还体现在军事训练方面。如南北战争期间，体育被各种军事训练直接取代。但纵观"一战""二战"时的美国体育可以看出，竞技体育的推广使这种情况逐渐发生了改变。

"一战"爆发以后，尽管一些大学还是像以前一样，用军事训练代替了体育课，但还是有部分学校采取了军事训练与竞技运动同时开展的措施，这使得那些军事家们开始逐渐认识到竞技运动的意义和价值。例如，即使《美国医学会学报》（Journal of the American Medical Association）认为，体育训练在增进美国青年体格方面的功效远没有军事训练那样明显②，但时任美国陆军部长的 Newton D. Baker 却公开表示，对大学生的军事操练并不能有效地提高他们的军事能力，而高强度的体育训练则可以通过日常生活为军事目的提供充分的准备。③ 他同时还强调竞技运动对大学生的重要性，认为竞技运动可以帮助人们适应军事生活，也是休整的一种手段。④ "一战"结束后，更有许多学者针对以"每日十二操"（daily dozen）为代表的德式和瑞典体操的复苏提出了尖锐的批评："以体操练习为主的体育不能像竞技运动那样给学生提供自我表现、独立思考、社会交往等机会，也不利于学生培养运动精神和正确利用休闲时间的能力。"⑤

---

① D. B. Van Dalen, *A World History of Physical Education*, California Prentice-Hall, Inc, 1971：441.
② Universal Training vs. "Physical Training", *Journal of the American Medical Association*, 70（12 January 1918）：85.
③ *American Physical Education Review*, 23（Apr. 1918）：251.
④ D. B. Van Dalen, *A World History of Physical Education*, California Prentice-Hall, Inc, 1971：431.
⑤ D. B. Van Dalen, *A World History of Physical Education*, California Prentice-Hall, Inc, 1971：461.

"二战"期间,美国体育尽管在目标上从教育再次转向了体格健全,但在内容上却几乎以竞技运动为主。那些强调应该用军事训练代替体育的言论也几乎销声匿迹。甚至美国军方也表示,美国体育在战争时期的最大贡献在于增强体质而不是军事训练。时任美国陆军部长 Henry Stimson 在写给教育部长 John Studebaker 的信中表示:"在大学中实施的军事训练,也能在入伍后的短时间内和最有利的情况下进行。可是良好的体格与品德则不可能在短时间内形成,因此,军队并不建议在大学中以军事训练代替体育。"①

总的来说,竞技运动的推广彻底改变了大学校园内军事训练的内容与形式。例如 1949 年至 1950 年俄亥俄州立大学兵役训练班的体育内容包括射箭、羽毛球、篮球、拳击、击剑、高尔夫、体操和垫上运动、手球、网球、帆船、普通足球、社交舞、软式网球、游泳、跳水、触身橄榄球、田径、排球以及摔跤。② 从中不难看出,专门的军事化训练已几乎完全被竞技运动代替。

3. 个人体育

个人体育一直是美国体育的主要组成部分。在 20 世纪初以前,个人体育的主要内容是医疗体操和各种以体操为主要形式的矫正体育,但随着竞技运动的推广,这种局面发生了巨大的改变。首先将"新体育"有关个人体育的理念应用到实践中的是俄勒冈大学的斯科特(H. A. Scott)。他在 1921 年推出了首个全新的个人体育计划,其中包括游泳、手球、网球、高尔夫、垫上运动、摔跤、拳击、羽毛球、远足、篮球、排球、击剑、田径运动。③ 此后,许多学校纷纷效仿斯科特的个人体育计划,将竞技运动融入个人体育中。1929 年,Harlan G. Metcalf 通过对 29 所大学的调查,证明了竞技运动和游戏在个人体育中具有不可替代的价值。④

总的来说,随着竞技运动在美国体育中的推广,个人体育趋向于和普通体育相似。尽管形式化的矫正练习作为适应某种具体情况的辅助性练习依然被保留下来,但在大多数情况下,教师都会鼓励在肢体上有残缺的学生能够尽量地参加一些竞赛活动项目。

---

① " A litter from Mr. Stimson", *Journal of Health and Physical Education*, 14 (Sept. 1943): 368.
② D. B. Van Dalen, *A World History of Physical Education*, California Prentice-Hall, Inc, 1971: 500.
③ Harry A. Scott, "Supervised Exercise Corrects Defects of College Men", *Nation's Health*, (Oct. 1926): 772.
④ Harlan G. Metcalf, "Status of Special Adaptive Corrective Procedures in Colleges and Large Universities", *American Physical Education Review*, 34 (Apr. 1929): 208.

## （三）提高教师教育标准

为了保障"新体育"课程内容的实施，伍德制定了新的体育教学步骤，将其与沙金特制订的教学步骤相比可以看出变革所在（表3）。

表3 沙金特与伍德的教学步骤比较[①]

| 教学步骤 | 沙金特 | 伍德 |
| --- | --- | --- |
| 第一步 | 调查个人卫生、病史 | 使学生看到练习中的问题或感到困难的存在 |
| 第二步 | 检查心肺功能 | 引导学生应当分析困难的所在，并决定如何去应对 |
| 第三步 | 四肢、躯干力量测试 | 缓慢练习基础动作 |
| 第四步 | 记录测试数据 | 组织简单的比赛或加快动作节奏，使之接近实际比赛中的难度 |
| 第五步 | 规定练习动作 | 参加实际运动或比赛形式 |
| 第六步 | 针对软弱肌群练习 |  |
| 第七步 | 增强训练强度 |  |

由表3可以看出，"新体育"强调体育教学要尽可能地给予学生运动成就感，使其对体育感到喜欢和满意，而不是身体素质或训练强度的提高。为了达到这个目的，这一时期的美国体育在教学实施方面的变革主要体现在以下三个方面。

1. 教师的个人素质

教师是体育课程实施的首要构成要素，因此，课程实施的变革首先反映在教师的个人素质方面。

根据教育学的原理，教师的一般功能是教育学生，帮助学生在各种不同的教学环境中以最正确的方式做出反应。因此，体育教师的特殊功能就是帮助学生能够在包含各种心理、社会和道德层面的体育运动中做出适当的行为反应。实际上，教师必须在教学活动中同时完成一般性和特殊性目标，才能实现教育的目标，培养出良好的公民。[②] 基于此，伍德认为体育教师首先应具备如下的人格特质：①个性（personality）。包括热诚、怜悯、忍耐、自我控制以及良好的态度和

---

① 伍德教学步骤部分来自于 T. D. Wood, R. F. Cassidy, *The New Physical Education*, New York, The Macmillan Company, 1927：217-231.
② T. D. Wood, R. F. Cassidy, *The New Physical Education*, New York, The Macmillan Company, 1927：289.

气质。②健康（health）。健康会影响到个人的特质，对于体育教师而言，身体健康和健康习惯的养成是非常重要的。③理想（ideals）。体育教师应该拥有崇高的理想，这样他才能在其专业的工作领域中有所建树。④热心（keenness）。学生在学习的过程中经常碰到问题，只有具备了如此素质的体育教师，才能给予学生适当的引导，并且不厌其烦地给予指正。①

由此可见，体育教师对于学生必须要具备热诚的个性，同时也必须具备良好的教学态度和气质，才能达到以身作则的示范作用。又因为体育是属于动作技能的教学，因此，体育教师必须具备健康的身体和崇高的理想，才能在其专业领域中有所发挥，进而能在学生学习的过程中给予热心的指导，解决学生技能学习的困扰。所以，伍德在当时提出的这四点，可以说是很新颖的理念，被大多数拥护"新体育"理念的学校应用在实际中。

对体育教师个人素质的新标准，引发了人们对体育教学的重新审视。在1923年全美教育协会健康联合会（Joint Committee on Health Problem in Education of the National Education Association）中，伍德提出体育教师除了具备上述特质以外，在教学态度上也应有以下改变：①教师在教学上应能考虑到学生个人或团体在身体、心理、社会和道德方面的需要，进而采取对学生最有帮助的课程和指导方式。②教师应能欣赏学生在体育活动中所自发形成的行为目标，并且用适当的方式来帮助学生达到这些目标。③教师在学校中应提供最佳的学习环境和设施给学生。例如体育馆、田径场和游泳池等。若在设施上无法满足学生，教师也应利用消耗体力的户外活动来满足学生需求。④在学校体育课程中，教师应尽可能地用各种方式来使学生获得生理和卫生方面的利益，这包括四个方面：养成健康和良好的卫生习惯，良好的姿势和态度，改善身体器官的功能，发展更多敏捷性、协调性以及肌力。⑤教师应帮助学生在体育活动中发展各种对他有益的目标。这主要包括三个方面：心理方面，发展个人的机智、专心、注意力和进取心；社会方面，发展良好的同学关系、领导能力、公平竞争和凝聚团队的向心力；道德方面，养成积极勇敢、运动家精神以及为团体自我牺牲奉献的精神。②

与传统的体操教学相比，"新体育"在教学方面强调发展学生社会行为的重要性，这使得教师个人素质的标准和教学态度都有了显著的变革。伍德除了在全美体育会议上大力提倡这些变革，还借助1924年在加州为体育教师所举办的暑

---

① T. D. Wood, R. F. Cassidy, *The New Physical Education*, New York, The Macmillan Company, 1927: 281.
② T. D. Wood, R. F. Cassidy, *The New Physical Education*, New York, The Macmillan Company, 1927: 293-294.

期培训班中再次强调这些理念。实践证明，这些变革使教学效果得到了显著提高，获得了教师们的普遍认同。①

2. 教师的教学方式

新体育时期学校体育课程的安排，是以能符合学生本能、激发并满足学生的兴趣为出发点。因此，传统的"命令式教学"已经不再适用。体育教学从注重"努力"转向了"兴趣"。在这种理念的引导下，教师的教学方式出现了显著的变革。下面这段对话可以生动地表现出这种指导方式的具体应用。

教师：从路上学习游泳换到水中活动时，首先要知道什么？

学生：控制呼吸（breath control）、如何呼吸（how to breath）、如何避免呛水（how to keep from choking）。

教师：在陆地上要用身体哪个部位呼吸？

学生：通过嘴巴和鼻子。

教师：在水中不用鼻子呼吸，为什么？

学生：会呛水，会沉下去。

教师：那在水中怎么做可以不让鼻子进水？

学生：用嘴巴吸气、吐气。

教师：可以证明吗？

学生：在游泳池里试试。

教师：那么我们现在就到游泳池中试试。
你们觉得可以熟练水中的换气方式吗？

学生：暂时还不行。

教师：那么你们要怎么克服这种状况？

学生：在家里用脸盆继续练习。②

上述对话是游泳课中换气方式的教学，其目的是让学生能适应水中换气方式。通过学生和教师之间的互动和对话，可以了解教师对技能的教学是采取引导的方式，并且让学生了解应如何来学习技能，以及他们在技能学习的过程中所应具备的知识，进而使学生对于技能学习产生兴趣。这说明教师教学的方式不再是

---

① T. D. Wood, R. F. Cassidy, *The New Physical Education*, New York, The Macmillan Company, 1927: 290.
② T. D. Wood, R. F. Cassidy, *The New Physical Education*, New York, The Macmillan Company, 1927, 295.

命令学生,而是引导学生理解自己所要学习的事情,学生依据教师的建议对这项行为产生兴趣。这就是尊重学生行为动机、尊重其兴趣和以学生为本位的指导方式。这种方式就是心理学理论的实践,即"运动和游戏是最好的教育方式,最有效的学习是让学生体会活动给他带来的满足,而且他可以在活动中表现出兴趣,并能快乐地去实践"。①

因此,在这段时期,基于体育课程内容的改变,以及对于学生学习兴趣的重视,使得体育教学的方法呈现出了和以往有所不同的特征,这种"尊重学生兴趣"的教学方式和传统"命令式"的教学法形成了强烈的对比。更重要的是,这也开启了日后学者对于体育教学方式的研究兴趣和重视。

3. 体育理论课教学

把体育完全融入教育中是"新体育"思想的核心理念,基于这种理念,20世纪 30 年代开始出现了一种新的体育教学方式——体育理论课。早期的创始人是"新体育"思想的拥护者霍华德(G. Howard)。他从 1932 年起,在塞斯洛大学和他的同事瑞丁斯(G. Ridings)一起,每周给学生上一次体育理论课。由此开始,宾州大学、麻州大学等公立大学和一些女子学院相继开设了这种讲授课。

在这一时期,体育理论课是作为体育实践课的一种辅助课程。其内容主要是在教师的引导下,讨论开设体育课的价值与必要性,给学生介绍一些在课内不会开展的运动项目,使校际竞赛等课外体育活动与体育的目标充分结合起来,使学生充分认识到参加体育活动的益处和效果。在具体的教学手段上,教师们利用教科书、放映电影、举行笔试,使体育完全融入教育的体系中。②

## 二、体育测量与评价

在体育课以德式和瑞典体操为主的时代,学校体育测量与评价是以体力测试为主,目的是反映学生的体质健康水平。然而,随着"新体育"对体育目的和内容的重新诠释,学校体育测评也随之发生了显著变革。从 20 世纪初到 20 世纪中叶,美国体育测评的变革主要经历了以下两个阶段。

(一) 从一维到多维的转变

竞技运动的盛行,使学生运动员成为美国体育中的佼佼者。然而,在传统的

---

① T. D. Wood, R. F. Cassidy, *The New Physical Education*, New York, The Macmillan Company, 1927: 233.
② William L. Hughes, "Orientation Course in Physical Education for College Freshman", *Journal of Health and Physical Education*, 5, (Dec. 1934): 22 – 23.

体力测验面前，这些学生运动员却经常表现不佳。这种现象使人们逐渐开始怀疑一维的体力测试的权威性与客观性，继而引发了美国体育测评从一维的体力测试向多维的体能与技能测试的转变。

作为一维体力测试的开创性人物，沙金特也表达了对学校体育中实施单一体力测试的不满。因为他意识到，即使对由他自己发明的柔软体操而言，体力测试不但无法反映练习者的肌耐力和速度，而且还会引起小组肌肉紧张等不适。基于此，沙金特于 1902 年设计了新的测评方案，目的是对柔软体操练习者的体力、耐力和综合素质进行测评①，这标志着传统体力测验模式的结束和体育测评新时代的到来。

在沙金特的开创性研究之后，体育测评开始向多维的体能与技能方向发展。时至 20 世纪 30 年代，广泛使用的测验和测量以及各种测评工具的发展，大大丰富了体育的内容。正如克拉克所言："测评已经成为体育行政管理上独特的一个方面，因为它通过获得学生的基本情况，有效地帮助学校制定和推行各种体育计划。"②

这一时期代表性的多维体育测评方案主要有以下几个：哥伦比亚大学的梅兰 1907 年完成了一个标准的大学多维体育测评报告。他的测评方案是以体育分级为目的，包括五个测试项：①关于个人与环境卫生方面的书面测验；②用优美的仪态和行为表现的主观控制；③用跳高、单杠、跨越和摆动跳跃测量出来的客观控制；④耐力；⑤游泳。③ 克利伯格（F. L. Kleeberger）在加州大学推行了另一套测验方案，包括通过用手撑跳跃、跳高、跳远和 100 码短跑测定敏捷性，在摔跤、拳击和击剑中测定防御能力，以及游泳测验和有关体育道德的测验。④ 俄亥俄大学的尼库尔斯（J. K. Nichols）也提出了自己的测评系统，包括爬绳、118 码短跑、单杠跳跃。⑤ 俄勒冈大学的测评包括急行跳高、单杠跳跃、爬绳、169 码短跑和 100 码游泳。⑥ 总的来说，上述测评体系都利用体育测验成绩作为体育课

---

① D B Van Dalen, *A World History of Physical Education*, California Prentice-Hall, Inc, 1971：469.
② H. Harrison Clarke, *The Application of Measurement to Health and Physical Education*, Englewood Cliffs, N. J.：Prentice—Hall, Inc., 1946：321.
③ George L. Meylan, "The Place of Physical Education in the College Curriculum", *American Physical Education Review*, 12（June 1907）：105.
④ F. L. Kleeberger, "Physical Efficiency Tests as a Practical Method of Popularizing Physical Education at the University of California", *American Physical Education Review*, 23（January 1918）：27.
⑤ J. H. Nichols, "Report of Physical Examination and Physical Efficiency Tests at Ohio State", *American Physical Education Review*, 25（May 1920）：212.
⑥ The Pentathlon, "A Physical Ability Test", *American Physical Education Review*, 29（January 1924）：30 – 32.

分级、分班的依据。例如梅兰不允许成绩差的学生参加校队比赛，加州大学要求测验不及格的学生参加专门的锻炼以弥补不足，俄亥俄州立大学则准许成绩优异的学生任选一种运动项目进修，俄勒冈大学的学生只要在测验中成绩良好就可以免修普通体育课而参加高一级的竞赛运动。此外，魏曼（Agnes R. Wayman）还专门为大学女生设计了一套体育测评方案，包括健康检查、人体测量和运动能力三个方面。在运动能力测评方面有跳高、篮球掷远、25 码跑、爬绳、山羊腾跃、平衡木、技巧动作和体操项目。在结果评定与评分标准方面，她通过从多个女子大学获得的大量数据来编制评分表。[①]

综上所述，伴随着竞技运动的盛行，美国体育测评的变革首先表现在从一维的体力测试转向多维的体能与技能测试。这个转变使体育测评有了新的功能和价值：对教师而言，多维体育测评可以得到全面、客观的数据，帮助他们确定每个学生在体育方面的不同需要；对学校管理者而言，可以通过学生体能与技能进步程度的测评，对教师的教学功效进行评价；对整个课程而言，多维体育测评的变革与发展增强了体育教育的科学性，继而提高了体育课在学校课程体系中的地位，例如愈来愈多的学校愿意给予体育课正式的学分。

（二）从有形到无形的转变

随着"新体育"思想的进一步发展与完善，体能与技能的多维测评体系也不能满足人们的需要。因为无论一维的体力测试或多维的体能与技能测试，都只是对体育的有形功能进行测评，而对"新体育"所强调的品德教育、社会价值以及给予参与者的成就感而言，这些测评都无法对其进行客观、准确的反映。

在此方面的第一步是古利克迈出的。他于 1890 年开创性地为青年会体育联队的运动员制订了五项运动（百米跑、急行跳高、三级跳远、铅球、爬绳）成就测试。1894 年在克利夫兰举办的德式体操联盟运动会上使用了这套测试方案。此后，普斯尔克（L. Van Buskirk）于 1928 年仿效心理鉴定表的方法，设计出用以评价体育所产生的品德效果和社会价值表格。尽管这种方法在心理学研究中已属常见，但在体育测评中尚属首创。两年以后，麦克乐（McCloy）提出了关于品德鉴定的最早的调查报告[②]。他们二人的努力，成为体育无形价值测评方面的开

---

① Agnes R. Wayman, "A Scheme for Testing and Scoring the Physical Efficiency of College Girls", *American Physical Education*, 28（November 1923）：416-419.
② C. H. McCloy, "Character Building Through Physical Education", *Research Quarterly*, 1（October 1930）：41-46.

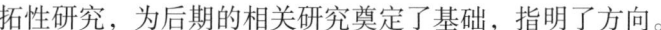

拓性研究，为后期的相关研究奠定了基础，指明了方向。

继他们之后，人们越来越多地关注于体育无形价值的测评。起初，测评集中在体育成就方面，采用的方法通常是选定一两项与某种运动的熟练程度有关的技巧，然后设计出测量这些技巧的简易测验。例如，在20世纪30年代早期，罗杰斯（Elizabeth Rodgers）和希斯（Marjorie Heath）发展了关于垒球和普通足球的知识和能力的测验。① 随着这些单项测评方案的增多，格拉索（Glassow）和布罗尔（Broer）于1938年编写了一本有关运动成就测评的书。②

后来，随着体育在目的和方法方面越来越接近教育，有关体育无形价值的测评开始从体育成就转向道德与社会教育方面。例如，教育者在教导可以利用休闲时间的活动时，希望学生不仅学到一些运动技巧或在运动中得到成就感与乐趣，而且还要学习规则、谦恭、姿态、运动道德以及其他与之关联的效果。这种思想上的变革引起了一种新的体育测评方式，那就是客观的书面测验。弗伦奇（Esther French）和斯科特就此为不同的项目设计了八种书面测验。从此，如何通过体育测量个人品质和社会道德成为体育学者的新课题。普斯尔克和麦克乐的先驱著作问世后，"新体育"另一位主要倡导者纳什（Jay B. Nash）又在1932年出版了《体育素质教育》（*Character Education Through Physical Education*）一书。科威尔（C. Cowell）曾经在俄亥俄大学和普波大学进行研究以判断学生对体育的态度和兴趣，强调体育的社会价值。劳里松（W. Lauritson）设计了测评运动道德的一套方案，并提出了一些有用的设想场合以判断态度。

综上所述，截至20世纪初，在"新体育"的影响下，体育测评发生了显著的变革：首先从一维的体力测试发展为多维的体能与技能测试，然后又向无形的道德品质与社会价值测定的方向发展。这些变革不仅使体育测试成为体育的必要组成部分，也提升了体育在大学教育体系中的地位。1950年出版的《教育研究百科全书》（*Encyclopedia of Educational Research*）对当时的体育测评是这样评价的："虽然还有许多研究要做，但可以肯定的是，我们已经可以从几个方面精确地评价一个人的身体状况：一般体能和运动能力，体能素质（体格健全水平），具体的运动技巧，被社会认可的运动精神……需要进一步发展的是具体测评方法

---

① Elizabeth Rodgers and Marjorie Heath, "An Experiment in the Use of Knowledge and Skill Tests in Playground Baseball", *Research Quarterly*, 2 (December 1931): 113-131; "A Study in the Use of the Knowledge and Skill in the Soccer", *Research Quarterly*, 3 (December 1932): 33-35.

② Ruth B. Glassow and Marion R. Broer, *Measuring Achievement in Physical Education*, Philadelphia, W. B. Saunders Company, 1938.

的经济性和测评工具的准确性,在这些方面我们还需要大量的工作。"

## 三、竞技体育

进入 20 世纪以后,美国竞技运动进入快速发展阶段,篮球、排球等新兴竞技运动的规则不断完善,各单项运动管理组织也在不断壮大。但竞技体育的上述发展在很大程度上归功于美国社会、经济、文化的整体发展。在竞技体育领域中,"新体育"思想最主要的影响是开创了美国校际竞技运动体系。"新体育"思想在全美推广之前,美国大学里的校际竞技运动并不被大学管理者和学生家长认同,但经过"新体育"思想的改造,校际竞技运动不仅成为美国高等教育文化的象征,更成为美国竞技体育的象征。

"新体育"对竞技运动教育价值的肯定,使得校际运动在各个方面都有了迅速的发展。代表队的数目和参加比赛的人数都大大增加了。除橄榄球、篮球、棒球和田径运动这些传统大学生竞赛项目外,又增加了普通足球、网球、摔跤、越野跑、体操和高尔夫等项目。① 竞赛热情的高涨,使各项运动设备场地的建设也得到了发展。工作人员越来越多,开始修建更大的体育场和体育馆。最惹人注目的是橄榄球的发展,哈佛在1903年就修建了能容纳 23 000 人的现代化的钢架结构体育场。进入 20 世纪 30 年代后,全国掀起了修建大型体育场的热潮。仅在 1920 年至 1930 年期间,135 所美国体育场的总容纳从 929 532 人迅速发展至 2 307 850 人,绝大多数的体育场都是中西部新建的。如密歇根体育场可以容纳 87 500 人,俄亥俄州立体育场可以容纳 77 000 人。1930 年,全美大学橄榄球赛的观众上升到近 1000 万人。与体操时代相比,这段时期的大学竞技运动除了在硬件规模上的迅速发展,还有五个方面的新特征:①为了满足学生的兴趣和需要,竞技运动项目有了广泛的成长和完善。②提供技能方面的指导,使学生能具备参与各项竞技运动的技能。③鼓励学生参与竞技运动,借此来改善个人的体能和健康状况。④发展更高层次的技巧,激发学生参与体育运动的兴趣,增加参与人数。⑤扩充学校体育设施,适应各项竞技运动的需要。

另一方面,随着校际竞技运动的迅速发展,大量的伤亡事故和运动员特殊收入的问题也愈加凸显。NCAA 及其他运动组织通过不断地修改、完善运动规则,使运动员伤害事故的数量有了明显的下降,但有关运动员津贴、奖学金甚至黑色收入等经济方面的问题却一直没有得到解决。NCAA 对此所做的最大的努力是制

---

① 梅根悟,《新体育 理论 实践:世界教育史大系 (31)》,东京,讲谈社,1975:253.

定了所谓的《明智宪章》(Sanity Code)。这一设想在1946年7月NCAA联会上首次提出，并拟定了有关大学校际竞赛道德行为的法规，又经1948年1月联合会年会通过，成为联合会组织章程的一部分。当1950年1月联合会上举例说明7所会员大学违反法规规定时，这一引起广泛争论的《明智宪章》第一次受到了检验。开除7所违规会员大学的提案因为不足三分之二的多数同意而没有通过。一年以后，对于犯规大学提出的控诉撤销了，《明智宪章》实际上也就形同虚设了。学校在招募运动员时的行贿受贿、违反道德等问题也随之成为公开的秘密。从历史的眼光看，这为美国大学校际竞技埋下了一颗毁灭性的种子。

1930年以后，由于经济大萧条和无线电广播开始现场报道各种竞赛活动，校际竞赛的观众数量剧减。很多大学开始举办各种慈善比赛，为失业和受战争影响的家庭募捐，大量的交通管制也使得人们很少有机会开车观看比赛。总之，校际竞赛自20世纪初的大发展以来，首次放慢了前进的脚步。然而，校际竞赛整体上并没有后退，例如"二战"时期的大学校际竞赛在组织管理和参赛规模方面甚至要好于1917年至1918年间。①虽然有大量军队驻扎在校园里，但竞赛运动的管理仍旧掌握在学校管理者的手中。即使在交通管制、大学注册人数剧减的情况下，大学校际比赛在大多数情况下还是如期举行，而且有些学校还增加了大学校队与军队代表队的额外比赛。参加校际竞赛的资格放宽了，一年级学生也可以参加校队，转学的学生也不再受一年学龄的限制。军方也尽力协助、支援了大学大批运动器材和设备。总的来说，除了上述制度层面的变革，大学校际比赛在整个国家最困难的时候也并没有停止发展的趋势，在规模上更是如此，全国大学校际联赛在1932年增设了拳击项目，1938年增加了体操、网球和越野赛跑，1939年增加了篮球，1940年增加了高尔夫，1941年增加了击剑，1947年增加了棒球，1948年增加了冰球。在举办奥运会的年代里，大学校际联赛还成了选拔美国奥运会代表队的主要途径。

大学校际竞赛体系的建立还引发了校内休闲体育的发展。1913年，俄亥俄州立大学和密歇根大学从体育教师中专门指派一人作为校内体育运动管理主任。1914年，NCAA基于大多数学生都希望参加体育运动竞赛但校际运动的参加人数又非常有限的情况下，敦促所有的大学都要设置校内体育管理主任一职，以帮助学生积极有效开展校内体育。然而，根据1916年的一项调查，在140所存在某

---

① D B Van Dalen, *A World History of Physical Education*, California Prentice-Hall, Inc, 1971: 490.

种形式校内体育的大学中，大多数是由学生自己管理的。[①] 其原因是，校内体育在这一时期的主要目的是通过各种比赛挑选那些可以进入校队的人。这种情况随着"新体育"对休闲娱乐体育的提倡发生了质的变革。进入20世纪20年代后，校内竞赛部门的目的被重新界定为五点：①提供更广泛的竞赛运动活动以适应各个学生的需要和兴趣；②扩充设备以进行多种可取的体力娱乐活动；③对于那些要求有机会学习娱乐运动知识的学生提供技术性的知识；④鼓励学生参加各种非正式和有组织的竞赛活动；⑤改进与竞赛活动有关的卫生条件；⑥设计改进的方法以促进学生参加体育活动的兴趣以及管理有大批学生参加的计划。[②] 这使得校内体育开始逐渐偏重于休闲娱乐。1930年以后，有些学校开始将校内体育主任（intramural director）的职位也改为娱乐活动主任（recreation director）。这标志着校内体育已从校内竞赛转变为校内休闲娱乐体育。

转变不仅发生在管理层面，学生对待校内体育的态度也发生了显著的变化。在强调体格健全或劳动体育的时代，学校会经常采取一些强有力的措施强制学生参加体育锻炼，而校内休闲运动不强迫学生参加任何体育锻炼。学生们开始按照自己的爱好，组织各种项目的竞赛活动而无须强迫性措施或奖品和宣传来诱导，学生可以真正地为运动而运动。

当然，这并不意味着学校放弃了对校内体育的管理。专门成立的校内体育部门还是利用各种可能的方法，宣传鼓励更多的学生参加体育运动。例如开办运动介绍和问题解答的讲座，定期举行校内体育比赛，新生进校宣传教育，印发手册，等等。总的来说，自从校内体育偏重于休闲娱乐后，校内体育才开始真正独立于校际竞技运动，成为大学课外体育的必要组成部分。

## 四、娱乐休闲体育

"新体育"思想的哲学基础是发育主义教育。因此，"新体育"思想从一开始就积极推广各种休闲娱乐体育项目。古利克曾在1910年就大胆预言：十年以后，休闲娱乐体育将成为除大学生以外的职业人群和儿童主要参与的体育活动形式。因此对成人而言，他们并不需要大量的体育运动，而是需要闲暇时间的休整、新鲜的空气和令人愉快的社会交往，体育运动必须符合这一目的；对儿童而

---

[①] Athletic Research Society, "Report of the Committee on Intramural Sport", *American Physical Education Review*, 23 (Apr. 1918): 182–212.

[②] D B Van Dalen, *A World History of Physical Education*, California Prentice-Hall, Inc, 1971: 450.

言，体育运动必须可以培养孩子们合作互助、自我牺牲等社会生活必需的优良品质，培养民主社会良好公民所需的道德习惯，培养运动道德精神和公正品行的理想和实践。①

体育与休闲娱乐活动的结合，不仅改变了体育的形态，也促进了社会化教育的发展。体育为休闲娱乐活动提供了种类多样的活动形式和专业设备。在此之前，赌博、吸毒等恶性活动充斥着美国人的休闲娱乐生活。基于此，体育活动开始真正得到宗教、政治领袖的支持和赞同。同时，休闲娱乐活动也反过来极大地丰富了体育的内容。例如自 1900 年以后，有组织的野营活动开始受到社会各界的认可，时任哈佛大学校长埃利奥特曾就此提出："有组织的各种野营活动是美国为世界教育做出的最大的贡献。"② 有组织的野营活动是美国休闲娱乐体育的代表形式，这种活动整合了很多新兴的体育项目，如帆船、游泳、钓鱼和远足等，1930 年后加入了棒球、网球、垒球、田径和足球等，1950 年后又有一些学校在野营中加入骑马、射击、自然研究、音乐、舞蹈、美术，以及水上运动。

尽管野营运动的项目越来越多，但始终以激发参与者的参与兴趣为核心。这种形式的娱乐体育使竞技体育运动和休闲娱乐体育有了共通之处，有时甚至很难在形式上对二者进行严格的区分。也正是因此，美国竞技体育运动和休闲娱乐体育真正形成了一个不可分割的有机整体。

## 五、体育师资

### （一）体育师资的量变

在"新体育"思想的引导下，以游戏和竞技运动为主要内容的室外体育课被广泛开展。这引起了体育教师急缺的局面，因为传统的体育师资机构仅注重体操等室内活动项目的培训。基于此，一些专门的体育师资培训学校纷纷建立。

第一批体育师资专科学院多为私立大学，一般用创办者的姓氏命名，在东部有阿诺德卫生体育专科学校（Arnold College of Hygiene and Physical Education）、包维专科学校（Bouve School）、国际青年会干事学校（International YMCA College）、盘茨尔学校（Panzer College）、波塞－尼森体育专科学校（Posse-

---

① Luther Gulick, "Physical Educaiton from the Standpoint of Health," *Journal of Proceedings and Addresses of National Education Assocaition*, 1910, 48: 349 – 350.

② H. W. Gibson, "The History of Orgnazied Camping", *Camping Magazine*, 1936 (12): 8.

Nissen School of Physical Education)、赛维吉体育专科学校（Savage School of Physical Education）和韦尔斯利女子学院（Wellesley College）。在中西部，培养师资的私立学院运动并不那么显著，但美国体操联盟的师范专科学院（Normal College of the American Gymnastic Union）、美国体育专科学校（American College of Physical Education）、芝加哥体育师范学校（Chicago Normal School of Physical Education）以及威廉姆斯学院（George Williams College）在早期的发展起到了非常重要的作用。在南部有田纳西州的皮博迪学院（George Peabody College）。这些学校为美国培养了第一批专门的体育教师，解决了各级学校体育师资不足的问题。但值得注意的是，尽管这些学校的建立源于"新体育"的推动，但由于"新体育"在这一时期尚没有构建具体的教学实践体系，因此这些学校在内容上大多还是以传统的德式和瑞典体操为主，在理念上也是以促进健康、增强体质为目的。也就是说，这一时期体育师资的变革只是在"量"上。

（二）体育师资的质变

体育师资的质变开始于20世纪20年代，标志是州立和教会大学开始设置授予文学士的体育专业系科。这种改变使体育师资培训的医学倾向被逐渐弱化，体育的专业性得到不断的强化。例如，从这一时期开始，体育师范专业部门在命名上纷纷出现了废除"身体文化"（physical culture）和"身体训练"（physical training）等用语，改为"健康与体育教育"（health and physical education）的趋势。[1]

新的体育师资培训机构对传统的、以医学倾向为特征的私立体育师范学校形成了巨大的冲击。1914年至1921年间，培养体育师资的州立师范专科学校数目从3所增加到了28所，开设体育专业的州立大学从4所增加到20所，由捐助基金兴办的大学中设置体育系科的从8所增加到22所。截至1930年，设有培养体育师资专业的大学的数目达到150所，遍布全国。而另一方面，私立体育师范专科学校要么因为无法筹措足够的经费而倒闭，要么改属其他学院和大学。如波士顿体操专科师范学院后来合并于威尔斯勒学院，波塞专科学校改为塔夫茨学院，阿诺德专科学院附属到布里吉波特大学（University of Bridgeport），沙金特专科学校合并于波士顿大学。以体操为主要培训内容的各种大学暑期培训班也遭受了同样的命运。朱太奎暑期学校在"一战"后迅速衰落，沙金特在哈佛大学创办的

---

[1] D B Van Dalen, *A World History of Physical Education*, California Prentice-Hall, Inc, 1971: 433.

暑期学校也在 1932 年被迫停办。另外还有一个奇特现象就是 1919 年在伊利诺伊大学首创的运动训练学校。这个学校最初是为了培养以体操为主的运动教练，后来又扩大为教授体育教师各种体育法规的短期培训班。但在大学四年制体育科系的冲击下，这种学校与那些私立体育师范学院一样，也迅速走向了衰亡。总之，在这一时期，体育师资培养在理念和机构层面都发生了根本性的转变。

（三）体育师资的曲折发展

新的体育师资专业的迅猛发展趋势被经济大萧条与"二战"打断，继而进入了一个曲折发展的阶段。起初，经济萧条所造成的就业机会减少，使人们对体育师资的专业性提出了更高的要求。例如 1930 年以前，很少有学校体育教师有大学一年以上的专业训练，但 1935 年左右，几乎所有的学校都要求体育教师必须具有两年至四年的专业训练。然而，由于战后的士兵权利法案（G. I. of Rights）和社会总动员，对体育教师质量的要求让位于数量（有 28 个州开始把临时证书颁发给没有受过体育专业训练的人）。1950 年 6 月，已经有 400 多所大学创办了培养教师的体育科系，比 1930 年增加了 300%，并且仅在这一年，体育专业大学毕业生就有 1 万多名，比 1949 年增加了 37%，比 1941 年增加了 600%。[1]

在数量和规模上的畸形发展使体育师资暴露出很多问题。最严重的是这一时期的体育师资在课程设置、器材配备和考核标准方面都不一样。起初，大多数学校管理者并没有注意到这个问题，但随着"新体育"在体育理念上的统一和教学实践体系的日趋成熟，人们逐渐认识到统一师资培养标准的重要性。第一次为此所做的努力是 1931 年由全国教育学会的学校卫生与体育部选派了一个以尼森（N. P. Neilson）为主席的委员会，以促进体育师资的规范化和合理化发展。第二次努力是 1948 年 5 月在西弗吉尼亚召开的全国卫生、体育与娱乐活动专业会议。会议报告提出了培养这三种专业师资的规程大纲和指导原则，为体育师资的理性发展做出了巨大的贡献。

体育师资的规模化发展还导致了研究生部的大量出现。起初，体育研究生的培养非常重视质量。从伍德于 1910 年在哥伦比亚大学创办研究生部开始，直到 1933 年，全国只有 30 所大学设有体育研究生部，1925 年至 1930 年期间，只有四人被授予博士学位。然而，1930 年至 1950 年期间，授予体育硕士学位的学校

---

[1] Charles A. Bucher, "1951 Employment Outlook", *Journal of the American for Health, Physical Education and Recreation*, 22 (March 1951): 42.

猛增至将近 80 所，授予博士学位的增至 20 所。根据 1945 年的全国调查，所有体育教师中获得硕士学位的占总人数的 54%，获得博士学位的占 22%，并且已获得硕士学位的人有 39% 正在攻读博士学位。① 这使得体育研究生的师资教育同本科课程一样，在质量上出现了良莠不齐、鱼龙混杂的局面。1946 年，伊利诺伊大学的斯泰勒（Seward Staley）博士召集西部大学的代表举行会议，讨论体育研究生的课程计划。这样的会议在随后的几年里共召开了三次，为体育研究生课程计划的发展做出了不懈的努力。

尽管存在上述问题，但总的来看，到 1950 年前后，拥有博士学位是进入美国体育科系任职的先决条件，大多数中学也要求他们的体育教师拥有硕士学历。一些学者还提出了把体育师资专业改为五年制。这些情况充分证明，美国体育师资从 1861 年路易斯创办九周制培训机构以来，发生了多么巨大的变革。

## 第四节 美国体育变革的特征

### 一、本土化的根本诉求

19 世纪末至 20 世纪初，古利克、伍德、赫瑟林顿、威廉姆斯等人构建了新的体育思想体系，赋予了美国体育新的目的和内容。20 世纪上半叶，这些思想上的转变引发了美国体育在体育课程与教学、体育测量与评价、竞技体育、休闲娱乐体育方面的显著变革。尽管这些变革的内容、形式各异，但整体上看，本土化诉求是所有变革共同具有的本质特征。原因主要有以下两个方面：

首先是民族精神与狭隘爱国主义的觉醒为体育的本土化提供了精神动力。作为一个以移民为主的联邦制国家，美国的民族主义在很长时间里处于一种松散的隐性状态，谋求国际合作与和平曾是美国政府的主要政治立场。例如 1899 年至 1907 年由美国组织的两次海牙会议（Hague Conference），目的是为了限制军备、促进和平；1905 年，在美国的调解下，日俄战争结束；1906 年，美国又参与调解了摩洛哥争端；1913 年，美国还邀请一些国家签订互惠条约，要求对所有国际争端进行仲裁以避免国家之间的军事冲突。

然而，第一次世界大战的爆发，彻底激发了美国民众的民族主义。战争使人

---

① Jack E. Hewitt, "Status of Graduate Faculty", *Research Quarterly*, 16 (Oct. 1945): 236–237.

们对谋求国际和平与合作的外交政策产生了普遍的怀疑。① 1912 年，参议员否决了凡尔赛条约，拒绝参加由威尔逊总统努力构建的 54 个国家组成的国际联盟，甚至退出了由美国自己组建的国际法庭。势力庞大的三 K 党更是大力推行"美国主义"（americanism），他们排挤黑人、犹太人和天主教徒，甚至操控国会猛烈地限制移民。②

在民族主义的冲击下，"美国化"自然成为教育的首要任务。所谓的公民教育或社会化教育，在本质上都是对美国青少年的"美国化"教育。"新体育"关于"体育是通过身体的教育"的主张，使体育成了"美国化"教育的组成部分与民主社会的试验场。为了达到这个目标，体育的目标从健康转向教育，内容从体操转向竞技，教学从努力转向兴趣。这些变革在本质上从属于美国化教育的总体目标，是教育本土化在体育领域中的具体实践。

其次是社会化大生产为体育的本土化提供了物质保障。1865 年至 1900 年期间，美国社会生产力出现了惊人的飞速发展，煤产量增加了将近 10 倍，石油增加 13 倍多，钢铁产量增加了近 10 倍，至 1894 年，美国工业生产已跃居世界第一，其工业产品占世界总量的三分之一，成为世界头号工业强国。③ 这些发展使"新体育"所提倡的竞技运动成为可能。试想，如果没有钢铁业的发展，美国怎么可能在 20 世纪 20 年代进入"大体育场时代"；如果没有报纸、广播、汽车和公路的发展，大学足球怎么能成为家喻户晓的事业？更重要的是，美国社会经济的迅猛发展，对当时的社会思想产生了深刻的影响，工业的高度发达，使得人口结构发生了显著变化，农村人口逐渐往城市迁移，掌控社会主流意识的中产阶级日益壮大。为了凸显自己在社会中的地位，教育改革首当其冲。而在体育领域中，凸显公平竞争、规则意识、个人英雄主义的竞技运动，自然受到以新教伦理为价值与精神核心的中产阶级的推崇。在这种社会意识的感召下，掌握大量社会资源的中产阶层不但敦促政府大力投资运动场的建设，甚至愿意自己出钱捐助各种体育场馆的建设。

总之，民族精神的觉醒使本土化成为教育的首要任务，"新体育"作为教育的一环，自然也成为本土化的主要战场。另一方面，飞速发展的社会生产力使"新体育"提倡的竞技运动等诸多变革成为可能。在这两方面因素的作用下，本

---

① Dixon Wecter, *The Age of the Great Depression*, New York, The Macmillan Company, 1948: 287 – 288.
② D. B. Van Dalen, *A World History of Physical Education*, California Prentice-Hall, Inc, 1971: 429.
③ 吕俊甫，《美国教育》，台北，商务印书馆，1970: 15, 257.

土化成为"新体育"思想影响下美国体育变革的首要特征。

## 二、系统化的哲学基础

从 19 世纪末至 20 世纪初,以古利克、伍德等为代表的"新体育"并不是这一时期美国体育界唯一的新思想、新理论。那么,为什么他们的思想能够成为主流意识,继而引导美国体育实践层面的变革?究其原因,除了"新体育"符合这一时期教育本土化的主流趋势,还有一个因素就是与同时期其他思想、理论相比,"新体育"具有系统化的哲学基础。这不但表现在对欧洲传统教育思想的批判上,还体现在新的体育哲学思想的构建上。

在批判方面,"新体育"思想以杜威的哲学理念为基础,对欧洲传统教育思想进行了深入的批判。19 世纪末的美国教育,主要以德国赫尔巴特理论为核心。大量美国教育研究者涌入德国学习,并通过他们回国后的教育实践广泛宣扬赫尔巴特的教育理论。[①] 因此,赫尔巴特基于哲学和心理学立场,把教育建立在科学的根基上,这种理念对美国大学教育的教学步骤、方法和道德目标的实践有着广泛的影响,体育自然也包括其中。然而,"新体育"继承杜威的观点,认为这种理念存在两点缺陷:首先,这种教育模式流于固定化、形式化、僵化,缺乏生机。对于教师而言,这种模式确实让不懂得教学的教师如获至宝,但假如教师千篇一律地按照这种模式教学,那么教学过程就会极其枯燥乏味;其次,赫尔巴特模式在教学法上是"教师教学法",而非"学生学习法"。但教学本身应该是师生双方合作的活动,只注重教师而忽略学生,显然无法达到双向沟通的目的,因此,赫尔巴特的教学方法存在明显的缺陷。[②]

"新体育"思想在充分借鉴杜威理论对传统欧洲教学模式的批判后,以教育学、心理学、社会学理论为基础,构建出其特有的、牢固的哲学基础。

在教育学方面,"教育的目标不仅在于达到个人的良好发展,更在于人和社会之间关系的正确发展。借由个人与日俱增的经验,整个社会将得到莫大的益处"[③] 的观点为"新体育"领导下的美国体育变革提供了总体目标。基于此,"新体育"的教育学哲学基础主要有三个:一是体育与教育的目标相同。例如,伍德表示,体育与现代教育的主要目标是相同的,都在于给学生提供完整的生

---

[①] 孟湘砥、胡若愚,《近代教育史》,台北,五南图书出版公司,1993:98.
[②] 林玉体,《西洋教育史》,台北,文景出版社,1993:368–369.
[③] John Dewey, *Democracy and Education*, New York, The Macmillan Company, 1916:418.

活，学校应给予合乎健康和卫生的原则，提供适宜的环境，让学生能在其中发展出有益心理、道德与社会层面的价值观。二是体育与教育的方法类似。如前文所述，"新体育"在教学上以激发学生的兴趣为主，教材设置与教学方法应能相互配合，因此，当学生在学习中碰到问题时，体育与教育的解决方法是相同的。三是体育与教育的内容类似。在体操时代，教学内容完全由教师决定，但"新体育"强调，课程内容应依照学生的愿望来制订，教师仅扮演辅助者的角色，基于学生的兴趣，对课程内容做适当的调整。[1]

在心理学方面，学习规律和联系迁移等认知理论被"新体育"应用到改革中。这些相关理论可以分为四类：一是经验概念认知。伍德的著作中转载了杜威和桑代克的观点："经验的得来主要是由实际去做的过程得到的，而这个经验将可以改变青少年、儿童的行为。"[2] 他们都认为，外在的环境对于个人产生刺激，进而诱发神经传导系统做出反应，这种过程的反复即是经验产生的过程。二是学习规律认知。"新体育"认为，经验的积累可以使学习效率化，并成为生活的一部分。因此，体育活动中的竞技运动和游戏提供了良好的环境和机会，除了满足学生的表现欲，还可以借由运动中的刺激获得生活上所需的经验。三是情绪反应认知。当学生对外界信号产生反应时，也会伴随情绪的变化。因此，自我控制就显得非常重要，而体育则给学生提供了学习自我控制的机会。四是运动迁移认知。迁移理论是心理学应用在教育上的重点理论，而体育运动则为这种理论的应用提供了极佳的场所。"新体育"证明，当学生在运动场上养成良好的体育风范后，就能在以后的社会中表现出来，这就是竞技运动学习的迁移效果。

在社会学方面，"新体育"引导的变革充分注意到个体是如何以体育为媒介和社会发生关联，以及体育对个体与社会之间关系的影响。这种观念的社会学基础有两个：一是社会价值训练的重要性。"新体育"课程中的游戏和竞技运动可以提供给学生发展良好的社会行为的环境，如在游戏中培养诚实和公平竞争的行为，也就是所谓的品格教育；在舞蹈中培养正确表达、抒发情感的行为等等。二是团队意识的形成。"新体育"提倡的游戏场运动、露营活动和民俗舞等，就是以培养团队意识和集体意识为目的。

---

[1] T. D. Wood, R. F. Cassidy, *The New Physical Education*, New York, The Macmillan Company, 1927: 60 – 61.
[2] T. D. Wood, R. F. Cassidy, *The New Physical Education*, New York, The Macmillan Company, 1927: 41.

## 第五节　体育思想转变对美国体育影响的机制

由第三章的论述可知,体育思想与美国体育合理性、合法性之间存在密切的关系。它既是合理性、合法性的主要内容,也同时为其提出规范和价值诉求,并通过对美国体育体系合理性、合法性的建构,实现对美国体育体系发展与变革的影响。通过从19世纪中叶至20世纪中叶体育思想与美国体育合理性、合法性的考察可以看出,二者的关系存在两种状态:一是当体育思想与美国体育的合理性、合法性相统一时,体育思想对美国体育的作用是改良,如路易斯、毕彻学说对20世纪之前的美国体育的作用,威廉姆斯学说对20世纪初的美国体育的作用;二是当体育思想与美国体育的合理性、合法性不统一时,体育思想对美国体育的作用是改革,如伍德学说对20世纪之前的美国体育的作用。因此,我们认为,新体育思想之所以能引导20世纪初的美国体育变革,其深层机制是伍德、威廉姆斯等对希区柯克等学者所建立起来的美国体育体系合理性、合法性的重构。

### 一、美国体育合理性的重构

伍德等新体育学者通过对体育在社会层面价值和功能的论述,在教育的大系统中,建立了一套新的美国体育体系,并赋予其合理性。这套合理性理论并不是对希区柯克等学者合理性理论的补充与发展,而是彻底的改革,因为它对美国体育合理性的四个要素均进行了重构。

#### (一) 理念合理性

由前文的论述可知,理念合理性的确立是构建美国体育体系合理性的首要条件。那么,确定美国体育理念合理性的条件是什么呢?从希区柯克等学者以及伍德等学者的体育思想中可以看出,体育理念合理性的条件来自于学者们对体育本质概念的理解。

在希区柯克等学者的体育思想中,体育的本质就是增强体质、促进健康。因此,确定体育理念的合理性条件是必须有利于学生们对健康标准的了解,有利于学生们对增进健康能力的获得,有利于学生对动作技能的记忆。在这种合理性条件的规范下,任何有利于体质健康的教学理念都是合理的,反之则都是不合理的。

但随着新体育思想的确立，上述体育理念的合理性受到了彻底的质疑和批判。新体育学者认为，体育的本质是教育，不是身体锻炼。基于这种认识，体育的价值在于通过身体锻炼的途径，使学生获得对日后的社会生活真正有用的经验和知识。所以，确定美国体育理念合理性的条件被重新界定为必须有利于学生运动兴趣的提高，必须有利于学生身心的成长，必须有利于学生社会性的促进。

（二）内容合理性

理念合理性的重构必然导致内容合理性的重构。在19世纪中至19世纪末，以健康为核心的体育理念被赋予合理性时，体育的内容必然以各种各样的形式化体操为主。因为基于解剖学、生理学的研究和解释，形式化体操最有利于体质健康的促进，以及对身体缺陷者的矫正。至于广受大学生喜爱的娱乐与竞技运动则不属于合理的内容，因为从医学角度看，这些运动不能有效地促进学生的体质健康。

然而，新体育思想基于美国体育理念合理性的重构，也提出了新的内容合理性评价条件。以伍德为代表的学者认为，要实现体育的教育功能，体育的内容首先必须由自然的、生活化的运动项目构成，而非机械的、形式化的运动项目，因为只有这样，学生才能在体育中真正得到有利于生活的经验；其次，体育的内容必须以团队项目为主，而非个人项目，因为只有这样，学生才能在体育中得到社会化教育。基于此，新体育学者通过批判体操类运动，引入游戏与竞技类运动，实现了美国体育内容合理性的重构。

（三）形式合理性

在19世纪中至19世纪末，基于体育理念的医学化倾向与内容形式化特征，与体育相关的所有知识都被看作是固有的、不证自明的。所以，美国体育的合理形式必然是在教师的主导下，学生通过形式化的反复练习，逐渐掌握各种体育锻炼的知识、方法和技能。

然而，新体育思想为美国体育的形式合理性提出了新的标准：体育知识的获得不仅依赖于努力，更依赖于兴趣；体育知识的传播不仅依赖于模仿和记忆，更依赖于实践经验的积累；体育知识的价值不仅在于提高健康或运动能力，更在于获得解决一般问题的能力。在这种新的形式合理性条件下，体育过程中教育者与被教育者的关系发生了根本的转变，教育者从主体变为客体，而被教育者则从客体变成了主体。基于这种转变，新体育实现了美国体育形式合理性的重构。

### (四) 评价合理性

19世纪中至19世纪末，为了完成美国体育合理性的建立，希区柯克等建立了与美国体育理念、内容、形式相对应的评价体系。从前文的论述可知，这一时期的健康评价体系包括体质和体力两个方面，由一系列具体的指标数据组成。

然而，随着"新体育"思想的确立，上述评价体系逐渐失去其合理性。在新体育学者的观念中，体育是建立在运动的基础上，而不是建立在解剖台上。因此，体育的测量与评价不仅包括各种生理学指标，更应该包括运动能力与技能的评价。所有的体育方法与手段都应该以是否真正促进人的运动能力为标准进行评价，体质的提高只是实现提高运动能力的手段，而非目的。在促进运动能力之上，对体育的测评还必须包括意志品质等方面，因为教育才是体育的最终目标。因此，合理的体育评价体系应该首先关注于体育活动的教育功效，其次是运动能力的提高，最后才是体质健康。基于这种转变，新体育实现了美国体育评价合理性的重构。

基于以上四个方面的重构，新体育学者建立起一套全新的美国体育合理性体系，然而，要想使这个体系真正运转起来，还必须赋予其相统一的合法性。

## 二、美国体育合法性的重构

希区柯克等学者通过"人才—权威—制度"这个自洽的逻辑的路径，实现了美国体育体系合法性的构建，回答了"由谁去做"的问题。因此，新体育学者要建立一套与新的合理性相统一的合法性，必然也要由上述路径实现。

### (一) 人才合法性

在希区柯克等学者的理念中，生理学、解剖学、卫生学等医学相关的知识具有绝对的价值，掌握了这些知识的人自然成为有价值的人，也只有这样的人，才能真正帮助人们实现促进健康的目标。因此，体育的师资培养目标就是造就诸如希区柯克等具有明显医学倾向的人才。

但是，在新体育思想的引导下，体育人才观开始转向了对实用型、专业化的追求。新的实用主义人才观认为，各种生理学、卫生学知识本身没有价值，只有将它们运用到实践中，成为促进和提高运动和体育能力、实现体育教育价值的有效手段后，其价值才得以体现。因此，体育人才首先应该是一名称职的教育者，能够通过体育的途径实现对学生的教育；其次，他必须掌握各种实用的体育专业技能，能够帮助学生提高运动能力。总之，体育人才最根本的评价标准从医学转向了教育学（pedagogy）。通过 20 世纪初美国体育师资的变革可以看出，此种类型的人才正是迅速增长的、新兴的州立美国体育师资专业的培养目标。

（二）权威合法性

人才合法性的重构，必然导致权威合法性的重构。在希区柯克等学者的理念中，"医学在维护健康方面的功效要大于体育，体育教师遇到无法解决的问题时，要请教医生。"因此，具有深厚医学背景的学者显然比其他类型的学者更容易成为体育权威，继而拥有制定和维护学术制度的权力。

然而，随着新体育学者对体育人才观的重塑，体育权威的定义自然也随之改变。一方面，当精通于体育专业技能的教育者被界定为人才时，"医生"的地位自然开始下降，"教育家"的地位则开始上升，并逐渐成为权威。另一方面，由于对专业化和实用性的强调，权威逐渐分化为行政权威和学术权威。例如在 19 世纪中至 19 世纪末，学术权威与行政权威大多融为一体，而在 20 世纪初，行政权威逐渐和学术权威分化，大学校长和部门主任的行政权威逐渐上升，而学术权威逐渐下降，教授与专业教师的学术权威则逐渐上升。对比希区柯克等学者与威廉姆斯等学者的身份特征可以清晰地看到上述权威合法性的变革。

（三）制度合法性

随着体育学术权威逐渐由"医生"转为"教育家"，由校长转为学者，普通体育教育者开始越来越多地参与到大学学术制度的制定与维护中，由他们组成的教授委员会逐渐成为美国体育学术制度的"立法机构"。至此，新体育学者基于同样的"人才—权威—制度"的逻辑路径，完成了美国体育合法性的重构。

综上所述，同希区柯克等学者一样，新体育学者通过美国体育合理性与合法性的构建，实现了"思想"对"体制"的作用。不同的是，由于希区柯克等学者只是把体育看作是医学和卫生学的组成部分，而非教育的组成部分，所以他们所建立的美国体育合理性与合法性只是在形式上把体育带入了教育的系统中。而伍德、威廉姆斯等新体育学者则充分肯定了体育的教育本质，从哲学层面把体育彻底引入教育的系统中，继而在教育的大系统中对体育的合理性与合法性进行重构，实现了美国体育体系成立后的第一次变革。

## 本章小结

尽管希区柯克等学者完成了美国体育体系的构建，但他们只是建立了形式上的美国体育。然而，古利克、伍德、赫瑟林顿和威廉姆斯在希区柯克等人的基础上，通过"新体育"运动，使体育的目标和价值突破了医学层面，上升到教育的层面，进而使美国体育真正成为高等教育的一环，并借此完成了美国体育的本土化改造。

在实践层面，通过合理性与合法性的重构，古利克、伍德等学者所提倡的"新体育"思想主要引发了美国体育五个方面的变革：体育课程在内容上从以形式化体操为主转变为以游戏和竞技运动为主，教学方式从以教师为主体转变为以学生为主体，体育测评从偏重体质、体力方面的测评转变为偏重意志品质等方面的多维综合测评，课外体育从对竞技运动的抵制与约束转变为竞技运动与娱乐休闲运动的全面发展，专业体育从以私立师资培训机构为主转变为以综合性美国体育部为主。如果说希区柯克等学者所构建的美国体育体系是"有形无神"的话，那么基于上述变革，美国体育实现了形式与理念的彻底本土化。

但是，从古利克等人的学说及其所引发的变革中可以看出，他们所提倡的教育带有明显的功利倾向。首先，基于当时的国际、国内环境，他们所提倡的体育的教育目标实际上是推广民主思想和价值观，而不是人的个性发展与解放；其次，古利克等四人都是虔诚的基督徒，这使得他们的教育理念带有明显的宗教救世情节。因此，他们的思想在本质上和希区柯克等人的思想一样，都是对体育的工具化，没有试图对体育的本体价值进行探寻和体现，而这正是下一阶段美国体育思想与美国体育变革的方向与任务之一。

# 第五章　美国体育思想的扬弃与美国体育的多元化

自20世纪50年代起，美国高等教育进入了史无前例的快速发展与变革期。在规模上，1948年到1968年，美国大学入学人数从260万增加到700万。[①] 1967年，平均每一周都有一个新的大学或学院出现。[②] 在功能上，当美国高等教育的快速发展趋势于60年代末结束时，它完成了从精英教育到大众教育的转变。[③] 在思想上，专业教育与通识教育之间的争论使高等教育理念陷入了反复震荡中，同时，新实用主义也逐渐取代经典实用主义，成为高等教育思想的主要哲学基础。那么，作为高等教育的一环，美国体育的变革是否与高等教育的整体变革保持绝对的一致？体育思想是否依然通过合理性与合法性的构建发挥着对美国体育变革的影响？这些问题将在以下的论述中得到解答。

## 第一节　体育思想的代表性学说

纵观20世纪50年代以来的体育思想可以看出，大多数学者是通过对前人理论的不断反思与批判，继而提炼出新的观点和理念。在具体层面，这一时期的代表性学说主要有以下三个。

### 一、新体质派学说

尽管从19世纪末至20世纪中，以"新体育"学者为代表的教育派是美国体

---

[①] 王廷芳,《美国高等教育史》,福州,福建教育出版社,1995：151.
[②] Harold Howe (U. S. Commissioner of Education), "Report of Speech of Given Before the National Student Association at College Park, Md, Aug. 22, 1967", *United State News and World Report*, Sept. 1961：14.
[③] Martin Trow, "The Expansion and Transformation of Higher Education", *International Review of Education*, 1971 (18)：61.

育思想的主流，但与此同时，仍然有一些学者坚守体质派的理念，认为体育的目的在于增强体质。进入 20 世纪 50 年代后，基于一系列政治事件和美国高等教育思想的变革，体质派逐渐取代教育派，再次成为美国体育思想的主流。但是，这个时期的体质派与希区柯克等学者的传统体质派有两个显著的不同，在哲学层面，这一时期的体质派融合了教育派的主要观点；在实践层面，新体质派以自然科学研究的范式构建了结构化的学科体系。因此，我们把 50 年代以后的体质派称之为"新体质派"。

从整体上看，自 20 世纪 50 年代至今，新体质派始终是美国体育思想的主流。但根据具体内容与方式的不同，新体质派的发展又可以分为三个阶段，每个阶段的代表性学者和学说如下。

（一）麦克乐（Charles Harold McCloy）的学说

麦克乐是新体质派学说的开创者，他以生理学为基础，在科学主义的前提下，认为"体育最主要的功能和价值就是身体上的健康"。[①] 在 19 世纪中期以前，麦克乐学说一直受到以威廉姆斯为代表的"新体育"思想的压制，随着人们对国民健康问题的普遍关注[②]，其学说终于受到了人们的广泛重视。

尽管麦克乐认为体质健康是体育的首要目标，但与希区柯克等上一代强调体质健康的学者不同，他同时赞同体育在民主教育方面的功能。他认为"体育是最能激发个人本能的行动，所以可以作为德谟克拉西（Democracy）根本教育的中心"。[③] 他还认为，竞技运动具备四项教育价值：一为发达身体，增进健康；二为训练身体的敏捷及运动的技能；三为培养学生的伦理、社交关系，以及满足学生游戏本能的要求；四为发展学生的品格，此品格须倚赖运动员的精神。[④]

尽管如此，麦克乐体育思想的核心还是"健康"，而非"教育"。麦克乐认

---

[①] D. B. Van Dalen, *A World History of Physical Education*, California Prentice-Hall, Inc, 1971：520（原文：McCloy believed that the physical aspects are primary to our field and should be a major responsibility）.

[②] 1953 年，《强壮的体能与健康》（*Muscular Fitness and Health*）一文披露了美国儿童健康水平远不如欧洲儿童的事实，给美国政府和大众带来了极大的震动。在总统的带领与推动下，全国掀起了追求体质健康的热潮（详情可参阅 D. B. Van Dalen, *A World History of Physical Education*, California Prentice-Hall, Inc, 1971：516 – 518）.

[③] 麦克乐，《体育与德谟克拉西》，载《体育与卫生》，1924，3（1）. 转引自：成都体育学院体育史研究所，《中国近代体育史资料》，成都，四川教育出版社，1988：401.

[④] 麦克乐，《运动上君子的精神》，载《体育季刊》，1922，1（2）：1 – 7.

为"体育最主要的目标还是发展人的身体"。① "他认为虽然人是身心合一的有机整体，但身体在这个整体中占据较大的部分"。② 基于这种认识，麦克乐认为学校体育的主要功能就是在改善学生生理健康的基础上，同时增进心理健康："对于我来说，体育首先是对学生身体方面有所改善，然后使其心理也能因此得到改善。"③ 由此可以看出，麦克乐的"健康"是在身体、心理综合健康的基础上强调身体健康。另外，从麦克乐对健康的定义中也可以看出明显的身体性倾向，"健康是指一个有机体或有机体的部分处于安宁的状态，它的特征是机体功能的正常，以及没有疾病"。④

## （二）库珀（Kenneth H. Cooper）的学说

进入 20 世纪 70 年代后，库珀成为新体质派学说的主要代表。促使取代产生的原因主要有两个：首先，尽管麦克乐等学者的学说使美国体育思想再次向体质健康偏转，并且在康复体操等实践层面也做出了巨大的贡献，但事实证明，从"二战"后至 60 年代，美国人的体质健康水平呈显著下降趋势，"心血管病、心脏病的死亡率远远超过欧洲各国，每年的医疗预算逐渐逼近国防预算"。⑤ 其次，在由政府发起的全国体适能促进运动中，库珀的有氧运动理念成为最主要的推广手段和实施途径。他本人也因此被称为"有氧运动之父"和"现代体适能运动之父"。⑥

库珀的"有氧运动"学说以 1980 年为界分为两个阶段。在 80 年代之前，他的有氧运动是指在有氧代谢过程中，能提供身体能量、刺激心肺功能、提高体适能的运动总称，如慢跑、骑车、游泳、走路、篮球、手球、壁球。⑦ 他认为，在构成健康体适能的五个元素中，"有氧适能"是所有适能元素的基础，"肌力适

---

① 马廉祯，《论美国体育对中国近代体育的影响》，广州，华南师范大学硕士学位论文，2009：177.
② Charles Harold McCloy, *Philosophical Bases for Physical Education*, New York, F. S. Crofts & Company, 1940：77 –78.
③ Charles Harold McCloy, *Philosophical Bases for Physical Education*, New York, F. S. Crofts & Company, 1940：110.
④ ［美］F. D. 沃林斯基，《健康社会学》，第 2 版，北京，社会科学文献出版社，1999：116.
⑤ 《心脏病、心血管病的严重发展趋势》，www.socialwork.com/sport/sport-science；《健身历史》，www.unm.edu,.
⑥ "有氧运动之父"的称号可见于 Amazon 等各种有关库柏的书评和论著中。"现代体适能运动之父"的称号可参见《健身历史》（*The History of Fitness*）网站：www：unm. edu.
⑦ Kenneth H. Cooper, *Aerobics*, Tennessee, M. Evans, 1968：7 –34.

能"虽然对提升肌力与肌耐力有重要的价值,但总体上不如前者重要。其他如棒球、双人网球等团体项目则属于"类似有氧运动",这些运动因主要使用无氧代谢,故无法直接提升心肺功能,但可以促进社交和运动技巧。

进入20世纪80年代后,库珀的有氧运动学说也发生了显著的转变,具体表现在以下两个方面:一是有氧记点系统的扩充与转变。1968年,库珀创建的有氧记点系统只有6个项目,但到了1982年已发展到31个。其次,考虑到人们在运动过程中的形式并非一成不变,例如跑步时总会遇到上坡、下坡,骑车时总会增速、减速,以及人们不可能在运动时总带着记点系统参照表(已成为一本很厚的书),库珀根据大量的实验统计结果,于1982年开创性地提出了运动目标心率公式:(220 - 年龄)×65%~80%。这个公式终结了他自己创造的有氧记点系统,开创了运动效果监测与评价的新时代。二是开始强调肌肉力量运动的重要性。如前文所述,库珀在70年代认为有氧运动是所有体适能元素的基础,而肌肉力量运动则并不重要。但1982年起,他开始强调肌肉力量练习的重要性,提出"有氧运动和肌肉力量运动的混合运动",[①] 因为他发现力量练习可以避免人们因年龄增长而导致的肌肉萎缩。基于此,他推出了有氧肌力轴(aerobics strength axis)的理论,建议运动时的有氧练习和力量练习要根据以下比例:40岁以下者的比例应该是80%:20%,40~50岁之间的比例应该是70%:30%,50~60岁之间的比例应该是60%:40%,61岁以上者的比例应该是55%:45%。[②]

总的来说,库珀第一本著作《有氧运动》(Aerobics)自1968年出版以来,一生共出版了19本著作,其中有10本是在1980年至1990年完成。从这些论著中可以看出,有氧运动的推广对象由军人到民间,由男性到女性,由青少年到老年人;测试系统由记点系统转变为运动目标心率公式;运动原则由偏重有氧锻炼转为有氧练习与肌肉力量练习并重。随着这一系列的发展与变革,库珀所代表的有氧运动理论逐渐成为新体质派学说的代表性学说。

(三)胡戈(W. W. K. Hoeger)的学说

进入20世纪90年代后,新体质派的一个显著发展是学者们对传统健康理念

---

① 《有氧运动之父的更多力量练习》,www. cbass. com/CopperBook. htm;Father of Aerobics Pumps More Iron.
② Kenneth H. Cooper, *Regaining the Power of Youth at any Age*, Tennessee:Thomas Nelson, 1998:40.

的批判与革新。这种变革使一向偏重于实践研究的新体质派学说在理论上也上升到新的高度。

新的健康观主张用"wellness"代替"health"来指代健康，胡戈是这种理念的首创者，他认为，"wellness"应该是一种在任何情况下都能保持最大发展潜力的整体状态，① 具体包括七个方面：①身体（physical）方面，具体包括日常生活的能力，达到一般健康体适能，维持适度的营养和体脂，避免药物、酒精和烟草的滥用，具备正常的生活方式；②社会（social）方面，具体包括与所处的社会环境能够成功地互动，与能够发展和维持与其他人的亲密关系，发展对不同观点和信仰的尊重与认同；③情绪（emotional）方面，具体包括具备管理压力和正确表达情绪的能力，认识、承认和表现感受的能力，接受他人缺点的能力；④智力（intellectual）方面，包括运用信息影响他人、家庭和事业的能力，持续的成长和不断从新的挑战与困难中学习的能力；⑤心灵（spiritual）方面，具体包括对某些力量形成信仰并相信它是你生活意义之所在，遵从一般意义上的人类伦理价值与道德；⑥职业（occupational）方面，劳逸结合的能力，对教育、雇佣关系和家庭的信任；⑦环境（environmental）方面，具体指发展健康生活方式的能力。②

在胡戈之后，很多学者和机构对"wellness"的概念持赞同态度，只是在具体表述和构成要素方面有所不同。Brylinsky 和 Hoadley 认为："'wellness'反映了一种感觉、一个自觉意识或是一种人的整体觉悟，它不仅指对身体机能或器官的控制，更代表一种整体的和谐。同时，'wellness'也是一种希望达到更高觉悟的生活态度，体现在精神健康（health-mental）、社会（social）、情感（emotional）、灵性（spiritual）、身体（physical）以及工作和职业（work/occupational）各构成要素之间的平衡。"③ Jerrold Greenberg 认为，"wellness"的理念要优于"health"，因为"health"仅关注于标准化健康目标的完成度，而"wellness"则关注于各个元素之间的平衡。"wellness"就像是一只由身体、心

---

① 原文：An active process by which an individual progresses towards maximum potential possible, regardless of current state of health.
② W. W. K. Hoeger, *Principles and Labs for Physical Fitness and Wellness*, 2nd ed., Englewood, CO: Morton Publishing Company, 1991: 6.
③ Jody Brylinsky, Michael, Hoadly, "A Comparative Analysis of Wellness Attitudes of 'Suicidal' and 'at Risk' College Students", *Wellness Perspectives*, Winter 91, Vol. 8, Issue 2（由春田学院在线学术期刊系统中直接查得全文，故没有页码）.

理、情感、社会、灵性"五个气仓"都充足了气的圆形车轮，而不是一只部分充气过多和另一部分充气不足的变形轮胎；另一方面，"wellness"特别强调健康的实践性，是一种能够不断地和主动地知晓个人存在的健康问题，选择并采取适当措施以达到最佳健康状态的过程，而不只是一个理想中的目标。① 基于学者们的支持，美国卫生教育与健康促进专业术语联合委员会（Joint Committee on Health Education and Health Promotion Terminology）在 2000 年正式承认"wellness"的概念，并对它做了官方的界定："wellness 专注于维持身体、情感、精神、灵性等各种构成要素之间的均衡状态，而不仅仅是减少疾病或增强体质。"②

## 二、学术派学说

从 1861 年路易斯创办波士顿体育师范学校起，美国体育专业的核心理念一直是教育，即针对体育教育者的培养。然而，从 60 年代起，美国体育思想界掀起了一场新的运动，其根本目的是从整体上把专业体育从教育的领域引向学术的领域。引发这场运动的原因有两个：

一是新体质派学者在体育科学研究方面积累了大量成果。他们的研究使很多大学管理者意识到，如果仍然把体育专业的学习和研究内容仅仅定位在教育学（pedagogy）范畴显然是不够的。于是，一些大学开始强调体育专业学生在修完两年的基础教育类课程后，再选择一门生理、解剖、娱乐等专业，修习 2~3 年的专业课。基于此，在大学的体育部（学院）中，上述曾经作为课程的研究逐渐形成独立的专业。

二是美国高等教育的整体变革。以 1960 年加州高等教育改革为起点，美国高等教育出现了明确界定学术与非学术研究的趋势。根据 1961 年加州议会通过的《费希尔法案》（Fisher Bill）："体育被界定为非学术范围的学科。体育教师如希望获得学术地位或担任行政职务，就必须修习生理学、解剖学、心理学等能够获得高深专业知识的课程。"③ 在这种变革的影响下，美国体育专业不能再以"physical education"统领所有相关研究，必须形成清晰的学术研究方向或领域。

---

① Jerrold Greenberg, George Dintiman, Barbee Myers Oakes, Physical Fitness and Wellness -3rd Edition: Changing the Way You Look, Feel and Perform, Human Kinetics; 3rd edition, 2004: 86.
② http://www.itb.url.tw/nasa/simple-page.asp?sid=112 "健康（wellness）的定义".
③ D. B. Van Dalen, *A World History of Physical Education*, California Prentice-Hall, Inc, 1971: 524.

基于上述两点原因，学术派学说逐渐成为体育专业领域的主流思想，主要的支持者有梅瑟尼（Eleanor Metheny）、亨利（Franklin Henry）、拉森（Leonard Larson）、乌尔里奇（Celeste Ulrich）、埃勒（Louis Alley）、范达冷（D. B. Van Dalen）和弗瑞了（Waren Fraleigh）、麦吉尔（McGill. L）、齐格勒（Zeigler）。其中，对学术派学说的产生、发展影响最大，具有里程碑意义的人物是亨利。[1]

自20世纪50年代以来，亨利始终致力于推广体育的学术化倾向。在1964年的美国体育协会年会上，他的《对体育的学术界定》（Physical Education: An Academic Discipline）被浓缩成一篇只有2400字的摘要，发给与会的所有学者。在文中，他首次提出了美国体育专业应以学术发展为主要方向的观点，并把体育学术研究划分为五个领域：解剖学（anatomy）、物理生理学（physics and physiology）、文化人类学（cultural anthropology）、历史与社会学（history and sociology）、心理学（psychology）。[2] 另外，他还第一次提出了体育的学术研究是跨学科（cross-disciplinary）的，而不是学科间（inter-disciplinary）的。他在1978年的文章[3]中，首先详细解释了体育的学术研究为什么是跨学科的，而不是学科间的。其次，他论述了体育的学术研究与教育研究的关系及其发展趋势："我必须再次重申，体育仍然是高等教育的不可或缺的组成部分，因为它既是大学应该提供的通识教育的必要组成部分，也是体育与运动相关职业所必需的职前教育。但同时我们还要看到，在研究生层面，培养体育教育者并非所有体育研究的目的，因为一定有一些学生不希望成为体育教师。……所以，体育在整体上由三个方面构成：一般体育教育技能（pedagogy）、运动教育（movement education）以及学术研究（academic）。在其之下，又分为若干具体的研究领域。最后，必须指出的是，体育的具体研究领域不会是一成不变，因为随着整个人类社会和认知能力的发展，它也一定会随之改变。"[4]

一些学者对亨利所代表的学术派学说持反对观点。例如 Locke、Norrie、Siedentop 三人在1977年曾以全国大学体育协会的名义著文："'体育教育学'（sports pedagogy）[5] 应该是体育专业研究的首要目标，因为教育（education）是

---

[1] 杨波、杨文轩等，《美国体育学科发展历程及现状》，载《体育学刊》2007（10）：117.
[2] Henry F M, "Physical Education: an Academic Discipline", *Journal of Health, Physical Education, and Recreation*, 1964 (37).
[3] Henry F M, "The Academic Discipline of Physical Education", *Quest*, 1978 (29): 13-29.
[4] Henry F M, "The Academic Discipline of Physical Education" *Quest*, 1978 (29): 28-29.
[5] Locks 基于德国体育教育学理论，在美国体育界第一次提出这个概念，意指有关体育的教育法及教学论。

体育的本质功能，培养教育者则是实现这个功能的首要条件，所以，生理、解剖等其他的体育研究的目的应该是提高教育者的专业化。"[1] 亨利对此的回应是："首先，我相信谨慎的回应要好过对他们观点的忽视，其次，我的回应不能被看作是'Locke VS. Hennry'的论战，因为总的来说，我对他们观点的赞同要大于反对。至于为什么没有把'教育学'放在首要目标，我的理由是：毫无疑问，教育学是专业体育的主要组成部分，对任何体育专业学生而言，都要对其有所了解。但是，就像我已经阐明的那样，体育学术研究和体育教育研究是平行的概念，各有其不同的目标和职责，不存在一个统一的目标或概念能够涵盖已有所有体育（体育、健康、运动科学等）相关的研究。"[2]

通过上述反对者学说之间与学术派学说的争论可以看出，争论产生的原因是他们拥有各自不同的哲学基础。在反对者的理念中，占主导地位的思想依然是威廉姆斯等学者所提倡的"新体育"思想，而"新体育"思想的哲学基础则是杜威的实用主义。因此，反对者不但坚持教育至上的理念，在更深层面，他们认为专业体育学习一定要能给青年学生的未来生活提供实用价值，而学术研究往往不具备直接的实用价值。相比之下，学术派学者并没有遵从同样的哲学基础和逻辑起点。学术派学者也遵从"实用"的观点，但他们认为"实用"的对象应该是"成为他自己的人"，而不是"成为社会需要的人"，因此，研究的价值和目的应该放在人的层面，而非社会的层面。这里所说的"人"包括两种：一是作为研究客体的"人"，即普通大众，体育的价值在于通过体育使他们获得更美好幸福的生活；二是作为研究主体的"人"，即研究者，体育的价值在于为他们提供一个探寻知识和真理的路径。显然，这种强调人的价值的思想与新实用主义思潮的推广形成契合。

笔者认为，学术派把体育的价值从社会需要层面重新回归到人的个性解放与发展层面是一种进步。因为无论是上述反对派学者，还是"新体育"学者，他们所探寻和体现的只是体育的工具性价值，即如何利用体育达到社会化教育的目

---

[1] Locke, Norrie, Siedentop, "Research on Teaching Physical Education: New Hope for a Dismal Science", *Quest*, (00336297) Summer 1977, 28: 2.

[2] Henry F M, "The Academic Discipline of Physical Education", *Quest*, 1978 (29): footnote.

标。而学术派学者的方向是对体育本体价值的探寻，在他们的理念中，体育的本质价值不在于它所具备的外在功能（如健康和教育），而在于它自身，其体现途径是使人成为他自己。

## 三、校际竞技运动的批判性学说

1983 年，《国家处于危难中：教育改革势在必行》（A Nation at Risk：The Imperative for Education Reform）的发表，使人们注意到了美国教育在专业化、科学化方面的过度发展及其所带来的危害。在体育领域中，尽管人们并没有对体育在体质健康方面的偏重提出异议，但越来越多的学者发现，参加校际竞技运动（big-time athletics）的学生运动员已经成为学业最差的群体，而校际竞技运动的教育价值也逐渐弱化，这显然与"新体育"把竞技运动引入美国体育时的初衷是相悖的。那么，究竟是哪里出了问题？校际竞技运动还是实现大学教育目标的必要手段？学生运动员还能够代表所有学生？参加校际竞技运动对学生的未来究竟有什么影响？伴随着高等教育思想对普通教育的再次关注，上述一系列问题自 90 年代起成为美国体育研究的焦点。其中，代表性的学者主要有博文、莫里、罗伯特，研究机构主要有德瑞克组织（TDG）和校际竞赛联盟（COIA）。

### （一）博文（William G. Bowen）的学说

博文的学说主要集中在两本论著中，一本是 2002 年出版的《生活的游戏：大学体育与教育价值》（The Game of Life：College Sports and Educational Values），另一本是 2005 年出版的《重塑校际竞技运动：大学体育与教育价值》（Reclaiming the Game：College Sports and Educational Values）。他认为，大学校际竞技运动的核心问题就是非教育化倾向日益严重，它具体表现在两个方面：一是学生运动员与普通学生之间发生日益扩大的"分离"，二是学生运动员日益严重的"学业不精"。

在第一个方面，博文认为"运动员和非运动员之间正在形成一个不可跨越的分水岭，而且分开的速度和程度逐渐增加。……非运动员学生对运动员学生越来越不感兴趣，他们和他们的朋友从不参加校际竞技运动，因为没有他们感兴趣的理由。运动员和非运动员正在形成两个互不相干的群体。例如洛克菲勒大学

(Rockfeller University）曾经通过调配宿舍的手段让他们之间彼此增加了解，培养对彼此的活动的兴趣，然而，仅仅几个月之后，他们又开始各玩各的了"。① 阿姆赫斯特美国体育调查委员会的报告也证实了这个状况：从1996年到2000年，在188个足球队员中，56%的人住在同一个豪华社区中；在428个非男足运动员中，27%的人住在同一宿舍区；在所有被访问的学生运动员中，61%的人打算下一年搬到一起住。②

对于"分离"产生的原因，博文认为主要有两个：一是来自于教师和同学们对学生运动员的歧视："那些参加校际比赛的学生运动员和一般学生在各方面的差异性逐渐加大。……他们逐渐成为大学校园里被孤立的群体，即使他们在课堂上专心致志，表现良好，就像在运动场上一样，仍然会受到同学与教授的另眼相看。"③ 二是来自于教练："对于成绩和获胜的强烈追求，已经使教练把眼光集中在如何获得有天赋的运动员，而不是如何对他们入校之后进行训练和培养。"④ 就像他所采访的哈佛大学女子游泳队教练 Maura Costin Scalise 所说的那样："我只是尽可能地招好的运动员进来，因为我成功的95%取决于运动员招新。"⑤ 一位不愿透露姓名的体育机构总监也表示："基本上已经没有美国体育教练对教育这个话题感兴趣，因为只有在比赛中获胜他们才能不失业。"⑥

在"学业不精"方面，博文通过调查发现，在学校的学业能力倾向测试中，三个成绩等次中的最低等次的学生大多是学生运动员。例如在8所常青藤学校的调查中，学生运动员在最低等次中的比例分别是3所学校75%、3所82%、2所88%。⑦ 除此之外，威廉姆斯调查委员的报告中显示了更严重的问题："大量数

---

① William G. Bowen, *Reclaiming the Game*: *College Sports and Educational Values*, Princeton University Press, 2005: 110.
② Williams Ad Hoc Faculty Committee on Athletics, Report on Varsity Athletics, May 2002: 7.
③ William G. Bowen, *Reclaiming the Game*: *College Sports and Educational Values*, Princeton University Press. 2005: 8–11.
④ William G. Bowen, *Reclaiming the Game*: *College Sports and Educational Values*, Princeton University Press. 2005: 42.
⑤ Quoted in Craig Lambert, "The Professionalization of Ivy League Sports", *Harvard Magazine*, 100 (Sept.-Oct. 1997): 36–49.
⑥ Robert Malekoff, Division III Athletics: Issues and Challenges (Paper commissioned by the Andrew W. Mellon Foundation for this study, May 2002: 9.
⑦ William G. Bowen, *Reclaiming the Game*: *College Sports and Educational Values*, Princeton University Press. 2003: 133.

据证明,学生运动员在学校时间越长,他们在智力方面受到的负面影响就越大。"① 对于这个现状,博文进行了深入的研究。他首先否定了两种通常的假说:一是"时间费用说"(how-much-times-it-taken hypothesis)。② 一些学者认为,学生运动员之所以学业不精,是因为他们在体育训练和比赛上花费了大量的时间。针对这种假说,博文做了一个实验,他选取两组学生运动员,一组在一年内几乎没有参加比赛和训练,另一组则正常参加这一年里的所有比赛和训练,把这两组在一年结束时的学业成绩进行比较,发现几乎没有差异,具体数据如图4所示。这个实验使"时间费用说"不攻自破。二是"主力队员说"(key player hypothesis)。③ 一些学者认为,之所以竞技水平越高的学生运动员学业成绩越差,是因为他们在比赛时总是作为主力队员出场,这自然消耗了他们太多的精力,因为无法在学业上有所进展。对于这种假说,博文依然用实验的方法证明了高水平运动员在非比赛期依然没有显著的成绩提高。

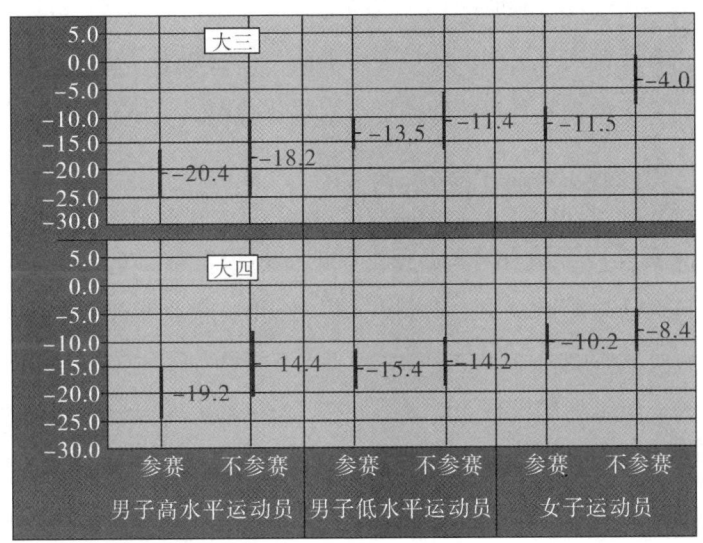

图4 学业成绩比较图

---

① Williams Ad Hoc Faculty Committee on Athletics, Report on Varsity Athletics, May 2002: 9 – 10.
② William G. Bowen, *Reclaiming the Game: College Sports and Educational Values*, Princeton University Press, 2003: 158 – 162.
③ William G. Bowen, *Reclaiming the Game: College Sports and Educational Values*, Princeton University Press, 2003: 162 – 163.

在否定了上述两种假说后，博文认为，学生运动员学业不精的原因主要有两个："一是'运动文化'。几乎所有的学生运动员都一起生活、学习、训练，这不但使个人无法挑战集体的准则，也会产生'同伴效应'。这就能解释为什么那些不怎么参加比赛的替补运动员也学业不精的原因。二是'坏名声'。教授们会因为学生运动员总是处于成绩最差的群体中而直接或间接地排斥他们，有意无意地采用各种办法降低运动员对课程的兴趣，这自然使那些学生运动员在学习兴趣方面受到很大的挫折。"① 阿姆赫斯特大学的报告证明了这个假说："老师和同学对待他们（学生运动员）的方式使他们感到灰心丧气。就像耶鲁大学一位院长说的：'我们正在习惯他们（的成绩）位于倒数的三分之一中，并且始终在那里。'"② 博文对此的总结是："虽然我们可以确定'运动文化'和'坏名声'是造成学生运动员学业不精的主要原因，但我们还不能对它们进行定量分析。"③

基于上述研究，为了重塑大学校际竞技运动的教育价值，博文提出七点建议：①修改运动员招募标准；②不以比赛胜败作为评价教练员的唯一手段；③限制学生运动员的比赛场次和时间；④重视地区与联盟内的比赛；⑤降低运动员奖学金的数额；⑥在校内尽可能多地设立运动队、招收低水平运动员；⑦建立一个新的、更重视竞技运动教育价值的体育组织代替美国大学体育联盟（NCAA）。④

## （二）莫里（Murray Sperber）

2002 年，莫里以"给 NCAA 新任主席的一封公开信"的形式，表达了自己有关校际竞技运动改革的观点。这封"信"公开发表后即被美国高等教育年鉴收录，由此可见其影响力。

莫里认为，改革的前提是立法。因此，"NCAA 主席应该效仿罗斯福总统的做法，通过立法的方式推动变革，而不是像骑士委员会（Knight Commission）那

---

① William G. Bowen, *Reclaiming the Game: College Sports and Educational Values*, Princeton University Press, 2003: 163 – 165.
② 除此之外，还有一些机构也提供了类似的报告，如威廉姆斯委员会（The Williams Ad Hoc Committee）的报告强调：几乎一半的运动员表示有时或经常受到教师的歧视。
③ William G. Bowen, *Reclaiming the Game: College Sports and Educational Values*, Princeton University Press, 2003: 166.
④ William G. Bowen, *Reclaiming the Game: College Sports and Educational Values*, Princeton University Press, 2003: 301 – 308.

样只是提出一些建议"。①

其次,改革的焦点应该集中在如何制止校际竞技运动的商业化方面。莫里为此提出了三点具体的措施:"①NCAA应该在反对商业化方面起到领导作用。越来越多的证据表明,美国体育正在和职业体育不断融合,骑士委员会和10校联盟等机构提出了很多降低商业化的具体办法,应该设法将其实施。同时,作为NCAA主席,应该利用媒体大张旗鼓地谴责那些明目张胆的商业化行为。例如2000年俄勒冈大学花了25万美金只是用来在时代广场租一个广告牌以提高他的四分卫哈林顿(Joey Harrington)的知名度。显然,NCAA的前任主席采取了默许的态度。②NCAA应该降低甚至取消逐年高涨的参赛费用,因为并非所有的学校都有充足的资金。例如对成绩很好但经费不足的密歇根州立大学而言,它在2000年为参加橄榄球比赛而付出的费用达到55万美元,但学校最后只筹集到25万美元,这使它不得不中途退赛。③NCAA应该逐年削减巨额年薪。例如前任NCAA主席2000年的年薪达到了75万美元,即将就任的主席年薪超过了80万美元,但是,你的主要工作人员——那些顾问团的教授,为什么他们的年薪还不到你的10%?这显然在表明NCAA是一个娱乐业或商业团体,而非教育机构。在削减NCAA主席年薪的同时,也应该注意到学校教练的薪水。现在,有些名牌教练的年薪已经达到100万或200万美元,这个数目已经高于职业球队教练的最高年薪。面对这些,我们还能把校际竞技运动称之为教育行为吗?"②

莫里在信的最后表示:"改革已经到了最后的关头,如果我们不能从内部对校际竞技运动进行改革,使其重新归入教育的体系中,那么一些外部的力量可能会使我们永远地失去它。例如美国钢铁工人联盟(United Steelworkers of America)已经开始对校际竞技运动的职业化倾向提出联合诉讼,如果他们胜诉,后果可想而知。"③

(三) 罗伯特(Robert Atwell)

罗伯特是美国教育理事会的荣誉主席,他也倡导校际竞技运动的改革,但不同的是,他并不认为商业化是危害大学校际竞技运动的根源,恰恰相反,他认为商业化是大学校际竞技运动的唯一改革之路,就像他的文章题目"美国体育的唯

---

①②③Murray Sperber, "The NCAA's Last Chance to Reform College Sports", *Chronicle of Higher Education*, 4/19/2002, Vol. 48 Issue 32, Microfiche: B12 (1B).

一改革之路是接纳商业化"（The only way to reform college sports is to embrace commercialization）。①

罗伯特在文中表示："我们不能再奢望校际竞技运动回到原来的业余主义和教育至上的时代，那是不负责任的空想……博文等学者的努力是令人钦佩的，但事实证明他们的改革之路是行不通的，因为商业主义是当代社会的主流，大学自然不可能置之事外。另一方面，在校际竞技运动方面出现严重问题的只是全美3500所大学中的300所，也就是说，在90%以上的大学中，校际竞技运动依然是大学的主要教育途径之一。因此，我们真正要做的是如何更好地顺从和接纳商业化，而不是因噎废食。"②

为了证明自己的观点，罗伯特对校际竞技运动可能的发展趋势进行了分析。他认为，摆在校际竞技运动改革者面前的选择有三个：一是以理想主义为核心的"保守治疗"。继续维护"新体育"思想中教育价值至上的理念，把普通学生放在第一位，运动员放在第二位，坚持选拔学生运动员时的学术标准，限制职业教练和运动员的进入。显然，这种做法是现在最普遍的改革之路。博文等学者和TDG等机构推行的削减运动员奖学金、提高学生运动员的毕业要求、减少比赛次数等措施正是如此。但事实证明，这些办法并没有从根本上遏制校际竞技运动的商业化趋势，只是逼迫一些大学想出更巧妙的办法去绕过这些规定。二是走向彻底的职业化、商业化道路，直接雇佣职业运动员和教练参加比赛，而不再使用学生运动员。三是保持原状，什么也不做。这个选择显然是不可取的，无论是从校际竞技运动改革的紧迫性，还是从它在高等教育中不可或缺的地位来讲，我们都必须要对其进行改革。因此，现在唯一的选择是彻底的商业化和职业化。

在改革的实践层面，罗伯特认为："应该把橄榄球、男子篮球等主要的商业化运动项目从大学竞技运动项目中分离出来，这些项目的教练可以招募非学生运动员，当然，除非这些运动员希望成为学生并能通过和普通学生一样的统一学术测试。所有运动员的薪金按照统一的市场标准支付，公开透明，如果学校不能承担费用，就放弃或解散球队，如果有结余，就必须投入到公共体育或学术研究中。这种策略可能引起的问题是运营费用的增高，一些学校可能不得不解散运动

---

①②Robert Atwell, "The Only Way to Reform College Sports Is to Embrace Commercialization", *Chronicle of Higher Education*, 7/13/2001, Vol. 47 Issue 44, Microfiche: B20 (1P).

队。但是,能够留下来的毕竟是大多数。"最后,罗伯特指出:"坦然地说,我的办法并不能解决校际竞技运动所有的问题,而且一些改革者可能会认为我的办法是倒行逆施,但我想说的是,残酷的现实永远比美丽的假象好。"①

(四) TDG (The Drake Group) 的理念

1999年,德瑞克大学的教务长 Jon Ericson 带领一些志同道合的教师、教练和新闻工作者,在由其注册的国家大学体育改革联盟的基础上,成立了 TDG。这个组织的总体目标是"在商业化的冲击下捍卫大学竞技运动的学术完整性"。②在此前提下,TDG 致力于掀起一场美国体育文化的变革。美国著名社会学家迈克尔·马莱克 (Michael Malec) 对 TDG 的解释是:"它所倡导的改革不是针对学生,而是针对大学和管理者。它号召大学对其自身进行改革,而不是对学生和体育部进行改革。所以它所提倡的改革可以称之为'内部战争'"。③

为了达到改革的目标,TDG 制定了以下的具体措施:"①所有学生运动员的 GPA 必须保持 2.0 以上。④ ②学生必须要在学校学习满一年后才能参加校际比赛。③用每年申请的制度代替五年一贯的奖学金制度。建立针对性的政策,以确保学生运动员的训练、比赛不会占用上课时间,取消学生运动员在出勤率方面的特权。④取消"学生运动员"的称呼。⑤ ⑤给学生运动员设置专门的学术辅导机构,就像其他普通学生享有的待遇一样。⑥ ⑥保证学术委员会能够真实公开学生运动员的专业课程设置、GPA、普通必修课程等学术资料,以供所有人监督提议。"⑦

---

① Robert Atwell, "The Only Way to Reform College Sports Is to Embrace Commercialization", *Chronicle of Higher Education*, 7/13/2001, Vol. 47 Issue 44, B20 (1P).
② The Drake Group Proposals (TDG 的目标), http://www.thedrakegroup.org.
③ 转引自:Robert D. Benford, "The College Sports Reform Movement: Reframing The 'Edutainment' Industry", *The Sociological Quarterly*, 2007 (48): 18. 原文:It's not about the behavior of the students; it's about the behavior of the institutions and the behavior of the faculty. The Drake Group calls upon the faculty and the staff of colleges and universities to reform themselves, not to reform the students, not to reform the athletic departments. so, it is a fimaly fight.
④ NCAA 现行的规定是 GPA 低于 2.0 的学生运动员可以参加一年级的比赛。
⑤ TDG 认为"student-athlete"不但是对那些参加校际竞赛的学生的歧视,更会造成这些学生自身心理上的扭曲,加深他们与普通学生之间的分裂,使他们不能获得正常的大学经历。
⑥ 美国所有的大学都设有专门辅导学生学业的"成功中心"(successful center),学生可以在此要求获得学术上的帮助,如数学、语言等。员工由品学兼优的高年级学生或教师担任,工资由学校支付。
⑦ http://www.thedrakegroup.org/splittessays.html,改革的具体措施。

### (五) COIA (Coalition on cdlegiate Association) 的理念

COIA 是由一些 NCAA 前成员和大学教师于 2002 年建立起来的组织。在它的官方网站上，详细介绍了改革理念和措施："COIA 的根本目标是促使大学竞技运动的全面改革。改革所涉及的问题主要包括学术完整、运动员福利、学校竞技运动管理、财政收入、商业化。在这些问题中，有些可以得到迅速的解决，但有些可能要用上十年的时间。但无论如何，改革必须要在对话的前提下进行，这些是 COIA 改革措施的基础：我们希望同其他的独立团体，如 NCAA、国家招生管理协会 (Association of Governing Boards)、美国大学教授协会 (American Association of University Professors)、骑士委员会，以及任何希望和我们接触的大学校长。只有在不断的对话和协商中，改革才有可能进展。"①

基于 2000 年至 2005 年间的调查研究，COIA 于 2005 年 12 月向 NCAA 提交了一份由 47 项建议组成的改革方案，其中涉及财政责任、教练收入、校长领导、商业化、国家竞技体育协会、竞技运动与大学的融合，以及运动员招募的多样化。如果这套方案被采纳，无疑会改善校际竞技运动在财政、管理等方面的不足。但意料之外、情理之中的是，由于这份建议涉及削减 NCAA 对大学校际竞技运动的管控权力，所以改革方案没有通过。

除上述学者和机构，还有一些学者也对校际运动的现状表示忧虑和质疑：为什么人们普遍认为校际竞赛已经"失控"？② 为什么多数美国人认为"现在的大学过分地重视竞技运动"？③ 为什么 NCAA 等校际竞技运动控制系统会成为不可动摇的垄断组织？④

## 四、"边缘化"学说

1950 年代至 1970 年代期间，基于子学科的快速发展，美国体育学科于 20 世纪后半叶爆发式地形成大量的研究成果，根据具体目标的不同，这些研究可分为

---

① The Philosophy and Strategy of COIA Reform, http://www.neuro.uoregon.edu/~tublitz/COIA.
② Louis Harris, "Public and College Sports Fans: Intercollegiate Athletics 'Out of Control'", *The Harris Poll*, New York, Louis Harris & Associates, 1989: 96.
③ Milton Greenberg, "Or Does the Public Like the Status Quo?" *Chronicle of Higher Education*, May 30, 2003: 11-12.
④ Murray Sperber, *College Sports Inc.: The Athletic Department vs the University*, New York: Holt, 1990: 26.

三类。一是以提高人体运动能力、挑战人体极限为目标,例如美国运动员在奥运会等世界大赛中的表现,此类研究的动力多来源于政治和国家战略需求;二是以维护健康、提高生命质量为目标,例如职业康复与治疗,此类研究的动力多来源于数以亿计的联邦经费和跨国医药公司的资助;三是以维护个人学术声誉为目标,例如一般研究者进行的小型研究,此类研究的动力多来源于职业需要和个人兴趣。时至 1970 年代中期,几乎所有的体育子学科都成立了全国性的学术组织,而作为整体的美国体育研究完成这一过程则用了将近两百年。此后,美国体育学科创造了举世瞩目的大量研究成果,对中国乃至世界体育学科的发展产生深刻的影响。

然而,自 20 世纪末,即有美国学者对美国体育学科的发展模式提出质疑,认为子学科的快速发展正在导致整个体育学科"边缘化"[1]。这种观点使美国体育学科发展模式成为一个悖论,即以子学科发展为特征的多元化结构既是学科发展的动力,也是导致学科边缘化的原因。

实际上,由子学科的快速发展而带来的多元化光环,与体育学科创始者们的初衷背道而驰。因为亨利等曾提出"体育学科的发展路径应该是'从外向内':从其他学科领域的不断抽取中得到自身的发展"[2],"人体工程学、生物力学等学科应该成为体育学科的公分母"[3]。然而,多元化的发展模式却使体育学科呈现"由内向外"的发展态势:生理学等其他学科从体育学科领域的不断抽取中得到发展,而体育学科自身却没有得到相应的发展。

正是基于这种情况,一些美国学者提出了体育学科核心价值"边缘化"的观点并对美国体育学科的整体发展态势表示担忧。我国学者杨波也曾提出:"20世纪 80 年代以来,美国体育学科结构松散……有些(子学科)甚至重新归入传统母学科,如生物学、医学。"[4]

---

[1] Linda Bain, Whiston David, "The Scientization of Physical Education: Discourses of Performance", *Quest*, 1990: 49.
[2] William H. Freeman, *Physical Education, Exercise, and Sport Science in a Changing Society* (Seventh Edition), Jones & Bartlett Learning, 2011: 16.
[3] Waneen Spirduso, "Commentary: The Newell Epic-a Case for Academic Sanity", *Quest*, 1990 (42): 298.
[4] 杨波、杨文轩等,《美国体育学科发展历程及现状》,载《体育学刊》,2007 (10): 118.

## 第二节　讨论与分析

### 一、诸学说的比较

通过上述考察可以看出，三类学说的共性是强调对个体的关注。新体质派强调体育参与的首要目标是个人的体质健康；学术派强调体育研究在体现社会价值的同时，更要关注个体价值的实现；校际竞技运动批判性学说都把学生的利益放在改革的首位。与此同时，三类学说之间也存在显著的异性：新体质派关注的是一般意义上的体育参与，学术派关注的是学术层面的体育研究，校际竞技运动批判性学说则紧紧围绕校际竞技运动的主题展开讨论。那么，在每一类学说的内部，是否也存在异性呢？

#### （一）新体质派诸学说之间的差异

通过新体质派三个代表性学说的考察可以看出，麦克乐与库珀的学说是全面性的，在理论和实践上均有建构，而胡戈的学说则以有关健康概念的理论研究为主。因此，本研究将从麦克乐与库珀学说体系之间的比较和三位学者之间的健康理念之间的比较，来反映新体质派学说之间的差异。

通过对麦克乐学说和库珀学说的归纳与分析，二者的差异主要表现以下四个方面。

一是体育锻炼的目的。麦克乐偏重于如何利用体育的手段使人们恢复健康，而库珀的学说则偏重于如何通过体育锻炼来预防伤病，就像他自己说的："通过适度的运动、饮食和情感控制来维持良好的健康状态，比失去健康后重新得到健康要容易得多。"[①] 造成这种区别的原因主要是麦克乐经历的两次世界大战，并且在海军、陆军等多个军事部门担任健康顾问，为在战争中受伤的士兵提供专业的体育康复治疗。而库珀体育生涯主要在"二战"后，虽然也担任过军医，但他的研究属于美国太空计划的一部分，目的是如何增强太空人的体质健康水平。

---

① The Father of the Fitness Craze: Dr. Kenneth Cooper, www:cooperwellness.com/BiographyArticle.asp.

### 第五章 美国体育思想的扬弃与美国体育的多元化

离开军队后,他主要工作于由他创建的运动研究中心,服务人群为普通大众,而不是伤病人员。基于此,麦克乐偏重于"治疗",而库珀偏重于"预防"。

二是体育的教育价值。如前文所述,在麦克乐的学说中,普及民主教育是体育必不可少的目的之一,而在库珀的学说中,体育的教育目的仅是"如何使人们养成良好的生活习惯和健康的运动方式"。① 造成这种区别的原因是,麦克乐体育生涯中有很大一部分是如何通过体育向全世界推广美国的价值观与意识形态,这使得他必然看重体育在民主教育方面的功能。另外,美国教育界在20世纪40年代掀起了第三次普通教育浪潮,也使麦克乐的学说必须有所应然。相比之下,库珀的经历则完全不同。首先,他的体育事业主要在国民体质健康方面;其次,他所处的70年代、80年代是美国专业化、科学化教育思想泛滥的时期。就像一些学者描述的:"专业化已经使大学生在大学所受的教育与职业准备无二。"② "人文学科和文化的理想已经让位于科学和技术的创新。"③ 美国州际教育委员会(ECS)也在1986年的一份调查报告中指出:"大学教育存在过度地强调职业,提供的知识缺乏综合性,学院和大学似乎对维持招生数比对提高学生的学习质量更感兴趣。"④ 总之,不同的时代责任和主流思想使他们二人的学说在体育的教育价值方面出现了显著的差异。

三是体育的内容。麦克乐主要采用"技能表现有关"⑤ 的运动项目作为体育的内容,强调在运动技能的掌握和熟练过程中达到增强体质、历练精神的效果;而库珀学说主要采用"健康相关"的项目为主,强调在与自我的"竞赛"中获得健康。造成这种区别的原因是,在麦克乐所处的时代,偏重技能表现的竞技运动成为美国社会主流价值观的具体表现,"sportsmanship"几乎成为"American spirit"的代名词,这使他在通过体育普及美国民主理念时必然以竞技运动为主。

---

① 江雪碧,《提升美国体适能:"有氧运动之父"古柏历史地位之探讨》,辅仁大学硕士论文,2005:54.
② A. W. Astin, *Achieving Educational Excellence*, San Francisco: Jossey-Bass, 1985: 16.
③ C. F. Conard, *Liberal Education in Transition*, Washington D. C.: American Association for Higher Education, 1980: 51.
④ Education Commission of the States, *Transforming the State Role in Undergraduation Education*, Denver, Education Commission of the States, 1986: 11.
⑤ 美国体育界把所有体育锻炼项目分为"与技能表现有关的项目",如射箭、羽毛球、橄榄球、足球、乒乓球等;"与健康有关的项目",如自行车、跑步、游泳、健身、跳绳、划船等;"技能与健康混合型",如篮球、手球、滑冰、壁球等。

而在库珀的时代，美国竞技运动的弊端已渐露端倪，"美国人实际上非常缺乏运动，因为他们总是以坐在看台上的形式去参与体育，而从不真正走进运动场"。① 缺乏运动与高热量的饮食习惯使整个国民体质水平日趋严重，"心血管病、心脏病的死亡率远远超过欧洲各国，每年的医疗预算逼近国防预算"。② 基于此，库珀学说的具体内容必然是以促进体育参与、提高健康水平为目的的弱竞技项目，使美国大众从看台上走到运动场中。

四是体育测量与评价方面。麦克乐曾与沙金特一起从事体育测评的工作，设计过若干种现在仍在使用的人体测量学模式与标准，其中最具代表性的是以他名字命名的麦克乐体能测试方案（McCloy physical test）。相对库珀的测评系统而言，麦克乐的测评标准和依据多为静态数据，例如人体安静状态下的心率、血压、身高、体重等资料。但库珀的测评系统主要包括人体运动时的各种数据。库珀用买二手车来比喻动态数据的重要性：获得人体运动时各种数据的重要性，就像购买二手车时需要在高速公路上以最高速度来检查车子的性能，而不是依靠车子静止时的状态来决定是否购买。③ 显然，库珀的理念不但优于麦克乐，甚至超越了同时代的学者，这使他的工作在很长的一段时间里受到一些医生和美国医学审查部（Medical Board of Censors）的抵制和怀疑。④

通过对麦克乐、库珀和胡戈三位学者健康理念的归纳与分析，麦克乐和胡戈分别代表了两种不同的健康观，而库珀的有氧运动学说则是两种健康观之间的过渡。

麦克乐所代表的"health"理念是有目的性的健康观。这种健康观带有明显的医学倾向，强调对标准化、体系化健康目标的达到与完成，是最为传统的健康理念，例如19世纪的希区柯克等学者也用"health"指代健康。不同的是，以麦克乐为代表的学者充分吸收新体育思想，把社会性也视为健康的必要构成元素。

胡戈所代表的"wellness"理念则是过程性的健康观。这种健康观突破了医

---

① J. F Kennedy. "The Soft American", *Sport Illustrated*, 1960 (13)：15 – 17（原文：We all under – exercised as a nation; we look instead of play; we ride instead walk）.
② 心脏病、心血管病的严重发展趋势，www. socialwork. com/sport/sport-science；健身历史，www. unm. edu.
③ 跑步机压力测试的重要性，www. copperaerobics. com/default. aspx.
④ 纽约心脏病权威医师所罗门（Henry Solomon）曾著书《运动神话》（*The Exercise Myth*）抨击库珀关于运动能降低心脏病患率的观点，美国医学审查部曾认为库珀的压力测试系统具有危险性.

学理念，把健康理解为各元素间达到并维持平衡的一个动态过程。这种平衡并不是简单的、数据层面的平均或理想搭配，而是一种超越科学理念的，甚至是一种超自然的个体感受，这就是为什么持"wellness"健康观的学者都把"灵性"（spiritual）的充实也作为健康的必要组成元素。例如在 Hoegor、Brylinsky、Hoadley 和 Jerrold Greenberg 对"wellness"概念的不同论述中，都把"灵性"作为健康的必要构成要素，这是以前的任何健康理念中都没有提到的。

库珀的理念体现了上述两种健康观之间的过渡：首先，库珀的体适能（fitness）理念并不是一种完整的健康观，而是一种有关健康的方法论。其次，尽管从根本上看，库珀的理念也是以达到某一指标体系（如心率、最大吸氧量）为目的，但他已经开始注意到运动过程的价值，例如他提倡慢跑、游泳等弱竞技性的运动项目，强调运动的长期性和规律性。也就是说，虽然库珀并没有从根本上提出运动过程才是运动的价值所在，但他在形式上提出了运动过程的重要性，进而为真正的过程性健康观（wellness）的提出奠定了基础。

笔者认为，导致以"过程"为核心理念的"wellness"健康观出现的原因是以方法论（尤其是杜威所推崇的科学方法）为核心的美国体育研究进入了发展的瓶颈期，就像美国著名哲学家、思想家怀海特（Alfred North Whitehead）所述："科学的、理性的、逻辑的思维是西方最伟大的思维进步。但是，这种思维正在向狭隘化发展，因为它把'人'从经验中抽离，使所有的经验和认知都失去了人性。"[1] 基于此，美国学者必然要逐渐舍弃以自然科学理念为核心构建起来的目的性健康观，从人性的角度重新思考健康的意义，例如把"灵性"作为健康的构成要素显然是不符合自然科学的研究范式。

## （二）学术派学说之间的差异

除了来自学术派之外的反对，学术派内部诸学者之间也存在争论。根据 Kroll 的记载，争论主要集中在"职业派"与"学科派"之间。[2]

职业派学者赞同把体育划分为若干领域的理念，反对用体育教育的概念统一

---

[1] 怀海特，《科学与近代世界》，北京，商务印书馆，1959：55–68.
[2] Walter P Kroll, *Perspectives in physical education*, New York, Academic Press, 1971：185.

所有体育学科和专业,这是职业派与学科派的共同之处,也是职业派之所以在整体上属于学科派的原因。然而,学科派认为学术研究领域的划分应该以职业类别划分,如一般体育教育相关的教育类、培养运动员和提高运动成绩的运动类、促进身体健康的健康类、分析运动人体结构的生理类等等。持此观点的代表性学者有 McGill. L,他在 1978 年著文表示:"培养社会所需的人才是大学不可推卸的责任。因此,体育的学术研究应该是在职业范围内进行划分,同时,这也丝毫不会对研究产生什么不好的影响。"[1] 对此进行全面综述的是齐格勒(Zeigler):"美国职业教育开始于 1861 年路易斯创办的为期十周的培训课程,它也是美国体育专业的开始。……从整个美国体育的发展史看,体育专业研究始终以职前教育为目标:那些有关哲学、社会学层面的研究是为一般体育教育者所准备的,那些生理、解剖是为了矫正体育、运动训练者所准备的。没有了这些,体育研究就失去了他的方向。"[2] 显然,持"职业派"观点没有完全脱离传统实用主义的影响,认为专业学术研究的分化与深入当然是必要的,但它并不是目的,而是解决问题的手段——不仅仅是解决学术问题的手段,也是解决人们在体育实践中所遇到的所有问题的手段。由此可以看出,"职业派"实际上处于实用主义向新实用主义的过渡阶段。

事实上,学科派和职业派的争论使体育学术研究领域的界定始终处于动荡中。当职业派观点占优时,体育学术研究领域被分为十二个:运动生理学(exercise physiology)、运动医学(sports medicine)、运动生物力学(sport biomechanics)、运动哲学(sport philosophy)、体育史(sport history)、运动心理学(sport and exercise psychology)、动作技能发展(motor development)、动作技能学习(motor learning)、运动社会学(sport sociology)、运动教育学(sport pedagogy)、矫正体育(adapted physical activity)、运动管理(sport

---

[1] McGill. L, "Physical Education: One Person's Perspective, Australian Journal for Health", *Physical Education & Recreatio*, Dec, 1978, 82: 29 – 31.
[2] E. F. Zeigler. Historical perspective on contrasting philosophies of professional preparation for physical education in the United States, Conference: North American Society for Sport History. Annual Convention, 2nd, University of Western Ontario, 1974 (Canadian Journal of History of Sport & Physical Education May, 1975, 6 (1): 23 – 42.

management）。① 当二者的力量不相上下时，体育学术研究领域被分为十个：运动哲学（sport philosophy）、体育史（sport history）、运动社会学（sport sociology）、运动管理（sport management）、运动生理学（exercise physiology）、运动心理学（sport and exercise psychology）、动作技能发展（motor development）、动作技能控制与学习（motor control and motor learning）、运动医学（sports medicine）、运动生物力学（sport biomechanics）。② 当学科派占优时，体育学术研究领域被分为七个：运动哲学（sport philosophy）、体育史（sport history）、运动社会学（sport sociology）、运动心理学（sport psychology）、运动生物力学（sport biomechanics）、运动生理学（exercise physiology）、运动教育学（sport pedagogy）。③

（三）校际竞技运动批判诸学说之间的差异

1. 学者之间

在改革的核心理念方面，博文关注的焦点是运动员学生的权益保障，认为校际竞技运动的核心问题是学生运动员与普通学生之间逐渐加大的"分离"，如果不能遏制这种趋势，学生运动员将失去代表学生的权力，而校际竞技运动也将随之失去在高等教育体系中存在的必要性。莫里认为校际竞技运动的核心问题是过度的商业化，严重扭曲了校际体育的价值和功能，继而使学生和大学都成为商业化的受害者，而且过度的商业化可能使校际竞技运动将面临被法律制裁的危险。罗伯特的观点则恰恰相反，他认为商业化是不可阻挡的趋势，而且严重的商业化只存在于少部分学校中，所以完全没有必要反对校际竞技运动商业化的发展趋势。

改革理念的不同自然导致实施策略的不同：在博文的七点具体建议中，有五

---

① Deborah A. Wuest, Charles A. Bucher, *Foundation of Physical Education, Exercise Science, and Sport*, Boston, McGraw-Hill Companies, 2003：11.
② Angela Lumpkin, *Introduction to Physical Education, Exercise Science, and Sport Studies*, Boston McGraw-Hill Companies, 2002：39.
③ 此处三种分类方法均转引自杨波、杨文轩等，《美国体育学科发展历程及现状》，载《体育学刊》，2007（10）：120。杨波等的文章中认为这些分类是"体育学科"的分类，但笔者认为这些划分应该是不同的学术研究领域，依据有两个：一是范达冷在记述1964年美国西部大学会议第一次确定体育学术研究的六个方向时，用的是"six areas"；二是亨利在两篇关于体育学术研究分类的文章中都用的是"scholarly field"。

点都是关于如何提高学生运动员的"学业成绩"（academic performance）；莫里的改革策略都与财政有关，并且偏重于学校等机构层面的改革；罗伯特的策略相对来说较为特殊，他在分析了所有可能的改革策略后，认为以商业化为前提的职业化道路才是校际竞技运动的唯一出路。完全职业化后，"无形的手"将会起到宏观调控的作用，并成为推动校际运动发展的核心动力。

2. 机构之间

如前所述，TDG 和 COIA 是最主要的两个大学校际竞技运动改革机构，为改革的推进做出了不懈的努力。然而，二者的改革理念和重心却不尽相同，并且在某些战略性取向方面甚至是相左的，这使得他们在具体的改革实施方面很少有合作。Steve Estes 既参加过 COIA，也参加过 TDG，他在谈及二者的区别时说道："相比之下，TDG 的理念属于偏左的一方，但有趣的是，TDG 正在逐渐掌握争论的话语权。它的改革理念涉及校际竞技的所有问题。但我认为，改革应该再务实一些，应该在教工代表、运动员代表等机构中同时展开。"[①] 作为 COIA 的主要成员，Michael Granof 说："TDG 的改革理念更偏重于校际竞技运动的基本层面，他们试图从每一个教练和工作人员身上开始改革，并对现行的机构进行彻底的变革。但 COIA 的理念是努力加强和 NCAA 的合作并在他们的领导下开展改革。因此，COIA 不打算彻底改变校际竞技运动的现状，而只是在一定限度内推进改革。在保证改革整体方向的前提下，我们必须承认改革的曲折性。"[②]

除了上述区别，通过对两组织改革策略的分析可知，二者的分歧还在于"由谁掌权"的问题上。COIA 认为，改革应该由大学校长来发起，改革的措施也应

---

[①] 转引自 Robert D. Benford, "The College Sports Reform Movement: Reframing the 'Edutainment' Industry", *The Sociological Quarterly*, 2007 (48): 21 (原文: So I think Drake is, by being so far out there on the left, it's shaping the dialogue, it's starting to control the terms in the debate. Any issue that comes up Drake group members are contacted. That's very interesting that that's happened. So I'm for the Drake group in a lot of these ways, but in terms of what Drake group members say that they want to do to make these changes, I'm much more pragmatic than that. I think that faculty senates, faculty athletic representatives, that's where the change is actually going to have to occur).

[②] 转引自 Robert D. Benford, "The College Sports Reform Movement: Reframing the 'Edutainment' Industry", *The Sociological Quarterly*, 2007 (48): 21 (原文: The Drake Group basically is for far more radical change. …I mean for better or for worse, we're working with the NCAA and trying to work within their framework. So we're not going to revolutionize athletics. I think at best we can, and I think we have been successful you know, at instituting some reforms. At the same time, I think athletics may be going one step forward and two steps backward, but at least we're responsible for the occasional step forward).

该由校长来控制实施。① 但 TDG 则认为:"从 1883 年哈佛大学校长埃利奥特插手校际竞技运动以来,他们(校长们)就从来没有进行过'真正的改革'。事实上,由校长和体育部长等组成的校际运动机构才是改革的主要目标,正是由于他们的问题,才导致校际竞技运动今天的状况。所以,我们不能指望这些人能主导改革的实施,而应该把改革的权力赋予工作在第一线的教师和教练,因为只有他们才是真正掌握着运动员和比赛的人,他们的命运与改革的关系也最密切。"②

综上,通过对诸学者和机构有关校际竞技运动研究的比较可以看出,尽管根本的目标相同,但在具体层面却存在显著的差异。在学者之间,最主要的差异是一些人认为商业化是最根本的问题,所以改革应该紧紧围绕如何消除和遏制校际竞技运动的商业化趋势。但另一些学者认为,商业化是不可避免的趋势,因此改革的重点是如何使校际竞赛顺应和接纳商业化。在机构之间,TDG 的改革理念表现出显著的左倾路线,提出从最根本处对校际竞技运动继续彻底的改革,而改革运行的权力应该由工作在第一线的教师和教练掌握;COIA 则相对偏右,认为改革应该在 NCAA 的参与领导下,以协商和合作形式进行,改革的权力也应该由校长和机构的主席掌握。

## 二、诸学说的历史贡献

### (一) 新体质派诸学说的贡献

总的来看,麦克乐的贡献既有理论层面,也有实践层面;库珀的贡献主要体现在实践层面,其理论层面的贡献是为健康理念从"health"向"wellness"的发展提供了过渡;胡戈的贡献则仅体现在理论层面。

1. 麦克乐的贡献

麦克乐曾对中国现代体育的创立与发展做出了巨大的贡献,许多中国学者对此进行了深刻、全面的分析。但这与本研究的主旨无关,故在此不做赘述。对美国体育理论与实践的发展而言,他的贡献主要体现在以下几个方面:

---

① http://blogs.comm.psu.edu/thecoia.
② http://blogs.comm.psu.edu/thecoia/wp-content/uploads/The-drake-groups-response-to-COIAs.pdf.

在理论层面，他在体质健康方面的强调，对追求教育价值的"新体育"思想起到了积极的平衡与补充作用，使人们重新关注到体育的健康价值，更重要的是，他通过对传统"健康论"的发展，使体育的"健康论"与"教育论"首次出现了融合发展的趋势。在他之前，作为美国高等教育"普通教育"与"专业教育"争论的应然，体育理论界一直处于"教育论"和"健康论"的争论中。支持"教育论"的学者认为，体育的核心目标是"育"，可以说是强调普通教育思想在体育理论中的具体化；支持"健康论"的学者认为体育的核心目标是"体"，可以说是强调专业教育思想在体育理论中的具体化。然而，麦克乐在强调"体质健康"的同时，也提倡体育在民主教育方面的功能，这使体育突破了单一健康论或教育论的束缚，极大地扩展了体育的价值。

在实践层面，他的贡献首先是弥补"新体育"在体育测评方面的不足。如前文所述，"新体育"对体育在公民教育和社会化方面的强调，使体育的价值从个人层面上升到了社会层面，但同时，它也使体育的效果和价值成为不可被准确测评的指标。然而，麦克乐对体育健康功能的复苏，以及他在体育测评方面的不懈努力，使体育的功能和价值重新成为可以准确测评的指标。二是他对体育学科发展的贡献。麦克乐以促进体育的科学化为目的，在体育测量学、生理学、卫生学、体育管理、竞赛组织方面进行了不懈努力，极大地促进了体育的专业化发展。三是在体育康复医疗方面。"早在1907年，21岁的时候，他就孕育着医院康复体操的思想，帮助手术后或长期卧床的病人恢复健康，他的思想要先于时代好多年。20世纪40年代后，他的不懈努力让美国陆军的最高领导人相信在陆军各医院开展康复运动的意义。"①

综上，麦克乐的学说开创了美国体育的新时代，就像齐格勒（Earle F. Zeigler）所说："20世纪的美国，像威廉姆斯（哥伦比亚）、麦克乐（爱荷华）这样的杰出人物，在（体育）专业思想方面做出了巨大的贡献。但在今天，时代不会再允许这样的杰出人物出现，无论在哪个领域。"②

2. 库珀的贡献

作为"有氧运动之父"和"现代体适能运动之父"，库珀是20世纪60年代

---

① 李佐惠，《当代美国体育热点改革研究》，国家体育总局社科项目，2007：58。
② 马廉祯，《论美国体育对中国近代体育的影响》，华南师范大学硕士学位论文，2009：166。

至80年代美国体育界代表性学者之一。他对美国体育的历史贡献具体表现在以下几个方面：

一是在体质健康测评方面。如前文所述，自希区柯克以来，不少学者在此方面做出了杰出的工作。但不论沙金特的方案，还是最新的"克劳斯－韦伯"测验方案，都是对人体安静状态下的各种体质指标进行测量，进而得出结论。然而，库珀首次提出了"压力测试"的概念：他以跑步机为测试器械，通过被试在跑步机上的"最大或接近最大运动表现心电图"来作为测评指标，反映被测者的身体健康水平。他的一个著名实验是1972年对3345名年龄44.5岁左右的人进行心电图测试，测试数据表明，有10.7%的人心电图在安静状态下表现为正常但在"压力测试"中却被发现存在心血管疾病。也就是说，有358名测试者是得益于库珀的测试才发现自己的疾病，并因而极大地增加了康复和治愈的可能性。[①] 在同一时代，卡敏思（Cummings）也提出了类似的"次大压力测试"（submaximal stress testing）方案。但库珀批评了这种方案："它的测试结果会给人错误的安全感。这些人很有可能在得到无病的健康报告后，却突然死于心脏病。所以，跑步机压力测试一定要在最大或接近最大体能状态下进行，以避免致命的错误。"[②] 1970年以后，库珀不断对"压力测试"系统进行改善，他首先在1975年推出了1.5英里测试方案，然后又以"最佳运动心率公式"为基础，在1982年推出了体适能整体测试方案，包括"心肺适能""身体成分""肌力、肌耐力和柔软度"三个方面。总之，库珀的压力测试系统改变了人们对体育测评的传统认识，使人们能以更科学的方法来了解自己的健康状况，继而提高了人们参加体育运动的兴趣与效果。

二是在医学用途方面。传统的美国医学强调治疗，但库珀以有氧运动为载体，提出了"预防医学"的概念。在他的影响下，现代医学的最终目的是在人们未病之前就实施各种干预手段，达到预防疾病、保持健康的功效，这显然比治疗医学的意义与观念更进了一步。从1968年开始，库珀在自己的论著中引用最新的科学研究数据，向人们展示有氧运动在预防生理和心理疾病方面的价值和效果。在生理方面，"针对80%的美国人患有严重背痛和坐骨神经痛，库珀通过挪威特隆赫姆大学医院（University Hospital of Trondheim）在1996年的实验，证明

---

[①][②]Kenneth H. Cooper, *The Aerobics Way*, Tennessee：M. Evans, 1977：18.

有氧运动能够积极有效地预防并改善坐骨神经痛的症状"。① 在心理方面，库珀认为"压力是危害心理健康的主要因素，产生的原因是人们在生活和工作中试着解决不能控制的事。……有氧运动是最自然、最有效的镇静剂，有助于减少压力，改善焦虑、沮丧的情绪。"② 他在论著中引用肯塔基大学（Kentucky University）在1994年的实验和卧龙岗大学心理系（Department of Psychology University of Wollongong, New South Wales）在1996年的实验，证明有氧运动可以预防和治疗紧张、疼痛和焦虑。③ 总之，库珀的学说向人们证实了有氧运动在预防心理和生理疾病方面的功能和价值，进而推动美国医学从"治疗医学"向"预防医学"的发展与转变。

三是扩展运动项目。在20世纪70年代以前，美国的流行运动项目以强竞技项目为主，如橄榄球、冰球和篮球等。但根据库珀的有氧运动学说，加之政府对体适能计划的推动，有氧舞蹈和台阶运动逐渐成为新的流行运动项目。至1990年，美国97%的运动俱乐部设有此类项目的课程。④ 进入90年代后期，各种类似的运动项目进入了蓬勃发展阶段，有氧拉丁、有氧拳击、水中有氧、孕妇体适能、儿童体适能等各种有氧运动项目成为美国人最主要的运动形式。⑤ 总之，库珀的有氧运动具有温和、健康、促进心肺功能的特征，与竞技运动的激烈对抗、攻击性、挑衅性等特征形成了鲜明的对比，为人们的体育参与提供了更多的选择。

四是推广全民健身。库珀的有氧运动使美国政府看到了体育在改善国民体质健康水平方面的强大功效。基于此，美国卫生健康部门纷纷于70年代成立，如，1974年健康教育局（Bureau of Health Education）成立，1975年国家健康教育中心（National Center for Health Education）成立。另外，自1978年起，美国政府制订了每十年出台一部国民健康促进计划的措施，目的是总结前十年的健康计划以及制订下十年的计划。在库珀和政府的共同推动下，美国自80年代起掀起了全民健身的浪潮。举例而言，1978年在纽约举办的"帝国之州比赛"（Empire

---

① Kenneth H. Cooper, *Can Stress Heal*, Tennessee：Thomas Nelson, 1997, 86 – 94.
② Kenneth H. Cooper, *Preventing Osteoporosis*, Tennessee：Bantam Books, Incorporated, 1989, 23 – 44.
③ Kenneth H. Cooper, *Can Stress Heal*, Tennessee：Thomas Nelson, 1997：85 – 86.
④ www.ginmiller.com/gmf04/aboutgin4.htm, 对金·米勒的介绍.
⑤ www.cnhan.com/big5/content/2002.12.30, 2002年最流行的运动.

State Games)① 只有 5000 人参加，但 1992 年参赛人数就增至 50 万人。② 另外，根据美国人口调查局（United States Census Bureau）1990 年公布的数据看，有氧运动类项目已经远远超过强竞技类项目，成为美国大众参与最多的运动。美国人体育参与项目统计表如表 4 所示。

表 4　美国人体育参与项目统计表（1990）③

| 项目 | 游泳 | 自行车 | 健走 | 保龄球 | 器械健身 | 篮球 | 跑步 | 高尔夫 | 垒球 | 网球 | 溜冰 |
|---|---|---|---|---|---|---|---|---|---|---|---|
| 人数（万） | 7000 | 5700 | 6650 | 4100 | 3150 | 2600 | 2500 | 2300 | 2200 | 1900 | 1900 |

库珀的理念不但影响着美国政府和运动组织，更影响着每一个美国人，进而在全国范围内掀起了有氧健身浪潮，使美国大众的体质健康水平有明显的提高，如从 1968 年到 1978 年，美国人死于心脏病的比率降低了 23%，死于中风的比率降低了 36%，死于高血压的比率降低了 48%；1971 年至 1979 年，美国人的平均寿命增加了 2.7 岁，是过去十年增幅的 3 倍。④

3. 胡戈的贡献

与麦克乐和库珀相比，胡戈的贡献主要集中在理念层面。胡戈对健康概念的重构，不但为美国体育研究吸取、借鉴东方身体文化的精髓提供正当性，而且也为健康相关的研究开辟了新的视野。虽然我们还不能因此确定"wellness"健康观是健康理念未来的发展方向，但可以确定的是，胡戈的学说使健康理念呈现出多元化的发展趋势，进而为我们对健康的认识和以此为核心的学术研究提供了更多的可能和方向。

综上所述，麦克乐与库珀等学者通过他们的先驱工作和不懈努力，终于在沙金特等学者的基础上，使体育在体质健康方面的研究从一门课程和研究领域发展为一个系统化的学科体系。纵观希区柯克至胡戈的体育学说可以看出一个清晰的脉络：希区柯克等人构建了体育的实践体系后，伍德、威廉姆斯等"新体育"学者通过对他们的批判和反思，实现了体育在哲学层面的提升。而后，体育再次

---

① 以促进大众健身为目的业余比赛，没有奖金和报名限制。
② http://www.empirestategames.org/summer/results/.
③ Howard L. Nixon II & James H, Frey,《运动社会学》，王宗吉译，2000：310.
④ 江雪碧,《提升美国体适能："有氧运动之父"古柏历史地位之探讨》，辅仁大学硕士论文，2005：87.

进入以麦克乐、库珀学说为代表的实践层面的发展,如今,胡戈针对健康理念,再次提出了哲学层面的思考。也就是说,美国体育研究总体上呈现出了哲学、科学互为体用的发展态势:体育在科学方面的发展,成为体育哲学反思的题材和前进的动力;体育哲学的发展,又回过头来成为驾驭科学前进方向的缰绳。

(二) 学术派诸学说的历史贡献

学术派学说的贡献主要体现在两个方面:一是把体育从一个孤立的研究领域引向了跨学科的方向。在此之前的两个阶段,体育始终是在纵向上发展。在19世纪中至20世纪初,在希区柯克、沙金特等学者的影响下,体育始终在健康学的领域中发展,所有研究的主要目的都是如何通过体育促进人的健康,以及使人具备获得健康的能力。20世纪初至20世纪中,受新体育的影响,体育被禁锢在教育的领域中,所有研究的主要目的都是如何通过体育的手段实现对人的教育。然而,体育学术派学者认为,除了这两个目标,体育在社会学、心理学、物理学、化学等各个学科都有自己的研究内容。尽管以前也有学者对体育在其他人文社会学方面的问题有所关注,但并没有将其上升到学科研究的层面。而以亨利为代表的学者则明确提出,体育是一个跨学科的研究,而非学科间的研究。例如体育心理学、体育人类学等研究都是属于体育的跨学科研究范畴,而非心理学、人类学等学科间的研究。学术派的第二个贡献是引发了新一轮美国体育哲学研究的热潮。"20世纪60年代,是继新体育的体育哲学研究热潮之后,美国体育哲学的又一次重大发展期,有关体育概念、构想、含义的哲学分析再次成为研究的热点。"[1] 显然,这与体育学术派在这一时期的兴起不是一种巧合。20世纪50年代至70年代之间,一些标志性的体育哲学著作纷纷问世,如,1969年出版的第一个使用的"体育哲学"(sport philosophy)一词的《竞技运动,一个哲学的探究》,以及1953年何瑞格尔(Herrigel)的《射术中的禅》(*Zen in the Art of Archery*(1953))、1967年斯拉施(Slusher)的《人,竞技运动与存在》(*Man, Sport and Existence: A Critical Analysis*)、1968年麦斯尼(Metheny)的《动作与涵义》(*Movement and Meaning*)等著作的问世,把体育哲学的研究带入了一个全新的高度。[2] 在这些思想的引导下,游戏(play)、比赛(game)和运动(sport)等概念的关系被重新界定(图5)。

---

[1][2] 马廉祯,《追求卓越的竞技运动:竞技运动,一个哲学的探究》,载《体育文化导刊》,2009 (5): 83.

图 5　游戏与运动的关系图

上述理念由古特曼①于 1978 年首次提出后，受到了安卓（Yiannakis Andrew）②、伯尼（Berger Bonnie）③以及福瑞曼（William Freeman）④等学者的广泛支持。在其引导下，体育与运动开始逐渐突破体质学派或教育学派工具理性的束缚，向着游戏的本体价值的方向发展。

（三）校际竞技运动批判诸学说的历史贡献

尽管校际竞技运动批判性研究和校际竞技运动自身的历史一样长久，但 20 世纪 90 年代后，有关校际竞技运动的研究显著增多，形成了一个以博文和 TDG 为代表的研究群体。与之前的同类学说相比，他们的学说除了继续向人们揭示校际竞赛光环下的阴影，还把人们对校际竞技运动的关注从机制层面转到了学术层面，这是以前学说所少有的。

纵览美国大学竞技运动的发展史可以看出，人们对大学生参与竞技运动的批

---

① Allen Guttmann, *The Nature of Modern Sport*, Columbia University Press, 1978：58.
② Yiannakis Andrew, Toward and applied sociology of sport：the next generation. In Applied Sociology of Sport, ed. Champaign, IL, *Human Kinetics*, 1992：3 - 20.
③ Berger Bonnie, *Exercise and Sport Psychology*, In Introduction to Kinesiology：the science and practice of physical activity, ed. Madison, WI：Brown and Benchmark, 1995：83 - 91.
④ William H. Freeman, *Physical Education, Exercise, and Sport Science in a Changing Society*（Seventh Edition）, Jones & Bartlett Learning, 2011：19 - 21.

判与质疑可以分为三个阶段:

首先是18世纪中至19世纪中,批判的声音主要来自宗教。针对学生在空余时间自发组织的各种游戏与竞技,掌握着政治与教育话语权的清教徒持坚决的反对态度,其理由是:"要鄙视各种形式的游戏、娱乐等活动,因为从事这些事情的懒人会成为魔鬼的帮凶。"① 至19世纪中,以新教教会为主的宗教势力开始转变对运动和体育的态度。标志性时间是1856年的一篇文章:"宗教可以有条件地承认运动,但更要保护运动,使运动能够纯洁、健康、愉快且有利于人生的神圣目标。如果娱乐能使人得到救赎,那将是多么幸福的事情!"②

第二个阶段是19世纪中至20世纪末。在这一时期,批判的声音主要集中在校际竞赛的机制层面。如前文所述,南北战争前,一些大学因为无法容忍校际运动所带来的伤害事故而禁止橄榄球、足球比赛的开展。1883年的全美校际竞技运动年会上,沙金特等学者首次针对校际运动存在的商业化、职业化和欺骗行为提出了四点改革建议。建议受到了与会的哈佛大学运动委员会及8所东部院校派代表的赞同,并打算在东部联盟的21所高校中推广。但实际情况是,除了哈佛大学和普林斯顿,其他19所东部高校都没有切实实施建议的具体内容。究其原因,是当时的大学管理者并没有真正从学术的角度去改造校际竞技运动,而只是希望建立一套严格的体制和完善的机构,使它不要再出现过多的伤害事故、欺诈行为等有损大学声誉的事情。当时哈佛大学校长埃利奥特的观点很具有代表性,他说:"大学的竞技运动只是大学应该为公众提供的一项服务,而不是一种教育的机构或体制。"③ 另外,根据范达冷的记载,20世纪60年代,人们曾一度打算放弃校际运动:"在这个时期,一个新的趋势是把校际竞赛与美国体育分开,因为二者在哲学层面已经互不相容并日行渐远。"④

第三个阶段是20世纪90年代至今。在博文等学者的带领下,针对大学校际竞技运动批判的研究逐渐向学术层面偏转,如何重塑校际竞赛的教育价值重新成为学者们关注的焦点。当然,这并不代表有关此方面的努力开始于20世纪90年

---

① D. B. Van Dalen, *A World History of Physical Education*, California Prentice-Hall, Inc, 1971: 371.
② Editirial, The Necessity of Recreation, *Spirit of the Times* 26 (27 December 1856): 546.
③ Andrew Zimbalist, *Unpaid Professionals: Commercialism and Conflict in Big - Time College Sports*, Princeton, NJ: Princeton University Press, 1999: 7 (原文: Colleges are presenting themselves to the public, educated and uneducated alike, as places of mere physical sport and not as educational training institutions.)
④ D. B. Van Dalen, *A World History of Physical Education*, California Prentice-Hall, Inc, 1971: 523.

代，从前文的表 1 有关校际竞技运动的学术研究列表中可以看出，自 1883 年，有关机构就开始针对校际竞赛的学术价值进行研究。但是，我们从该表中还应看到，从 1883 年到 1990 年的一个多世纪里，相关的研究报告只有 9 个，但 1990 年至 2005 年间，相关的报告就有 13 个。

博文等学者和机构的学说开创了校际运动批判性研究的第三个阶段，他们不仅从学术层面对校际竞技运动进行了更加深入的剖析，还重新树立了人们对校际竞赛在教育领域中的信心。在他们的引导下，大学校际竞技运动掀起了一场在广度和深度上都前所未有的改革，几乎涉及了有关美国体育的所有机构。根据 Robert D. Benford 在 2007 年的调查，改革在大学、运动医学研究中心，运动改革协会，美国大学体育联盟，教授协会等组织中同时展开，具体涉及的机构包括美国教育协会等 29 个。[1]

### （四）"边缘化"学说的意义

"边缘化"学说使我们认识到，美国体育学科体系的多元化并非真正意义上的多元化，而是自然科学范畴下的"多元化"，这种不平衡的发展模式导致了领域内的分裂与学科整体方向的缺失，最终引发学科核心价值的边缘化。虽然我们并不能因此判定"边缘化"将是美国体育学科的最终归宿，因为正是这些使我们看到美国体育学科"边缘化"的尖锐言论，使美国体育学科具备自省的前提。

---

[1] Robert D. Benford, "The College Sports Reform Movement: Reframing the 'Edutainment' Industry", *The Sociological Quarterly*, 2007 (48): 5. 其余的 28 个机构分别是：A 运动联盟（The A Game），美国大学教授联盟（American Association of University Professors, AAUP），美国大学管理委员会（Association of Governing Boards, AGB），社会体育研究中心（Center for the Study of Sport in Society, CSSS），公民体育同盟（Citizenship Through Sports Alliance, CTSA），校际竞赛同盟（Coalition on Intercollegiate Athletics, COIA），学院运动协会（College Athletes Association, CAC），学院运动规划（College Sport Project, CSP），学院运动协会（College Sports Council, CSC），德瑞克组织（The Drake Group, TDG），体育教工代表协会（Faculty Athletics Representatives Association, FARA），运动道德和多元化学会（Institute for Diversity and Ethics in Sport, IDES），国际化运动学会（Institute for International Sport, IIS），运动预防医学学会（Institute for Preventative Sports Medicine, IPSM），青年运动研究学会（Institute for Study of Youth Sports, ISYS），校际运动骑士委员会（Knight Commission on Intercollegiate Athletics, KCIA），梅德尔松运动中心（Mendelson Center for Sports, Character and Community），国家青年运动同盟（National Alliance for Youth Sports, NAYS），国家运动学术顾问协会（National Association of Academic Advisors for Athletes, N4A），国家反运动暴力同盟（National Coalition Against Violent Athletes, NCAVA），美国大学体育联盟（National Collegiate Athletics Association, NCAA），国家运动改革学会（National Institute for Sports Reform, NISR），国家学生体育权利运动（National Student-Athletes Rights Movement），保罗运动学术与技能研究中心（Paul Robeson Research Center for Academic and Athletic Prowess），体育生活体育领导能力协会（P. E. 4 Life Sports Leadership Institute），优秀教练联盟（Positive Coaching Alliance），运动道德研究学会（Sports Ethics Institute, SEI），女性运动基金会（Women's Sports Foundation）。

但我们可由此得出以下启示。

1. 维护体育学科研究的整体平衡

同20世纪70年代高呼"国家处于危难中"的美国一样,当今中国也在整体上处于极端崇尚科学和实用理性的学术氛围中,希望通过科学技术的发展实现民族复兴的夙愿,这自然使形形色色的自然科学研究成为中国体育学术的主流。尽管这些研究极大地推动了体育学科的发展,但美国体育学科的发展告诉我们,对体育学术的探索固然需要自然科学研究,但更需要人文社会科学研究,从哲学层面对体育进行形而上的探索,否则,我们终将于无尽的实验数据中迷失体育的真义。

2. 厘清体育学科的研究范围

与其他学科的交叉、融合,是当今体育学科发展的必然趋势,但这并不意味着体育学科研究范围的消失。从美国体育科学研究领域的发展历程中可以看出,一旦放弃了对体育学科研究范围的界定,整个学科的框架体系将陷入混乱。因此,在我国体育学科今后的发展过程中,要时刻厘清研究范围,让"体育的归体育、凯撒的归凯撒"。

3. 协调学科内部的对抗与分裂

体育学术研究者与教育者基于擅长领域的不同,势必产生对抗的趋势,学术研究者希望学术研究成果成为体育工作者的评价指标,而教育者则希望教学能力成为体育工作者的评价指标。对此,体育学科必须从宏观层面起到调和的作用,而非加剧。例如不把学术文章的数量作为体育工作者职称、学历晋升的唯一重要因素。

4. 构建学科内的自我批判机制

在批判中不断成长,是美国体育学科能够成为世界体育领导者的根本原因。中国体育学科若要走出"自娱自乐、自言自语"的窠臼、产生真正具有世界影响力的学术思想,自我批判机制的构建则是前提和基础。

## 三、诸学说的不足

通过对上述三类学说的考察,发现学术派学说和校际竞技运动的批判性学说是一种开放性理论体系,因此很难指出其具体的不足。但是,在新体质派的两位代表性学者的学说中,却存在较为明显的不足。

## （一）"二元论"批判的不彻底性

马廉祯（2010年）曾对麦克乐的学说进行了批判性解析："麦克乐强调身体练习对精神的强化作用，虽然也套用了'通过身体的教育'的表示，但实际上仍然没有摆脱二元论的影响，也就是说，麦克乐的体育思想实际上处于赫尔巴特教育思想和杜威实用主义教育思想之间。"①

对于上述观点，笔者赞同"麦克乐的学说没有摆脱二元论"部分，但认为"麦克乐思想处于赫尔巴特和杜威实用主义之间"部分值得商榷。因为麦克乐之所以没有彻底地摆脱二元论，根本原因是杜威实用主义哲学的缺陷，而不是麦克乐的思想中有赫尔巴特学说的成分。理由有二：

首先，麦克乐学说的哲学核心是杜威的实用主义，而非赫尔巴特。尽管赫尔巴特的教育思想在19世纪下半叶风靡全美，但自19世纪末开始，以杜威为代表的实用主义哲学就逐渐成为主流思想。1919年杜威的《民主主义与教育》的出版，标志着杜威哲学在美国教育界、哲学界的广泛推广。麦克乐于1932年获得哲学博士学位时，不仅正是杜威哲学思想盛行之时，而且他所就读的学校就是杜威执教的哥伦比亚大学。另一方面，从麦克乐大力提倡体育的民主教育价值中不难看出，杜威的民主化教育学说是其主要的哲学基础与核心理念。

其次，杜威实用主义对二元论批判的不彻底性。既然麦克乐的思想完全以杜威哲学为基础，那么他的学说中的二元论阴影从何而来？理由只有一个，他继承了杜威思想中对二元论批判的不彻底性。作为实用主义哲学家，杜威自然反对"二元对立"的思想，尤其是在人的"身—心"关系方面。然而，杜威对二元论的批判并没有从哲学的内部出发，对其进行彻底的解构，而只是选择了实用的道路，即以行为的结果或效果来对二元论展开价值层面的判断。美国哲学家詹姆斯（James）曾在《实用主义》中对这种理念进行精辟的阐述："只要存在实际的结果或效果，实用主义愿意承认一切东西，从逻辑到感觉，从个人经验到神秘主义，甚至是居住在凡人世界中的上帝——如果他存在那里的话。总之，实用主义检验一切或然真理的标准就是它是不是能产生效果。"② 正是这种以结果来检验一切的实用主义思想，使麦克乐认为体育最主要的功能还是发展人的身体，这也

---

① 马廉祯，《近代美国体育思想对中国体育思想的影响：以民国时期〈体育原理〉为例》，载《体育学刊》2010（5）：10.
② 威廉·詹姆斯，《实用主义》，陈羽纶等译，北京，商务印书馆，1997：44.

是麦克乐强调体育测量与评价的原因所在。同样以杜威哲学为基础的威廉姆斯之所以没有出现二元论的阴影，是因为新体育在社会层面统一了体育的目标与价值，身体只是达到这一目标的途径和手段，就像新体育思想拥护者 Robert Hutchins 所说的："由于大学的根本任务是发展思想和教育，因此那些更关心身体的年轻人不应该进入大学。在社会上，致力于体质发展和健康的机构非常多，它们并没有将自己伪装成教育机构，大学也没有兼并或干涉它们的动机和企图。"① 相比之下，麦克乐则把体育的目标分为身体和精神两部分，并认为身体才是最主要的目标。

综上，由于杜威实用主义哲学对二元论批判的不彻底性，使麦克乐以体质健康为主要目标的学说在哲学层面蒙上了二元论的阴影。

（二）对健康概念理解的局限性

与之前的研究相比，库珀的方法和理论确实是极大的进步。他把运动医疗的目标从治疗转向了预防，并开创了压力测试的理念，使人们可以通过全面的测试来深入了解自己的健康状况和运动能力，发现潜在的疾病，并根据测量数据的变化来选择最为有效的健康促进手段。然而，在健康概念的理解和认识方面，库柏和麦克乐一样，都是从医学视角看待健康，把人的健康看作是完全可以标准化、由一系列指标和参数构成的目标体系。

显然，健康不是一个静止的目标，更不是一系列复杂的数据。健康是动态的过程，或是一个因人而异的状态，不存在一个适合所有人的"标准健康"，因为即使是肢体残缺者，也完全有可能是健康的。就像美国学者 Dr. Hoeger 提出的："健康的意义在于维持这种状态继而达到幸福安宁的最高境界。"② 而库珀的健康仅仅是医学语境下的健康，如果将这种理念放在最广泛的实践层面上推广，就会影响和限制健康促进的效果。实施了四十年的《健康公民》（*Healthy People*）③被《全民健身计划》（*National Physical Activity Plan*）取代便是最好的证明。

根据库珀的理念，作为美国最主要的国民健康促进计划，《健康公民》系列计划始终把增进健康作为体育锻炼的最高目标，并把健康分解为体脂比、血糖、

---

① Robert M., Hutchins, "Gate Receipts And Glory", *Saturday Evening Post*, 1938 (23): 23-77.
② Werner W. K. Hoeger, *Principles and Labs for Fitness and Wellness*, Englewood, Colo.: Morton, 2009: 5.
③ 由美国疾病预防控制中心，卫生部联合颁布，以提高国民整体健康水平为目的的国家健康促进政策。内容主要由各种体质健康标准与参数组成。自 1980 年起每十年颁布一次，2009 年 12 月 30 日颁布的《健康公民 2020》是这一计划的最新版本。

心率等一系列的指标和数据。但在《健康公民 2020》颁布之后不到半年的时间，美国政府于 2010 年 5 月 3 日再次颁布了一个国民健康促进政策——《全民健身计划》，两个计划最大的区别在目标方面。相对于《健康公民》详细的目标体系，《全民健身计划》的目标只有一句话：让所有的美国人动起来（Get American moving）!① 由此可以看出，库珀等学者偏重目标的、狭义的健康理念正在被偏重过程的、广义的健康理念所代替。

## 第三节 美国体育多元化变革

通过上述考察可以看出，20 世纪 50 年代以来，新体质派是美国体育思想的主流。尽管博文等学者在 90 年代掀起了重新审视校际竞技运动教育价值的运动，但他们的关注对象仅仅停留在校际竞赛领域，没有对学校体育的科学化、专业化发展趋势提出质疑和批判。在具体层面，上述三种类型的体育思想对美国体育的影响主要体现在以下四个方面。

### 一、学校体育

尽管美国没有设置统一的体育课，但这并不意味着美国没有公共体育课。从美国学者的相关研究中可以看出，自 20 世纪 60 年代以来，提供不分专业的健康与体育相关课程的大学始终在 90% 左右。美国大学公共体育课属于基础教育课程（basic instruction program），在美国学者的研究中，指代公共体育课的词语有"general education for activity program" "basic instruction program in physical education" "physical education program"。其中，使用最多的是"basic instruction program in physical education"。

#### （一）教学目标

20 世纪 50 年代以来，美国大学公共体育课的教学目标在大多数时期都倾向于体质健康方面。唯仅有的一次转变发生在 70 年代。校际竞技运动的蓬勃发展使美国体育的目标向教育方面发生偏转。但是，美国体育的目标并没有因此回到"新体育"时期所强调的社会化教育和公民教育，而是出现了一个新的方向——

---

① 边宇，《美国〈全民健身计划〉解析及其对我国的启示》，载《体育学刊》2011（2）：69.

运动教育（指代它的名词有 movement education, movement exploration, basic movement），目的是"通过运动提高学生对于空间、时间、力和质能（mass-energy）关系的理解与控制能力。同时，使学生具备欣赏体育比赛的能力，成为明智的体育器材消费者，了解运动与身心健康的关系。"[1] 简言之，就是使学生在教师的引导下能够逐渐地"理解运动"。这个目标最初在中小学内推广，60年代后逐渐发展至大学，现在美国体育研究领域中的"技能学习"（motor learning）就是由此演化而成。"在它的影响下，学者们普遍发现'体育'（physical education）一词已经不能涵盖学校体育的范畴，例如有人提议用'人体运动的艺术与科学'来代替'体育'"。[2] 通过体育（PE）和运动教育（ME）在和目标上的比较可以看出，ME 显然比 PE 更倾向于对运动的强调——PE 泛指有关身体的教育，而 ME 则特指运动中的身体的教育。这种概念上的发展趋势充分反映了麦克乐学说向库珀等学说的过渡。

20 世纪 80 年代后，随着库珀有氧运动理念的推广，大学公共体育课程的目标再次向体质健康方向偏转。1995 年，Hensley 在国家运动与体育委员会（National Association for Sport and Physical Education, NASPE）的资助下，以随机选取的 1100 所大学为样本，对美国的公共体育教学目标进行了调查，并与过去二十年的相关研究进行比较，结果显示，美国大学公共体育课的目标在 1985 年至 1995 年期间始终以体质健康为主，从高到低的具体内容如表 5 所示。

表 5　1985—1995 年美国大学公共体育课程目标排名[3]

| 排名 | 公共体育的主要目标 | 标准分 |
| --- | --- | --- |
| 1 | 发展和培养终身体育（develop a commitment to lifelong participation） | 4.72 |
| 2 | 享受体育运动参与（enjoy participation in physical education） | 4.56 |
| 3 | 身体变得更健康（become fit and healthy） | 4.38 |
| 4 | 理解运动对生命的重要性（understand the importance of movement in their lives） | 4.16 |

[1] American Association for Health, Physical Education, and Recreation, *This is Physical Education*, Washington D. C.：AAHPER, 1965：3.
[2] Rosalind Cassidy, "The Culture Definition of Physical Education", *Quest*, 1965 (4)：14.
[3] Larry D. Hensley, Current Status of Basic Instruction Programs in Physical Education at American Colleges and Universities, *The Journal of Physical Education, Recreation & Dance*, 2000, 71：33.

续表5

| 排名 | 公共体育的主要目标 | 标准分 |
| --- | --- | --- |
| 5 | 在运动中感觉良好（feel good about themselves） | 4.07 |
| 6 | 对体育运动或舞蹈表演的欣赏（appreciate sports and dance performance） | 3.51 |
| 7 | 对不同背景与技能的鉴赏（appreciate persons with different backgrounds and abilities） | 3.37 |
| 8 | 发展社会交往能力（develop social skills） | 3.27 |
| 9 | 提高运动技能（become skillful in sport performance） | 3.08 |
| 10 | 通过运动表现自我（express themselves through movement） | 3.04 |
| 11 | 灵活、敏捷地移动（move with skill and agility） | 2.46 |
| 12 | 变得更有好胜心（become competitive） | 2.14 |

针对传统的 PE 课程在 90 年代逐渐分为 PA（physical activity）课程和 HRF（health-related fitness）课程的现象，Brad 等学者于 2010 年对两种课程进行了比较研究。调查结果显示，两种课程在教学目标方面没有显著性差异，从高到低的具体内容如表 6 所示。

表 6　课程主题理念排名[①]：

| 排名 | 课程的主题理念 | 百分比/% |
| --- | --- | --- |
| 1 | 身体运动（physical activity） | 98.4 |
| 2 | 体适能元素（components of fitness） | 96.9 |
| 3 | 体重控制（overweight and obesity） | 92.2 |
| 4 | 营养（nutrition） | 89.1 |
| 5 | 力量训练（stress management） | 84.4 |
| 6 | 物质依赖（substance abuse） | 71.9 |

---

① Brad vstrand, James Egeberg, Arupendra Mozumdar, "Health-Related Fitness and Physical Activity Courses in U. S. Colleges and Universities", *Journal of Research in Health, Physical Education, Recreation, Sport & Dance*, 2010, 5: 19.

续表6

| 排名 | 课程的主题理念 | 百分比/% |
|---|---|---|
| 7 | 吸烟(tobacco use) | 70.3 |
| 8 | 负责任的性行为(responsible sexual behavior) | 59.4 |
| 9 | 精神健康(mental health) | 56.3 |
| 10 | 慢性病(chronic disease) | 50.0 |

通过对表5和表6的比较可以看出,在整体层面上,大学公共体育课的目标始终与健康促进为主;在具体层面上,从90年代开始,课程对运动能力的强调逐渐转向对健康生活方式的强调。例如,哥伦比亚大学在1991年对公共体育的目标进行了重新界定:"美国体育的目标是让学生通过运动的方式,形成和发展健康、积极的生活方式。"① 至今没有修改。

综上,自20世纪50年代起,在麦克乐等学者的推动下,美国大学公共体育课程的目标开始向健康方面偏转。进入70年代后,竞技运动的勃兴使美国体育偏重于运动教育。但自80年代起,随着库珀有氧运动学说的推广,健康理念再次成为美国体育的主要目标,不同的是,健康的理念与获得方式从强调目的性"ealth"逐渐转化为强调过程性的"fitness",90年代后,经由"fitness"的过渡,健康理念开始完全转向以生活方式为核心。显然,从上述演变中不难看出,健康理念的发展与演化对大学公共体育教学目标的发展起到了内在的引导与规约的作用。

(二)必修课与选修课比例

"在美国高等教育机构中,无论对学生、教师,还是管理人员来说,大学公共体育课一直是体育教育的代名词。"② 而"美国大学公共体育课中的必修课内容,则历来被看作是美国高等教育中有关体育教育政策的晴雨表"③。然而,从20世纪中至20世纪末,美国大学公共体育课的必修课比例却发生了显著的变化,从这种变化中可以清晰地看出体育思想对美国体育的制约与影响。

---

① http://www.columbia.edu/cu/cuathletics/phy/phy_req.html(原文:It is our goal that the experiences provided by these activites will contribute to the development of an active, healthy lifestyle)。
② T. Evaul & D. Hilsendager, "Basic Instruction Programs: Issues and Answers", *Journal of Physical Education, Recreation and Dance*, 1993, 64(6): 37.
③ Larry D Hensley, "Current Status of Basic Instruction Programs in Physical Education at American Colleges and Universities", *The Journal of Physical Education, Recreation & Dance*, 2000, 71(9): 31.

尽管大学公共体育课程的确立在很大程度上得益于哈佛大学的选课制度，但自从宾夕法尼亚大学（University of Pennsylvania）于 1899 年第一个把体育列为所有专业的必修课后，至"二战"结束，几乎所有开设体育课的大学都效仿宾大的模式，把每周 3 小时的体育课设为一年级和二年级的必修课。① 然而，自 20 世纪 60 年代起，大学公共体育课的必修课比例发生了显著的变化。具体如图 6 所示。

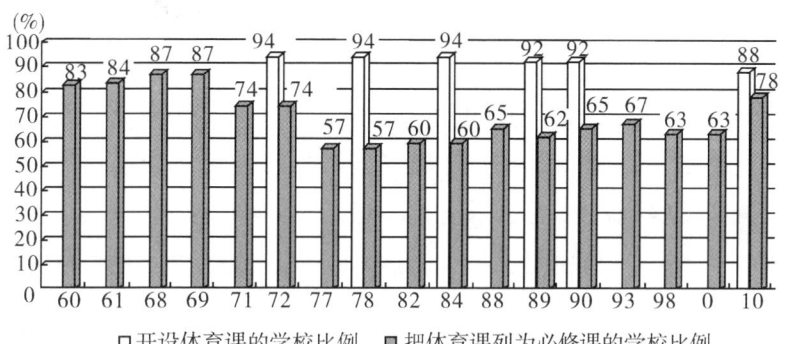

图 6　美国大学公共体育开设及必修课比例②

---

① Mabel Lee, A History of Physical Education in the U. S. A. John Wiley & Sons, Inc, 1983：347. 原文中并没有注明宾大体育课开始于 1899 年，只是说"富兰克林设置体育课之后的 150 年"。据范达冷的记载（A World History of Physical Education, p：383），富兰克林是 1749 年在他所创办的费城书院中开设的体育课，因此，笔者推论宾大第一次开设全校体育必修课的时间是 1899 年。

② 本图数据主要参考以下文献：
L. D. Hensley, "Current Status of Basic Instruction Programs in Physical Education at American Colleges and Universities", The Journal of Physical Education, Recreation & Dance, 2000, 71(9)：33.
J, B Oxendine, "The Service Program in 1960 – 1961", Journal of Health, Physical Education, and Recreation, 1961, 32(6)：37 – 38.
J. B Oxendine, "Status of Required Physical Education Program in Colleges and Universities", Journal of Health, Physical Education, and Recreation, 1969, 40(1)：32 – 35.
J. B Oxendine, "General Instruction Program of Physical Education of Four-Year Colleges and Universities", Journal of Health, Physical Education, and Recreation, 1972, 43(3)：26 – 28.
Oxendine & Roberts, "The General Instruction Program in Physical Education at Four-year Colleges and Universities: 1977", Journal of Health, Physical Education and Recreation, 1978, 49(1)：21 – 23.
G. A. Miller, L. J. DOWELL, & R. H. Pender, "Physical Activity Program in Colleges and Universities", Journal of Health, Physical Education, Recreation & Dance, 1989, 60(6)：20 – 23.
P. C. Boroviak, "The Status of Physical Education Basic Instruction Program in Selected Large Universities in the United State", The Physical Educator, 1989(46)：209 – 212.
R. T. Trimble, & L. D. Hensley, "Basic Instruction Programs at Four-Year Colleges and Universities". Journal of Health, Physical Education, Recreation and Dance, 1990, 61(6)：64 – 73.
Brad, James, Egeberg, Mozumdar Arupendra, "Health-Related Fitness and Physical Activity Courses in U. S. Colleges and Universities", Journal of Research in Health, Physical Education, Recreation, Sport & Dance, 2010, 5 (2)：17.

从图6中可以看出，从1969年开始，美国体育公共课的必修课比例急剧下降，至1977年已减少近一半。但从1978年开始，必修课比例开始出现震荡上升，至2010年已接近1960年的比例。

结合上文有关这一时期美国体育思想的发展可以看出，必修课比例的变化与体育思想的发展有直接的关系：20世纪70年代初，随着整个体育思想从体质健康向运动教育方向的偏重，以学校运动队为主要形式的校际竞技运动和以体育俱乐部为主要形式的校内娱乐运动进入了蓬勃发展期。一方面，"疯狂三月""超级碗"等代表的美国体育联赛在规模与总赞助额方面超过了美国职业橄榄球联赛（NFL）、美国职业篮球联赛NBA等职业联赛，成为最受美国大众欢迎的体育联赛[1]；另一方面，随着全国校内娱乐体育联合会（National Intramural - Recreational Sport Association，NIRSA）的成立与迅速壮大，校内娱乐体育作为学校体育中的一个专门领域被正式化。显然，以运动教育为核心的校际竞技运动与校内娱乐体育的蓬勃发展不但弱化了公共体育课程所强调的体质健康促进理念，更在形式上削减了公共体育课程在学校体育体系中的重要性，继而造成了公共体育课程必修课比例的下降。进入80年代后，随着体育思想向体质健康方向的回归，大学公共体育必修课的比例出现了明显的逐步回升趋势。由此可以看出，体育思想的转变对大学公共体育必修课开设的比例有直接的影响。

（三）课程内容

从20世纪50年代中期开始，受麦克乐等强调体质健康思想的影响，以各种体质健康测试项目为主的运动项目再次被广泛应用，如引体向上、仰卧起坐、立定跳远等，甚至一度不被采纳的举重也成了美国体育课的主要内容之一。同时，于1932年首次出现的体育理论课也增加了以健康认知为主的新内容，大多数学校称之为"体育基础"，它的具体内容由三部分组成："一是讨论身体活动（physical activity）对改善健康和现代生活的贡献，二是组织各种考试和测验以评估学生的状况和潜能，三是为每个学生设计最合适的个人运动计划。"[2] 1957年，密歇根州立大学（Michigan State University）成为第一个设置此类课程的学校。至1960年，全国已有三分之一的大学设置了此类课程。俄亥俄州的托莱多大学

---

[1] 单磊，《美国学校体育深度访问》，载《中国学校体育》，2008（2）：79.
[2] D. B. Van Dalen, *A World History of Physical Education*, California Prentice-Hall, Inc, 1971：539.

(University of Toledo) 的体育课至今仍保留这一传统内容。①

如前文所述，美国学校体育在70年代初增加了一个新的方向——运动教育。尽管运动教育为美国体育提供了新的教学目标，但在内容上并没有明显的创新之处。它的创始人 Batty Meredith Jones，Elizabeth Halsey 等学者鼓励各种形式的运动项目。总的来说，因为强调感受运动和理解运动的理念，所以运动教育在很大程度上促进了竞技运动项目在课程内容中的发展。NCAA 在1966年这一时期美国大学公共体育课程运动项目的排名是"篮球、棒球、网球、田径、高尔夫、橄榄球、越野、搏击类竞技、游泳、足球"。② 由此可以看出，竞技运动类项目占有绝对的主要地位，其次，篮球、棒球等团队类竞技运动比例明显大于网球、田径、游泳等个人类竞技运动。

然而，从20世纪80年代开始，个人项目和健身运动成为上升趋势最快的课程内容，竞技类运动项目所占的比重随之下滑。Trimble 和 Hensley 在1995年的研究反映了当时大学公共体育课的实践与理论内容分布（图7、图8）③。

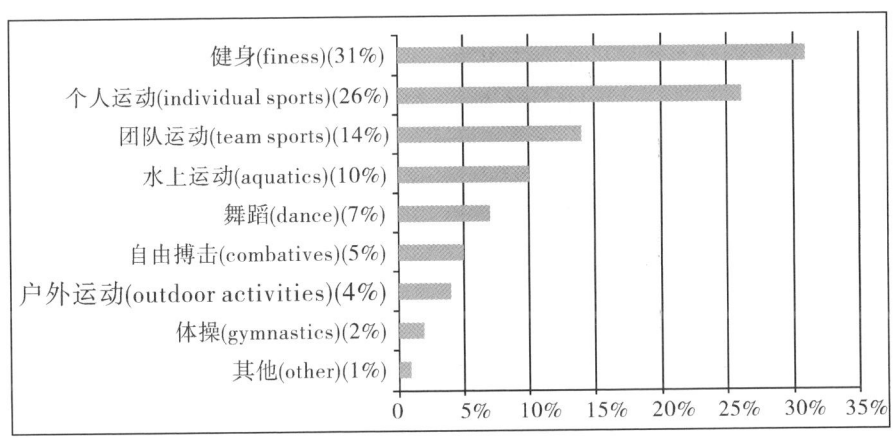

图7　美国体育公共课程实践内容分布图

---

① http://www.utoledo.edu/admission/undergraduate/catalog，本科核心课程方案.
② NCAA, *The Sports and Recreation Programs of Nation's Universities and Colleges*, No.3 (Kansas City, Missouri: NCAA, n.d.): 4.
③ L. D. Hensley, "Current Status of Basic Instruction Programs in Physical Education at American Colleges and Universities", *The Journal of Physical Education, Recreation & Dance*, 2000, 71 (9): 34.

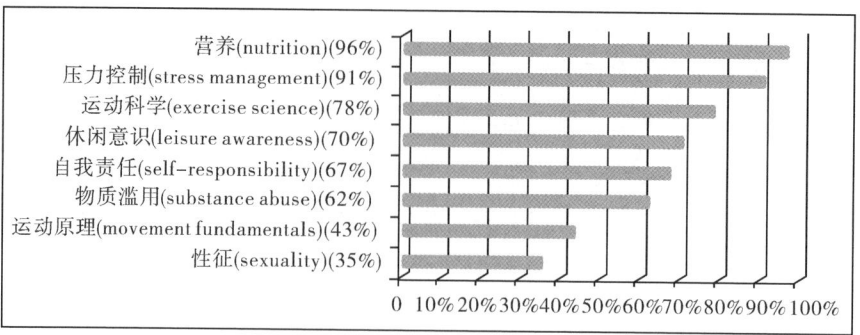

图8 美国体育公共课程理论内容分布图

Hensley 把他的上述调查结果和 60 年代的研究比较后得出:"1970 年至 1995 年期间,在三分之二(733 所)的大学中,健身运动是增幅最大的运动项目。在 42%(462 所)的大学中,团队运动是降幅最快的运动项目,这与个人运动的流行不谋而合。"[1]

20 世纪 90 年代后,美国体育课程的内容基本上没有改变,还是以个人健身运动为主。通过 2006 年哥伦比亚大学(Columbia University)的课程内容设置以及三一学院(Trinity college)2002 年与 2012 年公共体育课程内容的比较可以证实(表 7、表 8)。

表7  2006 年哥伦比亚大学公共体育课程内容[2]

| 排名 | 项目类群 | 具体项目 |
| --- | --- | --- |
| 1 | 健身<br>(fitness) | 有氧运动(aerobics)、塑形(body sculpting)、心肺适能(cardio fitness)、有氧跆拳道(cardio kickboxing/sculpt)、普拉提(pilates/sculpt)、瑜伽气功(hatha yoga)、健身与体适能理论(intro to fitness and wellness)、延加瑜伽(iyengar yoga)、不定速跑(self-paced running)、有氧台阶(step aerobics)、力量训练(strength training)、太极拳(tai chi chuan) |
| 2 | 户外教育<br>(outdoor education) | 自行车(cycling)、高尔夫(golf)、远足(hiking)、皮划艇(kayaking)、滑雪(skiing)、单板滑雪(snowboarding) |

---

[1] L. D. Hensley, "Current Status of Basic Instruction Programs in Physical Education at American Colleges and Universities", *The Journal of Physical Education, Recreation & Dance*, 2000, 71(9): 34.

[2] http://www.columbia.edu/cu/cuathletics/phy/phy_req.html.

续表7

| 排名 | 项目类群 | 具体项目 |
|---|---|---|
| 3 | 水上运动（aquatics） | 跳水（diving）、分道游泳（lap swim）、救生员训练（lifeguard training）、水肺潜水（scuba）、游泳（swimming） |
| 4 | 拍类运动（racquet activities） | 羽毛球（badminton）、短拍壁球（racquetball）、壁球（squash）、网球（tennis） |
| 5 | 团队运动（team sports） | 篮球（basketball）、曲棍球（floor hockey）、棍网球（lacrosse）、足球（soccer）、垒球（softball）、排球（volleyball） |
| 6 | 特殊项目（special interest） | 啦啦队（cheerleading/dance team）、心肺复苏术/急救（C. P. R. /first aid）、击剑（fencing） |
| 7 | 格斗术（martial arts） | 柔道（judo）、空手道（karate） |

**表8　三一学院2002年与2012年公共体育课程内容比较**①

| 2002年 | | | 2012年 | | |
|---|---|---|---|---|---|
| 课程名称 | 班数 | 人数 | 课程名称 | 班数 | 人数 |
| 初级健身（fitness Ⅰ） | 4 | 20 | 初级健身（fitness Ⅰ） | 10 | 20 |
| 中级健身（fitness Ⅱ） | 5 | 20 | 中级健身（fitness Ⅱ） | 10 | 20 |
| 初级壁球（squash Ⅰ） | 4 | 12 | 初级壁球（squash Ⅰ） | 5 | 16 |
| 高级壁球（squash Ⅱ） | 7 | 16 | 高级壁球（squash Ⅱ） | 4 | 16 |
| 中级网球（intermediate tennis） | 3 | 12 | 中级网球（intermediate tennis） | 3 | 12 |
| 高尔夫（golf） | 3 | 12 | 高尔夫（golf） | 3 | 12 |
| 初级羽毛球（badminton I） | 2 | 12 | 初级羽毛球（badminton I） | 2 | 12 |
| 初级网球（beginning tennis） | 3 | 12 | 初级网球（beginning tennis） | 2 | 12 |
| 教练研讨班（coaching seminar） | 2 | 12 | 教练研讨班（coaching seminar） | 1 | 16 |
| 有氧运动（aerobics） | 1 | 20 | 有氧团队运动（group exercise & aerobics） | 2 | 20 |

① http://internet2. trincoll. edu/ptools/courselisting. aspx.

续表 8

| 2002 年 | | | 2012 年 | | |
| --- | --- | --- | --- | --- | --- |
| 课程名称 | 班数 | 人数 | 课程名称 | 班数 | 人数 |
| 初级跆拳道（beginning taekwondo） | 1 | 20 | 初级滑冰（beginning ice skating） | 1 | 15 |
| 高级跆拳道（advanced taekwondo） | 1 | 12 | 排球（volleyball） | 1 | 12 |
| 排球（volleyball） | 1 | 12 | 中级游泳（intermediate swimming） | 1 | 10 |
| 中级游泳（Intermediate swimming） | 1 | 10 | 高级羽毛球（badminton Ⅱ） | 1 | 12 |
| 高级网球（advanced tennis） | 1 | 12 | 初级救生员（lifeguard training Ⅰ） | 1 | 8 |
| 初级救生员（lifeguard training Ⅰ） | 1 | 10 | 中级救生员（lifeguard training Ⅱ） | 1 | 8 |
| 中级救生员（lifeguard training Ⅱ） | 1 | 10 | 娱乐赛艇（recreational rowing） | 1 | 16 |

从哥伦比亚大学和三一学院的体育课程内容设置中可以看出三点：个人健身运动始终是最主要的课程内容，并呈上升趋势；竞技类项目中，隔网对抗和个人竞技项目的比例远远大于团队竞技运动；项目繁多，融合各种不同的运动文化。

综上，从 20 世纪 50 年代以来美国大学公共体育变革的考察中可以看出，体育思想的转变对变革起着主导作用。在教学目标方面，从整体上看，对体质健康的追求占主要地位，在具体层面，学者们对健康概念的不断重构为教学目标的发展指出了具体方向；在必修课与选修课比例方面，对运动教育理念的强调曾一度导致大学公共体育必修课比例的下降，但随着体质健康思想的回归，必修课比例出现了逐步回升的趋势。在课程内容方面，50 年代，在新体质派思想的影响下，以体质健康为主的个人体育逐渐回升；70 年代，运动教育的思潮使团队竞技运动一度成为美国体育的主要内容；但自 80 年代开始，在库珀学说的影响下，个人健康类体育再次成为美国体育课程的主要内容并持续发展至今。

## 二、体育学科

新体质派学说、学术派学说和有关校际竞技运动的批判性学说，共同形成了美国大学专业体育发展的动力和规约，对不同时期的美国大学专业体育产生着不同的影响。具体表现在以下三个递进的层面。

（一）学科模式

20 世纪 50 年代至 70 年代之间，美国专业体育的学科模式发生了重大的转变。在这个转变过程中，起到关键性作用的是学术派学说的兴起。

在亨利等学术派思想的影响下，以西部会议联盟（Western Conference）为主的学校在 1964 年首次把体育从教育的范畴下抽离出来，确定了体育的六个学术方向：运动与体育社会学（sociology of sport and physical education），行政管理理论（administrative theory），历史、哲学和比较体育（history, philosophy, and comparative physical education），运动生理学（exercise physiology），生物力学（biomechanics），动作技能学习和运动心理学（motor leaning and sports psychology）。[1] 此后，AAHPER 于 1969 年召开的体育理论建构会议中，再次确定传统的"体育"已经不能涵盖现在的体育研究，因而需要构建一个更高层面人体运动理论，目的是从哲学层面把"体育"从所有人体运动现象中分离出来。[2]

在上述理念的影响下，美国大学专业体育逐渐由单一的师资培训模式分化为三种模式：一是传统的体育师资培训模式，在这些学校中，专业体育的目标就是培养一般的体育教师，如春田学院等；二是体育专业化研究模式，这些学校的专业体育以生理、解剖、训练等人体科学的研究为主，如波士顿大学、西北大学等；三是既培养一般体育教师，也培养体育科研人员模式，如爱荷华州立大学和威斯康星州立大学。

（二）学科核心

"体育学科的学术化倾向，使'physical education'的概念从学科（discipline）的地位降到了科目（subject）。"[3] 这种变化使体育学科的核心在 20 世纪 60 年代后再次回到了运动科学方面。例如 John Boyer 和 Celeste Ulrich 等学者提出："体育学科应该以运动科学等研究作为新的重点。"[4] Miller 在 1976 年的调查也显示：在设有研究生教育的 115 所美国大学专业体育系（部）中，50% 的体育部以运动生理学（exercise physiology）为主，25% 以运动测验（measurement of movement）为主，13% 以运动技能学习（motor learning）为主，10% 以运动机能学（kinesiology）为主。

进入 21 世纪后，随着体育思想向健康方面的偏重以及健康理念从目的性向

---

[1] Earle F. Zeigler and King J. McCristal, "A History of the Big Ten Body-of-Knowledge Project in Physical Education", *Quest*, 1967, 9 (12): 83.

[2] D. B. Van Dalen, *A World History of Physical Education*, California Prentice-Hall, Inc, 1971: 525.

[3] Hal A Lawson, "Renewing the Core Curriculum", *Quest*, 2007 (59): 219–243.

[4] John L. Boyer, Celeste Ulrich, "We Need New Emphasis in Physical Education", *Today's Education*, 1961 (8): 45.

过程性的发展，美国体育学科的核心逐渐从运动科学转向运动机能学。① 证据是体育专业学术评价机构 AAKPE（American Academy of Kinesiology and Physical Education）在 2006 年对全美拥有博士授予资格的体育系（部）进行排名时，发现 90% 的体育学院（部门）以运动机能学为学科核心。表 9 是排名前 30 的大学及其核心专业。

表 9　2000—2004 年美国大学专业体育系（部）综合排名②

| 大学 | 学院 | 排序 |
| --- | --- | --- |
| 宾夕法尼亚州立大学（Pennsylvania State U.） | 运动机能学 | 1 |
| 康州大学（U. of Connecticut） | 运动机能学 | 1 |
| 亚利桑那州立大学（Arizona State U.） | 运动机能学 | 3 |
| 伊利诺伊大学香槟分校（U. of Illinois Urbana-Champaign） | 运动机能学 | 4 |
| 马里兰大学（U. of Maryland） | 运动机能学 | 5 |
| 马萨诸塞大学安姆斯特分校（U. of Massachusetts-Amherst） | 运动科学 | 6 |
| 印第安纳大学（Indiana U.） | 运动机能学 | 7 |
| 俄勒冈州立大学（Oregon State U.） | 锻炼与运动科学 | 8 |
| 哥伦比亚大学教育学院（Teachers College-Columbia U.） | 生物行为科学 | 8 |
| 南卡罗来纳大学（U. of South Carolina） | 运动科学 | 8 |
| 德州 A&M 大学（Texas A&M U.） | 运动机能学 | 11 |
| 明尼苏达大学（U. of Minnesota） | 运动机能学 | 11 |
| 德州大学奥斯汀分校（U. of Texas-Austin） | 运动机能学 | 13 |
| 佐治亚大学（U. of Georgia-Athens） | 运动机能学 | 14 |
| 休斯敦大学（U. of Houston） | 人体机能表现学 | 15 |

---

① 我国学者王广进等曾对"运动机能学"（kinesiology）概念的渊源、界定进行全面、深入的论述，本文在此不再赘述. 详情请参阅：王广进等，《当代北美体育学科研究动向：从 kinesiology 的使用说起》，载《体育学刊》，2009（4）：13.

② Jerry R. Thomas and T. Gilmour Reeve, "A Review and Evaluation of Doctoral Programs 2000—2004 by the American Academy of Kinesiology and Physical Education", *Quest*, 2006（58）：181.

续表9

| 大学 | 学院 | 排序 |
|---|---|---|
| 伊利诺伊大学芝加哥分校（U. of Illinois-Chicago） | 运动机能学 | 15 |
| 威斯康星大学麦迪逊分校（U. of Wisconsin-Madison） | 运动机能学 | 15 |
| 密歇根州立大学（Michigan State U.） | 运动机能学 | 18 |
| 密歇根大学（U. of Michigan） | 运动机能学 | 18 |
| 爱荷华州立大学（Iowa State U.） | 人体机能表现学 | 20 |
| 路易斯安那州立大学（Louisiana State U.） | 运动机能学 | 21 |
| 俄亥俄州立大学（Ohio State U.） | 体育活动与教育机构 | 22 |
| 西弗吉尼亚大学（West Virginia University） | 体育 | 22 |
| 普渡大学（Purdue U.） | 运动机能学 | 24 |
| 北卡罗来纳大学格林波若分校（U. of North Carolina-Greensboro） | 锻炼与运动科学 | 24 |
| 俄克拉荷马大学（U. of Oklahoma） | 运动科学 | 26 |
| 犹他大学（U. of Utah） | 锻炼与运动科学 | 26 |
| 奥本大学（Auburn U.） | 人体机能表现学 | 28 |
| 德州女子大学（Texas Woman's U.） | 运动机能学 | 29 |
| 密西西比大学（U. of Mississippi） | 运动科学 | 30 |

表9显示，运动机能学占有绝对的主要位置，其次是人体机能表现学和运动科学。除此之外，Judith Rink 和 Gilmour Reeve 等学者也认为："运动机能学已经成为体育科学新的学术核心。"[①] 那么，体育、运动科学和运动机能学有何区别？从整体上看，以"体育"为核心的学科体系是以体育教学（pedagogy）和运动技能（motor skill）为主，目的是培养体育师资；以"运动科学"为核心的学科体系是以生理学、解剖学等自然科学为主，目的是培养体育科研人员；运动技能学是以多种形式身体活动的研究为主，关注的焦点是如何提高人体的机能表现。

相比之下可以看出，与以前的学科核心相比，"运动机能学"的研究对象与内容出现了明显的泛化，"所有身体活动相关的日常起居、工作、运动、舞蹈、玩耍等，以及儿童、老年人、残疾人、伤病者、运动员等所有人群都成为运动机

---

① 王广进等，《当代北美体育学科研究动向：从 kinesiology 的使用说起》，载《体育学刊》，2009（4）：13。

能学的研究对象"。① 这种泛化也引起了美国学者的关注,如学者 Roberta Rikli 认为:"运动机能学已经失去了在学术上作为统一研究领域的整体性与集中性。"② Karl M Newell 认为:"运动机能学的理念已经使体育学科的研究领域呈现出多线程发展的趋势。"③ 因此,学科核心向"运动机能学"的转变实际上是学科核心弱化、泛化的具体表现。尽管我们还不能对这种趋势产生原因进行全面的解析,但可以肯定的是,体育思想与美国体育整体上的多元化趋势在一定程度上引发了学科核心的弱化与泛化。

(三) 研究领域

随着学术派思想的发展,体育学科的研究领域从教育学、生理学、卫生学扩展到人文学、社会学等多个领域。根据美国著名学者福瑞曼(William Freeman)的理论,美国体育学科现有的相关研究可以分为以下九个领域④。

1. 体育史(sport history)

20 世纪 50 年代以来,体育史的研究范式没有显著的变化,它关注的问题始终是有关人类体育实践过程中的 who、what、where、when、why 和 how 的问题。与其他人文学科相比,它的特点是由于共同的科学研究方法与不同的哲学基础,造成体育史研究在个体上自洽的同时,各研究之间却往往互相矛盾。

2. 体育哲学(sport philosophy)

如前文所述,20 世纪 60 年代后,体育哲学研究掀起了新的热潮。与"新体育"时期相比,研究在目标和主题上都进入了新的高度。首先,William Harper 认为当代体育哲学的研究目标有三个:发现有什么要知道(discover what there is to know)、对体育实践的指引(guide practical action)、更深刻的认识(deeper understanding)。⑤ 其次,Scott 认为当代体育哲学的研究主题主要集中在五个方面:一是形而上学的问题,即有关体育事务的本源问题;二是认识论的问题,即在体育领域中我们究竟需要知道什么;三是价值论的问题,即我们应该如何评断

---

① 王广进等,《当代北美体育学科研究动向:从 kinesiology 的使用说起》,载《体育学刊》,2009(4):13.
② Roberta Rikli, Kinesiology - A "Homeless" field: addressing organization and leadership needs [C] // USA: The Fortieth Amy Morris Homans Commemorative Lecture, 2006.
③ Karl M Newell, "Kinesiology: Challenges of Multiple Agendas", *Quest*, 2007(59): 5-24.
④ William H. Freeman, *Physical Education, Exercise, and sport science in a Changing Society* (Seventh Edition), Jones & Bartlett Learning, 2011: 45.
⑤ William Harper, *The Philosophical Perspective, In Foundations Of Physical Education: A Scientific Approach*, Boston, Houghton Mifflin, 1978: 45-46.

体育事务的价值;四是伦理的问题,即体育中什么是好的;五是美学问题,即体育中什么是美的。① 在体育哲学的研究方法上,一些学者认为体育哲学没有统一的研究方法,如 Harold Vander Zwaag, Thomas Sheehan 等一些学者认为:"由于体育现象在本质上的高度离散性,所以没有哪个研究方法能应用于所有体育哲学的研究。"② 另一些学者则不同意这种观点,认为体育哲学的研究方法有"归纳法、感知法、推演法"。③

3. 人文体育学（sport humanities）④

人文体育学是一个新的研究领域,它属于体育研究领域中的艺术（fine arts）范畴。⑤ 至今,人文体育学只是作为体育研究中的一个重要领域,还没有像体育史或体育哲学一样,被明确地列为学科分支。在此研究领域中的权威学者 Robert Pestolesi 和 Cindi Baker 认为:"人文体育学的研究对象是体育文学和体育艺术,体育艺术又包括体育相关的雕塑、舞蹈和音乐。此类研究是基于全人教育的最终诉求,站在人类文化的层面,探索体育运动中人文与艺术的广泛联系与影响。"⑥ 由此可以看出,促使此类研究产生的主要原因是在人文的视野下,体育与文学、艺术的结合日益密切。Bandy 在 1988 年写道:"只有在近二十年来,体育（sport）的创新性和艺术性才被学者们认识到。之前的研究只是关注于生化、生理、社会认知方面。"⑦ 人文体育的研究方法分成两个方面：在体育文学方面,主要的研究方法是对文献资料的归纳、分析,与体育哲学的研究方法类似；在体育艺术方面主要有两种方法,一是主观阐释,类似于体育史和体育哲学的研究方法,另一种是有别于学术研究方法的展示,是指人们通过艺术表现的形式表达自己的认识和态度。

4. 体育社会学（sport sociology）

体育社会学研究的主要发起者威廉姆斯在他的著作《体育原理》（第 3 版）中,首次论及"美国当今文化中的一些社会学方面是与身体教育紧密相连的。

---

① R. Scott Kretchmar, *Practical Philosophical of Sport*, Champaign, IL: Human Kinetics, 1994: 16-17.
② Harold Vander Zwaag, Thomas Sheehan, *Introduction to Sport Studies: From the Classroom to the Ball Park*, Dubuque, IA: Brown, 1978: 142.
③ R. Scott Kretchmar, *Practical Philosophical of Sport*. Champaign, IL: Human Kinetics, 1994: 4-5.
④ 英文"sport humanities"的字面意思直译应该是"体育人文学"或"运动人文学"。但由于"体育人文学"在我国体育学术研究惯例中是指由体育哲学、体育美学等组成的综合性学科体系,与美国学者有关"sport humanities"的研究存在显著的区别,因此本文使用"人文体育学"的称谓以示区别.
⑤ William H. Freeman, *Physical Education, Exercise, and sport science in a Changing Society* (Seventh Edition), Jones & Bartlett Learning, 2011: 48.
⑥ Robert A. Pestolesi, and Cindi Baker, *The Humanities in Physical Education*, Introduction to Physical Education: A contemporary careers approach, Glenview, IL, 1990: 106.
⑦ Susan Bandy, *Coroebus Triumpbs: The alliance of sport and the arts*, San Diego State University: 4.

……美国体育（sport）反映美国社会生活，并且与其他社会动力一起改变着美国人的生活"①。可惜的是，威廉姆斯及其他同时代的学者并没有尝试把他们的研究延伸到实践层面。为此做出开创性努力的是普渡大学的 Charles Cowell。1960年，Cowell 发表了 Test of ability to recognize the operation of certain principles important to physical education② 等一系列文章，开创了实验法研究的先河。如今，经过半个世纪的发展，体育社会学在理论和实践层面都有深入的发展。在整体上，它关注的是随着人类文明的发展与变革、社会与体育之间的互动；在具体层面，它关注的是作为个体或群体的人在体育实践中的个体或群体社会行为。美国著名体育社会学家 Coakley 认为："体育社会学是研究社会关系和社会经历是如何影响个体或群体的人的体育参与行为，以及特定的社会形态如何导致特定的体育行为。"③ 在研究内容上，著名的北美体育社会学协会（North American Society for the Sociology of Sport，NASSS）认为，体育社会学的研究方向应该紧紧围绕体育心理学、生物力学和运动生理学。④但一些学者认为研究体育社会学内容有七个："一是在社会接受的前提下，通过体育参与的情感宣泄；二是通过体育参与获得身份肯定；三是通过体育达到社会控制；四是通过体育实现人的社会化；五是通过体育推动社会变革；六是通过体育发展集体主义；七是通过体育体验成功。"⑤ 在研究方法层面，根据美国体育学者的惯例，体育社会学研究分为规范的和不规范的两种。规范化研究方法来源于自然科学模式，倾向于定量研究；不规范研究起源于批判理论，倾向于无价值预设的比较研究。

5. 体育心理学（sport psychology）

近半个世纪以来，体育心理学研究越来越受到重视，尤其是在高水平运动员的运动表现方面。除此之外，它还被应用于一般体育教学中的动作学习方面。近些年，两个新的研究领域是健康心理学（health psychology）和社会运动心理学（socio-psychological sports studies）。健康心理学的研究目的有两个：①帮助运动员治疗心理疾病；②帮助普通人享受运动带来的乐趣。社会心理学主要研究社会环境对心理的影响；社会运动心理学的研究目的主要是发现社会环境对运动表现

---

① Williams, The principles of physical education, W. B. Saunders Company, 1938：121, 155.
② Charles C. Cowell, "Test of Ability to Recognize the Operation of Certain Principles Important to Physical Education", *Research Quarterly of the American Association for Health，Physical Education，& Recreation*，1962（3）：376 – 380.
③ Jay. J Coakley, *Sport in Society：Issue and Controversies*, 4 th ed. St. Louis, MO：Times Mirror, 1990：2.
④ http：//nasss. org/about/about-nasss/.
⑤ Wilkerson, Martha, Richard Dodder, "What does Sports do for People?" *JOPER*, 1979（2）：50 – 51.

的影响，进入21世纪后，此类研究逐渐弱化。在研究方法上，体育心理学主要继承了心理学的方法论。

6. 动作行为（motor behavior）

此类研究的权威学者 Michael Wade 认为它应该是一个分支学科，目标是"分析、发现人类动作技能是如何形成的。它分为三个子目标：一是运动控制——我们怎样控制和协调我们的身体；二是动作学习——我们是怎样学习的，以及影响学习的因素；三是动作发展——技能是怎样形成并随时间而变化。其中，动作发展和动作学习都是关于运动技能的研究，区别是前者关注的是'我们能够做什么'，而后者关注的是'我们能够成功地做什么'"。① 自20世纪60年代以来，动作学习的研究手段越来越复杂，20世纪70年代的主要研究方法为实验法，然而随着新的运动神经生理学理论的出现，研究方法趋同于调查研究。

7. 运动生物力学（biomechanics）

运动生物力学是从运动机能学的传统学科中演化出来，研究焦点是发现并控制对运动中的人体产生影响和制约的诸多因素。比较而言，运动机能学是一个更宽广的研究领域，它包括以身体成分研究为主的解剖学和运动法则研究为主的机械力学，而运动生物力学的研究则更偏重于后者，因此，有学者也将运动生物力学解释为"人体机能力学"。② 简言之，运动生物力学的研究目标是如何将生理知识运用到实际当中去。Peter Cavanaugh 把运动生物力学的研究内容界定为七个：①动作测量（measurement of motion）；②数据辨析（errors in data collection）；③运动力学分析（kinematic analysis）；④影响运动的内外因素分析（kinetic analysis）；⑤身体参数（body segment parameters）；⑥建模（modeling and simulation）；⑦仪器分析（analysis of sport equipment）。③ Atwater 认为此类研究的未来趋势主要集中在三个方面：①机能力学层面的产生和控制；②对刺激的不同生理适应；③生物力学对损伤的预防。④ 在研究方法层面，Ann Carr 认为运动生物力学的研究方法主要有七个：①影像术（cinematography）；②闪光测频法

---

① Michael Wade, *Motor Behavior*. In Physical Education and Kinesisology in North American: Professional and Scholarly, Champaign, IL: Stipes. 1994: 151 - 154.

② Marion Alexander, *Biomechanics: The Mechanics of Human Motion*, In Physical Education and Kinesiology In North American: Professional and Scholarly Foundations, Champaign, 1994: 237 - 239 IL: Stipes and Gensemer, Phsycial Education, 138.

③ Peter Cavanaugh, *Biomechanics of Sport: The State of the Art*, In Perspectives on the Academic Discipline of Physical Education, Champaign, IL, 1981: 137 - 157.

④ Anne Atwater, "Biomechanics: An interdisciplinary Science", *Academy Papers*, 1991 (24): 5 - 14.

(stroboscopy)；③力量平台研究（force platform studies）；④电相位变化测量（electrogoniometry）；⑤机电描述法（electromygraphy）；⑥遥感测量（telemetry）；⑦电脑分析（computer-based studies）。①

8. 运动生理学（exercise physiology）

此类研究关注的是运动中身体的反应和功能。基于身体适应于训练的原则，运动生理学的根本目标就是如何增强训练效果。运动生理学包括肌肉的功能和收缩机制、运动中神经系统的工作机制、运动中呼吸系统工作机制、运动中的心血管系统工作机制。从 CIP 目录的变革中可以看出来，运动生理学研究领域中增长最快的是运动医学类研究。此类研究的主题是预防和治疗运动损伤，在此基础上，运动生理学也涉及适应体育教育或精神、身体有残疾的人的体育活动。John 和 White 认为运动生理学的研究内容主要有九个：①运动中酶的作用；②氧动力学；③无氧域；④身体锻炼效率；⑤影响运动技能的因素；⑥环境对运动技能的影响；⑦肌肉的疲劳和恢复的机制；⑧身体适应调节机制；⑨康复机制。② 在研究方法方面，此类研究主要借鉴化学方法。

9. 运动教育学（movement pedagogy）

与这个词语相类似的还有 "sport pedagogy" 和 "physical pedagogy"。如前所述，Locke 在和 Henny 的争论中首次提出了 "physical pedagogy" 的概念。20世纪 90 年代后期，运动教育学逐渐从体育教育（physical education）中独立出来，成为一个新的研究领域。"它和体育教育的区别是，体育教育基本上是以学校体育为主，而运动教育学的研究范畴则更加广泛，包括体育技能传授的内容、过程、结果，以及体适能、社区锻炼、俱乐部等所有与体育和运动相关的事物。……它的基本议题有五个：教师行为、学生行为、教师的有效性、教师议题和课程设置。"③ 简而言之，运动教育学最大的特点是它主要关注运动技能的教和学。在研究方法方面，运动教育学主要借鉴了动作学习和动作技能学习的方法。Stephen 在其专著《体育教学研究》（*Research on the Teaching in Physical*

---

① Ann Carr, *In Foundations of Physcial Education: A Scientific Approach*, Boston: Houghton Mifflin, 1978: 103 - 129.
② John A. Faulkner, White Timothy, *Current and Future Topics in Exercise Physiology*, IL: Human Kinetics. 1981: 76 - 89.
③ Daryl Siedentop, *Introduction to Physical Education, Fitness, and Sport*, 7th ed., New York: McGrew - Hill, 2009: 366.

Education)①中对这两种运动方法的具体运用和区别有详细的论述。

把上述体育学术研究领域划分与曾经出现的12分法、10分法、7分法相比可以看出,多元化思想对体育学术研究领域的发展起到了直接的影响。一方面,体育史学、体育哲学、体育生理学、心理学、社会学等传统学术研究不但没有弱化,而且均出现了不同程度的发展与演化;另一方面,出现了一个新的研究领域——人文体育学(sport humanities),从其研究目的、对象与内容中可以看出,此类研究是体育价值理性思想在学术研究中的具体表现,它剥离了体育的政治、经济等外在功能,直接探求体育与人性的契合及其在人性解放与发展中的功能与价值,代表了美国体育思想演化的新方向。

### (四) 专业设置

通过以上考察可以看出,健康理念、学术理念等体育思想的转变引发了美国体育学科模式、核心与研究领域的变革。显然,作为体育学科体系的基础,体育专业的设置必然也会随之发生变革,美国教育部公布的学科专业目录(classification of instructional programs, CIP)为我们提供了探索20世纪70年代以来体育学科专业设置变革历程的依据。

CIP目录是由美国教育部通过对全国所有高等教育机构专业设置的收集整理,向社会公布的美国高等教育一级学科、二级学科与具体专业设置总录。至今,该目录分别于1985年、1990年和2000年公布过三次,分别是CIP-1985、CIP-1990、CIP-2000。这三个目录客观、全面反映了三个时期的美国学科与专业设置情况及其变化发展趋势。该目录与我国教育部1998年颁布《普通高等学校本科专业目录》(下文简称《目录》)相似,不同的是,我国的《目录》是由上而下的指导性文件,每所大学的学科与专业设置需按此目录执行,而美国的CIP则是由下而上的统计结果,仅反映学科设置现状。我国学者杨波、杨文轩等曾对CIP-2000中有关体育专业的学科设置进行描述,以期反映美国体育学科发展的现状。② 本研究拟从三个CIP的分析中得出20世纪80年代以来美国有关体育专业学科设置发展的整体态势。根据目录中对每个专业的解释,属于体育相关的学科与专业设置如下所述③。

---

① Stephen Silverman, Research on the Teaching in Physical Education, *Research Quarterly for Exercise and Sport*, 1991 (62): 352 – 364.
② 杨波、杨文轩等,《美国体育学科发展历程及现状》,载《体育学刊》2007 (10): 119.
③ 根据CIP目录中对每个专业的解释,把体育有关的专业挑选出来. 文中仅列出专业数及其所属一级学科,具体的二级学科归属及名称请参见附录3.

在 CIP-1985 中，属于体育相关的专业共有 12 个，分布在 6 个一级学科中；在 CIP-1990 中，属于体育相关的专业有 34 个，分布在 9 个一级学科中；CIP-2000 中与体育相关的专业有 47 个，分布在 10 个一级学科中。上述三个目录中学科专业设置的整体比较与发展趋势如图 9 所示。

图 9 中，涉及体育的学科和专业整体上呈显著的上升趋势：一级学科从 6 个发展到 10 个，二级学科从 0 个发展到 21 个，专业由 12 个发展到 49 个。

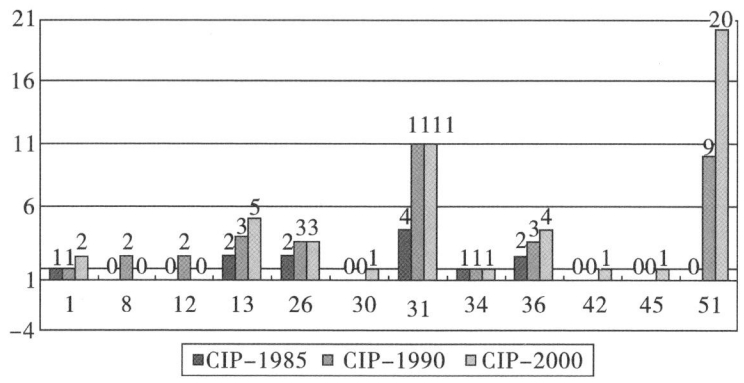

图 9 基于 CIP 的美国体育专业发展

注：图中数据来源于 CIP 目录。图中坐标纵轴数字代表具体专业的数量，横轴数字代表一级学科代码。

在具体层面，通过对 CIP-1985、CIP-1990、CIP-2000 中相关学科和专业设置的比较，发现变化主要体现在以下三个方面：

（1）CIP-1985 中体育相关专业不仅数量少（只有 CIP-1990 数量的大约 1/3 和 CIP-2000 的 1/4），而且专业名称也非常笼统、模糊，如大多专业名称后面都有"一般（Gen.）"。另外，所有具体相关专业直接下设在一级学科中，没有设置二级学科。然而，在 CIP-1990 和 CIP-2000 中，不但每个专业的名称和注解都非常清晰，而且增设了处于一级学科和具体专业之间的二级学科。

（2）在增加的学科与专业中，CIP-1990 与 CIP-1985 相比，新增的一级学科有 3 个，分别是市场营销（学科代码 08）、个人服务业（学科代码 12）和健康职业与相关科学（学科代码 51）。新增的具体专业有 22 个，数量最多的是健康职业与相关科学（学科代码 51），由 0 个增至 9 个，其次是运动场、娱乐休闲与体适能研究（学科代码 31），由 4 个增至 10 个；CIP-2000 与 CIP-1990 相比，新增的一级学科有 3 个，分别是多学科/跨学科研究类（学科代码 30）、心理学（学科代码 42）、社会科学（学科代码 45）。在新增的 14 个具体专业中，发展速

度最快的仍然是健康职业与相关科学（学科代码51），具体专业数量由9个增至20个，不同的是，这次新增的健康类专业以注重精神修养的东方传统养身为主，如古印度身体练习术和灵气修炼等。显然，这与普通健康理念中对"灵性"的提出和强调形成了契合。

（3）在减少的学科与专业中，CIP-1990与CIP-1985相比，没有减少任何学科或专业。CIP-2000和CIP-1990相比，减少发生在3个一级学科中，分别是市场营销（学科代码08）、个人服务业（学科代码12）和运动场、娱乐休闲与体适能研究（学科代码31）。其中，从一级学科层面直接取消的是市场营销（学科代码8）、个人服务业（学科代码12），其下属的3个体育相关专业全部被取消，仅在专业层面减少的是公园、娱乐休闲与体适能研究（学科代码31），被取消的专业是运动社会心理学研究（专业代码31.0506）。

从上述考察中可以看出，1985年以前，美国体育学科与专业设置非常不成熟，但自20世纪80年代末起，美国体育学科与专业设置有了巨大的发展，不但形成了完整的一级、二级学科体系，而且具体专业的数量也增加了近两倍。其中，新增专业以体育市场营销和健康职业类为主，占总增加专业数量的50%以上。1990年以后，体育学科和专业在整体上继续保持增长趋势的同时，体育市场营销类专业受到大幅削减，另外，所增加的健康类专业多以注重精神修习的东方传统健身类项目为主，从这些变化中不难看出美国学者体育思想的发展。首先，健康类专业的持续发展，体现了美国体育思想以新体质派学说为主流理念的态势；其次，游戏与运动裁判服务等具有显著职业化倾向的专业在90年代被设立后又被取消，反映了学术派学说逐渐成为主流思想的发展态势；最后，东方传统身体文化的引入则充分体现了美国体育思想与美国体育多元化的整体趋势。

（五）师资标准

基于体育思想的转变，各专业领域都发生了明显的发展与变化。其中最为显著的是体育师范专业，具体表现为体育师资标准的制定与实施。沙金特等学者在19世纪末提出了国家体育师资标准化的构想，终于在21世纪初被实现。

2001年，NASPE出台了全美第一部针对美国体育师资专业的《体育师范专业本科标准》和《体育师范专业硕士标准》。该标准具体细则的制定与实施由美国国家师范教育资格认证协会（National Council for Accreditation of Teacher Education，NCATE）负责。其法律依据是1994年3月由美国国会颁布的《目标2000：美国教育法案》（*Goals 2000: Education America Act*）。根据该法案，美国于1995年颁布了针对中小学（12年级以下）体育国家标准：《走向未来：国家体育：内容和评价指南》（*Moving Into the Future：National Standards for Physical Education：A Guide to Content and Assessment*）。针对美国体育本科、硕士的师资标准在该指南的基础上形成。

根据1994年的教育法案和1995年的指南，美国体育本科、硕士师资标准的根本目标被确定为以下七个：①能够示范多种运动方式并精通几项运动项目；②在运动技术的学习和发展中能够运用基本的概念与原理；③具有积极运动的生活方法；④具有达到并保持健康体质的能力；⑤在各种运动环境中能够表现出负责任的个人与社会行为；⑥能够理解和尊重人们在运动环境中表现出的差异；⑦能够懂得并创造运动所带来的快乐、自我挑战与展现以及社交的机会。① 在具体细则方面，本科师资标准由十大类构成，分别是内容知识、成长与发展、学生多样性、管理和激励、交流、计划与教学、学生评价、反省、技术、合作；硕士师资标准由八大类构成，分别是内容知识，课程知识，公正、公平与多样性，优质的教学实践，评价，对形成积极参与身体活动的生活方式的高度期望，研究方法，合作、反省、领导才能与专业化。②

大学本科、硕士体育师资标准的颁布，结束了美国体育师资专业没有统一国家标准的局面，体现了体育教育在专业体育分化过程中的职业化倾向，以及政府对体育教育领域的关注与干预。

综上所述，基于体育思想的发展与转变，美国体育专业自20世纪中叶以来发生了以多元化为主要特征的变革，具体表现在五个方面：①学科模式方面，受学术派学说的影响，美国体育学科从单一的师资培训模式，发展为体育师资与科研人员培养多元并重的模式；②在学科核心方面，受多元化思想的影响，美国体育学科核心从体育教育演化为运动科学后又转变为运动机能学，呈现明显的泛化趋势；③在研究领域方面，经历了七分法、十二分法、十分法之后，最新的主流观点是福瑞曼（William Freeman）的九分法，特征是在传统研究领域不断发展的同时，出现了以体育本体价值追求为目标的新的研究领域；④在专业设置方面，基于体育思想向健康方向的偏重及多元化趋势，在健康相关类专业保持了持续增长势头的同时，以东方身体文化为核心的专业开始广泛出现；⑤在体育师资方面，基于教育法案和国家体育标准的出台，首次颁布了国家体育本科、硕士师资标准。

---

① NBPTS. Physical Education Standards，Soutfield，MI，：NBPTS.
② 人民教育出版社课程教材研究所编译，《美国学校体育国家标准研究》，人民教育出版社，2007：147-200.

## 三、竞技运动与职业体育

20世纪50年代以来,对校际竞技运动发展与变革影响最大的是联邦教育法案第九条款的颁布和NCAA的一系列改革措施,从中可以看出校际竞技运动批判学说在相关变革中的影响和作用。

### (一) 第九条款(Title IX)引发的相关变革

尽管自从20世纪50年代开始,一些学者就注意到大学女生在校际竞技运动中的弱势地位并提出建议,但始终没有收到实质性效果。例如俄亥俄州立大学的帕尔玛(Gladys Palmer)曾于1941年提出仿效NCAA的模式,建立一个女子校际竞技运动联盟,以改善女生在校际竞赛中的不公正地位,但遭到了NCAA以及全国大学女生体育主任协会的强烈反对。[①] 1972年7月23日,美国国会通过的教育法案第九条款终于使情况得到显著改善。第九条款规定:"在美国,任何人都不得因其性别被排除在接受联邦资助的任何教育或活动计划之外,被剥夺此类计划或活动应有的待遇,或受到歧视。"

虽然第九条款没有直接涉及体育或运动,但根据该条款的要求,学校不仅要在学业方面保证男女平等,而且在有关体育和运动的奖学金、运动装备、体育设施和提供教练等方面都要做到平等,否则就会被取消联邦财政支持。在第九条款通过前的1971年,美国参加大学校际体育竞赛的男女比例几乎是6:1(男生有17万人,女生只有3万人),每个大学平均只有2.5个女子运动队,但在2002年,这两个数字分别变成了4:3(男生20.9万人,女生15.1万人)和8.25个。受第九条款影响最大的项目是足球,20世纪70年代以前,美国女生踢足球的很少,到1980年美国中小学和大学女生踢足球的就有了90万人,1985年达到150万,到1995年达到300万。时至今日,在所有踢足球的青少年中,女生的数量超过了一半。高中女生在校队踢球的从1976年的1万人增加到2000年的27万人,大学女足校队则从1981年的77支增加到1990年318支,到1999年,NCAA的学校77%有自己的女足校队,达到790支。[②]

至今,第九条款已经颁布四十多年。在此期间,曾发生过数十次相关的法律

---

[①] Record of the 1941 Conference of the National Association of Directors of Physical education for College Women, Northfield, Minnesota: Mohn Printing Company, 1941: 42-43.
[②] http://en.wikipedia.org/wiki/Title_IX#Commission_on_Opportunity_in_Athletics,第九条款对竞技运动的影响。

诉讼，最大的一次还惊动了最高法院。这些诉讼不但没有削弱第九条款的权威性，而且还使其适用范围扩大到接受联邦经费支持的私立学校，只要有学生享受了联邦资助的奖学金的私立学校都要签署遵守第九条款的《保证书》。但总的来说，美国学校体育运动的性别差异并没有完全消除："今天，NCAA 中的 346 所第一级别学校（Division I）入学女生占 53%，但是参加校际比赛的女运动员只占 41%，她们得到的体育奖学金占 43%，经费只有 36%。"[1]

### （二）全国大学校际竞技联盟（NCAA）引发的相关变革

NCAA 是美国体育联盟中规模与影响力最大的体育组织，主要负责其联盟内大学的校际竞赛组织与运营。自 1906 年成立以来，NCAA 都始终自称"把学生运动员的学业放在第一位……所有 NCAA 的领导者都始终坚信，校际竞技运动的参与是高等教育不可或缺的组成部分，也是课堂学习所不能代替的。所有的学生运动员都必须首先是学生。所有 NCAA 改革的核心目标都是加强学生运动员和高等教育之间的关联性"[2]。

基于 NCAA 对校际竞技运动价值与功能的阐述，以及博文、TDG 等学者和机构对校际竞技运动的质疑与批判，自 20 世纪 80 年代以来，NCAA 颁布了一系列改革措施，以解决校际联赛存在的商业化等诸多问题，促进校际竞技运动的教育价值。[3]

从 NCAA 的改革历程中可以看出两点：一是有些改革措施违背了改革的目标。例如 1992 年的"浮动模式"实际上使学生运动员的学术资格标准被降低了，因为学生可以在实际录取前提前拿到学分，以便在大学中有更多的时间参加比赛；二是大多改革措施仅仅停留在"建议"层面。例如 1983 年至 2002 年期间制定的有关运动员 GPA、SAT 成绩的规定都没有针对性的处罚条例。NCAA 在校际竞赛改革方面的消极态度自然引起了学者和相关机构的广泛批评，如前文所述，TDG 明确表示"改革不可能通过 NCAA 来实现，因为它才是最需要改革的对象。"

通过对上述两类有关大学校际竞技运动改革的比较可以看出，相对于公共体

---

[1] Bill Finley with Brandon Lilly, "St. John's Cites Fairness in Cutting 5 Men's Teams," New York Times, 2002, 14: 5.
[2] http://www.ncaa.org/wps/wcm/connect/public/NCAA/Academics/academics + history.
[3] 源自 NCAA 官方网站，改革措施的具体内容请参见附录2。

育和专业体育,体育思想与学说对校际竞技运动变革的影响不大,其效力远不如政府相关政策(第九条款)的颁布。

(三) 职业体育

美国职业体育最早可追溯到 19 世纪初。纽约品种发展协会(The New York Association for the Improvement of the Breed,NYAIB),是第一个通过出售公司股票和门票来维持协会运营的体育组织。显然,这样的做法超出了这个时代人们的理念,越来越多的观众认为这种经营模式是一种欺骗行为,导致该协会于 1830 年左右倒闭。① 1870 年,美国棒球联盟的成立,是美国职业体育的第二次尝试。但在很长一段时间里,职业棒球没有获得一般大众的支持,各种商业赞助也时断时续,很难有一个球队能坚持两个赛季。总的来说,直至 20 世纪中叶,职业体育还没有得到真正发展。原因是相比于花钱去体育馆看比赛,人们更喜欢身体力行地去参与各种运动项目。同时,奥林匹克运动对职业体育的排斥,也使职业体育失去了政府的支持。

20 世纪中叶,职业体育开始在美国社会中流行开来。1968 年在福里斯特希尔(Forest Hill)举办的第一届美国网球公开赛(U. S. Open Tennis Tournament),受到了各种媒体的关注,职业选手与业余选手间的较量成为人们喜闻乐道的话题。战争与冷战给人们心理、生理上带来的创伤,也需要一种社会认可的渠道来发泄。政府开始主动投资公共体育场,让更多人到体育场来观看比赛。硬件设施的改善促使了职业运动队的迅速增加。传统的职业棒球从 2 个协会、每个协会 8 个队伍,增加至 4 个分会、每个分会 6 个队伍;职业橄榄球联赛则从 12 个队发展至 16 个队;职业冰球联盟从 6 个队增至 12 个队;职业篮球联盟从 9 个队增至 14 个队。

美国职业体育在这一时期的迅速发展除了得益于政府的引导,还有整个社会的发展,如人口与大型城市的增加、公共交通基础设施的发展。但更重要的原因是媒体的介入。竞赛转播权的出售,使职业体育俱乐部乃至大学的校际联赛有了大笔收入。如 1967—1968 年的职业与大学生橄榄球联赛的转播权,共卖出了 5500 万美元,比上一年增加 600 万美元。② 这些大量资金的涌入,在提高运动员

---

① Lisa Pike Masteralexis, Carol A Barr, Mary A Hums. *Principles and Practice of Sport Management*, Jones & Bartlett Publishers (2nd edition), 2004.
② Cost of Football is Going Up, Broadcasting, 12 August 1968: 23.

薪金的同时，也使很多体育教练成为商人。

针对职业体育在这一时期的迅速发展，美国体育学者表现出异于常人的冷静与批判精神。早在 1915 年，就有学者提出："职业体育使观众狂热病泛滥全国。"① Jay Nash 在 1932 年出版的《狂热病》（Spectatoritis）中也明确指出同样的问题。进入 60 年代，学者们担心的事情更加严重，到体育场观看比赛的人数与日俱增，而彩色电视的出现更加助长了体育狂热观众的激增。但是也有学者提出不同观点，认为职业体育的发展激发了美国人的体育锻炼热情，人们在亲身参加体育运动方面的花费是观看比赛的 10 倍。② 美国户外休闲资源调查委员会（Outdoor Recreation Resources Review Commission，ORRRC）的数据同样表明，1960 年至 1965 年期间，参加户外体育活动的美国人增加了近五成。③

## 第四节 美国体育的特征

通过上述考察可以看出，自 20 世纪 50 年代以来，美国体育经历了诸多变革。有的变革表现出明显的进步性，如公共体育的目标在体育思想的引导下，从体质健康转变为对生活方式的关注，重点也从目标转向了过程；有的变革则无法进行简单的价值判断，如体育学科核心的泛化、政府意志在变革中的凸显；有些变革则阻力重重，如经过近三十年的努力，校际竞技运动在学术层面的变革几乎没有明显的实质性进展。尽管如此，这些变革仍然表现出以下几个方面的共同特征。

### 一、多元化

如前文所述，在 19 世纪下半叶美国体育体系形成过程中，一个显著的特征就是多样化，显然，这种"多样化"与 20 世纪下半叶美国体育变革的"多元化"是不同的。多样化时期，德式、瑞典、新体操等流派看似各有千秋，但这些学说在根本上都以体质健康为核心，以形式化练习为手段，因此，此时的多样化看似多，实为寡。然而，20 世纪下半叶的多元化却是内外一致的多元。具体表现在以下三个层面。

---

① Richard H. Edward, Christianity and Amusement, New York, Association Press, 1915: 14.
② Robert H. Boyle, The New Wave in Sports, Sports Illustrated, 1964, 21 (12): 41.
③ ORRRC, Outdoor Recreation Trends, Washington, D. C.: U. S. Government Printing Office, 1967: 7.

在哲学层面，专业教育理念和通识教育理念在美国体育中形成融合发展的局面。由前文的论述可知，无论在美国体育的哪个领域，强调专业教育或强调通识教育的思想始终影响着变革的方向。然而，自新体质派开始，二者的对立性开始逐渐弱化。尤其是20世纪90年代以来，出现了大学公共体育必修课比例和专业体育体系共同发展的态势。此外，大学公共体育的侧重点也逐渐从目标转向过程，这使得有关体育的目标究竟是"健康"还是"教育"的争论自然消弭，因为无论是健康、教育，抑或是技能学习等所有目标，都融入体育运动的过程，同样的体育运动，在不同的个体经验中，呈现出无穷多的可能，进而实现了把人的个性解放放在首位的新实用主义哲学理念。

在学术层面，体育研究从纵向发展转为横向发展。在20世纪50年代之前的两个阶段，有关体育的研究始终保持在纵向发展的态势。例如19世纪中至19世纪末，体育研究主要沿着体质健康的方向发展；19世纪末至20世纪中，体育研究主要沿着社会化教育方向发展。但20世纪50年代以后，随着学术派学说的兴起，体育专业研究从教育转为学术。以体现人的社会价值为目的的体育教育研究，被体现个人价值为目的的自然科学研究取代，成为体育专业发展的主题。尽管基于职业化发展的倾向，专业学术研究在80年代初曾经一度出现了向职业化教育集中的态势，但自90年代起，这种纵向发展的趋势再次被遏制。更主要的是，从90年代起，美国体育学术研究甚至试图跳出科学主义的束缚，从东方传统文化中吸取新的动力和养分。

在实践层面，体育运动项目得到极大丰富。通过前文可知，20世纪50年代以前，美国体育要么以体操和个人健身运动为主，要么以球类等团队竞技类运动为主。但自50年代以来，随着个人运动的再次兴起，几乎所有类型的运动项目都成为美国体育组成部分，例如代表外来文化的瑜伽、跆拳道、武术等运动项目也成为主要的运动形式与内容之一。另外，在校际竞技运动方面，女子体育得到了显著的发展，在足球等一些项目上，大学女生的参与人数、女子运动队的数量几乎与男生持平，打破了近两个世纪以来男子运动在校际竞技运动中的绝对地位。

总之，进入50年代之后，美国体育在各个层面都呈现出多元化发展的态势。从历史的经验可以看出，这种多元化的局面既是时代的需求，也是变革之前能量的积蓄。

## 二、反复化

从 20 世纪 50 年代美国体育的变革历程中可以看出，公共体育和专业体育的变革都呈现出明显的反复性。

公共体育方面，50 年代至 60 年代期间，教学目标以体质健康为主，课程内容以个人健身运动为主。但 60 至 70 年代，教学目标以与运动教育为主，课程内容逐渐偏重团队运动。70 年代后，教学目标再次转向体质健康，而课程内容也随之再次偏向个人运动。

专业体育方面，50 年代起，随着新体质派与学术派学说的兴起，体育逐渐从职业教育转向学术研究。但 80 年代左右，体育专业出现了职业化教育的倾向。然而，进入 90 年代后，职前教育专业受到大幅度削减，以健康类专业为主的研究再次成为主流。

值得注意的是，美国体育的上述反复并不是完全的重复性发展，而是一种震荡式发展或螺旋上升的态势。例如在公共体育方面，50 年代的个人体育强调的是个人的体质健康和运动技能的掌握，而 80 年代后的个人体育则强调通过体育运动来实现改进生活方式、完成自我实现的目标。在专业体育方面，与 90 年代的学科与专业设置相比，70 年代的专业体育不论在学科设置还是在专业数量方面，都表现出明显的不足。

## 三、政府化

一直以来，管理上的充分自治和学术上的高度自由都是美国高等教育的主要特征。例如无论是在希区柯克与沙金特时期，还是在"新体育"时期，联邦政府始终没有直接干涉美国体育的变革。同时，"新体育"学者正是通过提倡"教授治校"的途径，实现了制度合法性的重构。然而，自 20 世纪 50 年代以来，在美国体育的一些变革中表现出明显的政府化特征。

首先是美国学校体育于 50 年代对体格健全强调的开始。1955 年，艾森豪威尔总统召集 32 位体育界代表在白宫共进午餐（luncheon）①。次年，成立了总统直辖的青年体格健全委员会（President's Conference Council on Physical Fitness），由副总统担任主席，负责体格健全运动的全面推广。由此，体质健康的理念迅速

---

① "luncheon"特指以情况介绍和专题演讲为主要目的的午宴，与 lunch（午餐）有很大区别。

得到了以 AAHPER 为代表的几乎所有美国体育组织和学者的支持和赞同，甚至没有任何的争论。由威廉姆斯等新体育学者倡导的体育教育论运动，在不到五年的时间里就被强调体质健康的理念所代替。尽管我们无法得知史无前例的白宫午宴和总统直属机构对当时的体育学者具体施加了哪些影响，但可以肯定的是，如果没有政府的特别关注，体格健全运动不可能在如此短的时间内迅速席卷全国。因为即使是第二次世界大战和朝鲜战争，都没有把美国学校体育的目标从"威廉姆斯的教育"转向"麦克乐的健康"。

其次是国家通过财政手段实现对美国体育的影响。根据范达冷的记载："50 年代中期体育生理、解剖等科学化研究的快速发展，很大的原因是因为这些研究可以获得联邦政府的资助。"[1] 另外，由前文的论述可知，第九条款和 NCAA 所制定的政策和措施之所以能得以实施，最主要的原因是政府通过对联邦财政支持的控制，规定如果不执行第九条款或 NCAA 某些政策的学校，必须放弃获得联邦资助的权利。显然，这种策略使政府意志在大多数高等教育机构中得以顺利实施。

综上，与 20 世纪 50 年代之前的变革相比较，政府行为在 50 年代后的美国体育明显增多。从某种意义上看，这种行为对体育的发展起到了积极的作用，如果没有政府资助，体育的科学化学术研究很难取得如今的巨大进展，大学女生也很难在大学竞技运动中摆脱弱势群体的处境。那么，政府的干涉是否也存在一些尚未发现的弊端？例如政府的干涉是否会损害大学的学术自由？主导美国体育变革的学术思想是否会受到禁锢？显然，要回答这些问题，还需要更多的研究。

## 四、边缘化

从近三十年的美国相关文献中可以看出，"边缘化"的主要特征具体表现在以下三个方面。

### （一）体育教育价值的弱化

20 世纪初"新体育"运动后，体育的本质被确定为"通过身体的教育"，即便后来的"新体质派"学者也对此表示认可："因为体育是最能激发个人本能的

---

[1] D. B. Van Dalen, *A World History of Physical Education*, California Prentice-Hall, Inc, 1971：517.

行动，所以应作为民主教育的中心。"[1] 然而，体育学科的发展却导致体育教育价值的弱化。首次提出体育学科"边缘化"的琳达（Linda Bain）认为："针对受教育者的个人解放的探索是体育的根本传统，尽管体育的发展偶尔会偏离这个传统，但学科的强势发展却使这种传统出现了边缘化的危机。"[2]

教育价值弱化的直接危害是体育开始排斥原本属于自己的东西，"舞蹈"首当其冲。自 19 世纪中期以来，美国体育学者普遍把舞蹈作为体育的主要组成部分。但由于学科发展对学术化、科学化的尊崇，舞蹈便由于具有和科学相背离的艺术特性而被无情驱赶："体育学科的发展使舞蹈在体育领域中就像前夫所生的孩子，被学者们可有可无地搁置在研究领域的边缘。"[3]

更为严重的危害是体育的整体价值根基被动摇。现代文明对身心一元论的普遍共识是体育和运动存在的价值根基。而体育学科对纯粹学术的追求，降低了身体与智力、品格在体育领域中的关联性，使人们认为"通过身体的教育"只是体育的低级价值，可以由学历不高、不具备什么学术声誉的体育教师去实现，而体育的高级价值则是那些"价值中立"的、目的是探寻"是什么"而不是"应该是什么"学术活动，必须由拥有博士学位和学术声誉的学者们去实现。在这种理念的影响下，体育教育课程在美国大学中被逐渐削减，一些在美国体育学科具有重要地位的大学开始逐渐以运动机能学（kinesiology）取代历史悠久的体育（physical education）专业。

（二）学科基础理论的混乱

根据美国学者 Gerald S. Kenyon 的观点："任何一类研究要成为学科，必须满足三个条件：清晰的研究对象、特有的研究领域、特定的研究方法。"然而，体育子学科的发展不但没有促使学者们在上述三个方面形成共识，反而加剧了各种

---

[1] 麦克乐，《体育与德漠克拉西》，载《体育与卫生》1924, 3（1）. 转引自中国近代体育史资料，成都体育学院体育史研究所，成都，四川教育出版社，1988：401.
[2] Whiston David, Macintosh D, "The Scientization of Physical Education: Discourses of Performance", Quest：1990：48 – 49.
[3] William H. Freeman, *Physical Education*, *Exercise*, *and sport science in a Changing Society* (Seventh Edition), Jones & Bartlett Learning, 2011：9.

观点的分化。

在研究对象方面,"运动"(sports)是美国体育学者起初的研究对象。尤其是在"中美乒乓外交""莫斯科奥运会抵制事件""慕尼黑奥运会恐怖袭击"等一系列事件后,"运动"更成为美国体育学者乃至整个社会学界研究的对象。但这种情况在1990年开始发生转变。一些学者提出,体育学术研究的本质应该是单纯存在而非有实际应用的知识与理论,以特定价值标准为前提的社会学、教育学研究都不是纯粹的学术研究。这种理念理所当然地引发了有关体育研究对象的争论与分裂。

在研究领域界定方面,尽管美国学者就此从未达成共识,但20世纪90年代以前,有关的争论主要集中在"体育(physical education)和运动(sports)"之间。然而,随着体育学科各个子学科的迅速发展,有关体育研究领域的争论呈现"失焦"的状态。例如时至1989年,美国大学体育院系已有100多个不同的专有名词来表达他们对体育研究领域的界定。①

在研究方法方面,学科运动倡导者们所推崇的自然科学研究范式受到了越来越多的质疑。在学科运动之初,科学化的研究范式为体育研究带来了前所未有的学术声誉和研究资助,但这使得体育研究很快变得"太科技化"(too technocratic)②,就像Scott Kretchmar所指出:"在早期,我们对于研究方法方面的科学化有着过于乐观的看法。事实证明,科学不能解决所有的问题,这不是因为科学的无能,而是因为在科学的研究方法体系中,无法完全了解和预测人类的运动行为。更糟的是,在没有哲学与伦理反思的指引下所做的体育研究将是非常危险的。"③ 尽管不能因此完全否认自然科学研究方法在体育学术研究中的价值,但可以肯定的是,美国体育学科至今并未形成特定的研究方法。

(三)学术与专业发展相背离

随着体育学科的持续发展,学术与各专业间的背离也日益凸显。"从事子学

---

① P. Stamley Brassie, Jack E. Razor, "HPER Unit Names in Higher Education: A View Toward the Future", *JOPERD*, 1989, 60 (7): 33.
② William H. Freeman, *Physical Education, Exercise, and Sport Science in a Changing Society* (Seventh Edition), Jones & Bartlett Learning, 2011: 27.
③ Scott Kretchmar, *Philosophy of Sports*, Champaign IL: Human Kinetics, 1997: 197.

科研究的学者不但无法获得他所期望的学术声誉,也没有对体育研究整体价值的提升做出贡献。"① 一些学者意识到,体育学术发展并没有真正帮助体育的整体价值提升。就像 Frank Rokosz 指出的:"几十年前,体育做出大力发展学术研究的错误决定,因为它试图与生物学和物理学的学术声誉做竞争。这样做的原因,更多的是出自体育研究者复杂的自卑感。现在,我们的专业和整个社会,正在因为这样的错误而付出代价,有关体育的行业标准的建立都是由那些与现实脱节的学者们所建立。"②

Harry King 也表达了类似的担忧,他认为:"学术的强调使体育学者们具有一个特权地位,以方便进入与控制学术的媒体通信、专业期刊、教科书以及各种专业会议,但学者(理论家)的处方往往是未经检验和挑战的。公立学校的教师们拒绝这些学者(理论家)的建议是明智的,因为这些建议往往与体育教师等从业人员的实际状况相脱节。"③

综上,美国体育学科在"多元化"的光环下,不但没有给体育学术研究指出一个明确的整体目标,使其他学术领域能够接受这个方向并做出贡献,反而积极地向其他学术领域靠拢,借由依偎更负盛名的相似学术群体基础上而获得隐含的学术地位。这种发展模式不但削弱了人们对体育学术价值的要求,甚至从整体上降低了体育学科存在的价值和必要性,使体育学科的核心价值呈现"边缘化"的趋势。例如,今天的运动生理学研究与五十年前的运动生理学研究相比,是更"运动"了还是更"生理"了?

## 第五节 体育思想转变对美国体育影响的机制

通过上述考察可以看出,20 世纪 50 年代以来,体育思想领域出现了新体质派、学术派等新的学说体系,这些学说基于对传统体育思想的改造,构建出新的美国体育合理性、合法性体系。然而,由于时间以及学说自身的问题与矛盾,新的学说还没有建立起完整的合理性与合法性体系,因此,在某些方面,新学说对原有的框架只是进行了解构。

---

① Carol Irwin, Frank Pettigraw, "A Look Back to the Future", *Physical Educator*, 1993 (50): 173.
② Frank Rokosz, "Quantifying the Unquantifiable?" *JOPERD*, 1993 (8): 12.
③ Harry King, "Practitioners and the Scholar – theorists: An Uncoordinated Alliance", *JOPERD*, 1990 (3): 34.

## 一、美国体育合理性的重构

### （一）理念合理性

从表面上看，新体质派等学说把理念合理性评价标准重新拉回到希区柯克等学者提出的"健康"，但是，从"健康"理念的比较中可以看出，此时的评价标准与希区柯克时代有显著的区别：在希区柯克等学者的思想中，健康是维持正常生活、学习的必备条件，体育是维护健康的有效途径和手段。而在新体质派学说的理念中，健康是人的理想生存状态，而体育的游戏本质则是这种理想状态的具体体现。这种理念不但超越了希区柯克等学者，也超越了伍德、威廉姆斯等学者，因为在新体育思想中，体育也是一种工具，只不过服务的目标由体质健康变成了为民主社会培养良好公民。这种对体育本体价值的追求在学术领域和校际竞技运动批判性学说中也能看出，学术研究领域中，在生理、生化等传统研究继续保持其地位和重要性的同时，以体育文学和体育艺术为代表的新兴研究领域也迅速崛起，这些研究的核心目标是对体育本体价值的追求。另外，从运动教育学的研究范围由学校体育中的"教与学"扩展到一切人类肢体活动中的"教与学"也可以看出，对体育在特定领域中价值的探索扩展到一般层面。在校际竞技运动理论研究中，学者们关注的视角也从制度转向学术。

综上，与传统学说相比，新学说在理念合理性方面的转变是美国体育体系在具备促进健康、实施教育等功能的同时，也要能够凸显体育的本体价值，能够使体育为人性的自由发展与解放服务。

### （二）内容合理性

在新体育时期，为了达到社会化教育的目的，体育的内容多以组织化的团队竞技运动为主，因为学生们可以通过这些体育运动的参与获得社会经验，为即将到来的民主生活做准备。因此，美国体育内容合理性的判断标准就是社会化教育的有效性和实用性。

新体质派、学术派等学说基于对体育本体价值的追求，在继承了传统学说强调"实用性"的基础上，赋予"实用性"新的含义。在传统学说中，"实用"是指在实现由某一团体制定的目标的过程中的实用；而在新学说看来，"实用"是人在成为他自己的过程中的实用。在这种理念的影响下，所有运动项目的价值都是平等的。因此，美国体育内容合理性经历了以健康为核心的个人运动和以教育为核心的团体运动之后，进入了个人运动、团队运动以及东方养身、健身运动多元并重的阶段。

## （三）形式合理性

新体育思想认为，体育知识的产生和传播方式不能以教师的教授为主，而应该以学生实践经验为主。因此，合理的美国体育教育形式必须以学生为主体，教师为客体。

然而，从20世纪50年代以来美国大学公共体育课程教学的发展与演变现状可以看出，教学主体性问题已不再是一个非此即彼的问题。Sean的研究证实了这个理论："基于学生的学习态度和教学效果的评价，以教师为主体的命令式、以学生主体和共同主体三种教学形式应该根据课程内容的不同随时变化。"[①] 这种变革产生的原因是当体育的价值从工具转向主体后，知识的产生和增长主要依靠体育实践过程中的交流和协商。当教师为主体时，不利于学生个性与创造力的培养；当学生为主体时，不利于学生知识与技能的增长。所以，教师和学生的地位不是孰高孰低，而是在不断的交流与对话中处于一种动态的平衡状态。

## （四）评价合理性

在新体育理念中，合理的美国体育评价体系首先要关注社会化教育的实施，其次是体育技能的掌握，最后是体质健康的促进。对于希区柯克等学者构建的美国体育评价体系而言，新体育学者的评价体系显然更加全面。但总的来说，两种学说的共同特征是都存在一个统一的评价体系。然而，在新学说的理念中，不存在一个统一的评价体系。因为新体质派等学说所强调的体育的本体价值是因人而异的。就健康而言，体育的评价体系开始逐渐从标准化的医学、心理学评价体系中分离出来。以前，体育对健康的评价完全归属于医学和心理学，都是通过一系列客观标准进行指标量化，所有人都要服从一个统一的健康标准。如今，在新学

---

① Sean X. Cai, "College Student Attitude Toward Three Teaching Styles in Physical Education Classes", *College Student Journal*, 1997, 31 (2): 251.

说的影响下，健康的评价已经从量化转为质化、从他评转为自评、从机械论转为系统论。也就是说，体质水平、心理健康指数等指标都不能成为健康评价的标准，一个人只要能达到各健康元素间的平衡，他就是健康的，不存在一个统一的健康标准或谁比谁"更健康"的观念。显然，与理念、内容、形式合理性的重构不同，新体育对评价合理性的改造是解构。

综上，20世纪50年代以来的体育思想基于对体育本体价值的追求，对依靠"新体育"学说所构建的美国体育理念、内容、形式和评价合理性进行重构，如前文所述，这也会引发合法性的变革。

## 二、美国体育合法性的重构

### （一）人才合法性

在新体育思想中，体育人才主要指体育教育者，因为只有这些人，才能充分发挥体育的教育价值。基于此，Locke等学者认为有关体育的教育（pedagogy）研究凌驾于其他体育研究之上，是生理、生化等其他所有研究的服务目标。然而，学术派学者提出了新的观点，他们认为，体育的教育研究只是体育研究中的一个组成部分，没有哪个研究能够凌驾于其他研究之上，因为它们都是探索和体现体育本体价值的必要途径。也就是说，没有任何体育知识可以使获得它的人具有比别人更高的学术地位，进而成为"人才"。因此，在新体质派等学说的理念中，人才的定义被拓宽了，其界定标准不再以医学或教育等某一种类知识的追求与拥有为唯一标准，而是以体育本体价值的发现与实践为标准，即只要是能够运用体育知识和实践为人的个性解放和幸福做出贡献的人就是"人才"。也就是说，"人才"合法性的评价标准被解构为多元化标准。

### （二）权威合法性

随着人才合法性评价标准的解构，以往的那些掌握了医学或教育学知识和实践能力的人不再是人才，而只能算是专才。因为他们所追求和体现的体育的价值是一种工具性价值，而不是体育的主体性价值。尽管体育主体性价值的实现也体现在对人的服务，但是，这里所说的人是真正的、成为他自己的人，而不是工具化的人。

基于这种思想,学术权威的评价标准也发生了改变,首先,他不但要精通体育的某一类知识(成为专才),更要具备从人文、社会层面对体育的专业知识进行整合、统一的能力,因为每一种知识只有作为整个知识体系的组成部分时,它的价值才能体现;其次,他还要能够通过自己的体育理念和实践,发挥体育的本体价值,使其为人的发展与完善服务。体育人文、社会学研究在20世纪中后期的发展历程,正是这种新的学术权威理念的具体表现。尽管由于时间原因,新的学术权威界定还没有在美国体育中完全凸显,但相信在不久的未来,以人文、社会学研究为主,具有综合体育知识观的人才将成为新的学术权威。

(三) 制度合法性

希区柯克等学者的学说赋予了以"医生、校长"制定和维持学术制度的权力;新体育学说则赋予了"教师和教授"与"校长"联合制定和维护学术制度的权力。然而,随着新体质派、学术派等新思想对体育人才观、权威观的解构,一场新的"权威"交替之战已然拉开序幕。因为从体现体育本体价值的角度出发,只有从事人文、社会学研究的专家才有资格成为权威,但相对于注重专业化和职业化发展的科学研究者而言,人文与社会学科研究不但更迭周期长,而且也很难产生直接的实践效果,所以,人们很难在短时间承认人文、社会学者的权威性。只有当人们普遍认识到这些思想的重要性,完成了体育"从工具到玩具"的转变,具备这种学术修养的人才有可能被尊为权威,继而被赋予制定和维持学术制度的责任与权力,否则就会被斥为"外行人"和"空想主义者"的名号。

# 本章小结

尽管"新体育"思想把体育的目标和价值从个体层面提升到社会层面,但从根本上讲,"新体育"思想和希区柯克等传统体质派学说一样,都是把体育作为一种工具,进而对其所具有的工具价值进行探索和追求。然而,通过本章的考察可以看出,新体质派等学说在保持工具理性的同时,也开始对体育的本体价值进行探寻。例如,博文等学者提出的"wellness"健康观、亨利提出的学术研究理念、校际竞技运动研究者的诸多批判性研究,从这些理念和学说的发展中可以看出,美国体育思想整体上正处于从工具价值到本体价值的转变中,而"边缘化"学说正是这种转变过程中对体育本质的追问和反思。

在实践层面,通过美国体育合理性与合法性的重构,上述思想引发了美国体育三个方面的变革:公共体育的内容和目标逐渐偏重于强调过程性的个人健身运动;体育学科专业在持续偏重健康相关类研究的同时,开始增设带有浓厚东方色彩的体育专业方向;校际竞技运动的改革以维护学生权益、重塑竞技运动教育价值为目的逐步展开。从上述变革中可以看出,体育思想对本体价值的强调在大学实践中的具体表现是所有的体育实践都以人的自由与全面发展为核心。

总的来说,20世纪50年代以来,美国学者对体育本体价值的关注为美国体育改革指出了方向并引发了一系列变革,但由于权威合法性与制度合法性的重构尚未完成,新的美国体育体系并未完全建立。同时,一些新的问题日渐凸显,如政府对美国体育理念与制度的干预、NCAA等体育组织对校际竞技运动的垄断、高等教育体系的商业化与产业化趋势等,尽管我们还不能对这些现象进行简单的价值判断,但可以确定的是,美国体育思想与美国体育的变革任重道远。

# 第六章　美国体育思想对我国体育改革的启示

美国体育思想的转变与美国体育变革之间存在密切关系，体育思想转变不仅在整体上为美国体育变革提供了动力和基础，还基于合理性与合法性的构建，为美国体育的变革提供具体的指引和规约，保障了变革的成功。那么，我们是否可以把美国体育思想全盘拿来，用以指导我国的体育变革呢？显然，这是不可行的。因为体育思想在指引和规约美国体育变革的同时，也受政治、经济、文化等因素的制约。也就是说，每个国家社会发展进程不同，体育思想的产生与转变特征也必然各不相同，这决定了我们不可能照搬美国体育思想与美国体育变革的发展模式。但是，这并不意味着美国体育没有借鉴和学习的价值。在学校体育、专业体育和竞技运动三个美国体育基本构成要素中，中美两国的基本目标和理念是大致相同的。因此，我们可以从中发现一些对我国现阶段体育改革有益的启示。

## 第一节　学校体育

从前文可知，90%左右的美国学校设有公共体育课，尽管在管理体系等方面和中国不尽相同（如中国由政府统一管理，所有学校都把公共体育列为必修课；美国则由联盟或协会自治，仅有部分学校开设公共体育必修课），但对体育在通识教育体系中价值的挖掘与体现是中美两国学校体育的共同追求。基于此，美国体育思想与美国体育变革对我国学校体育的启示主要有以下三个方面。

### 一、体育理念多元化

对比中美两国体育思想的发展历程可以看出，有些争论和问题是两国共有的。例如20世纪60至70年代之间，美国学术界出现过"技能学习与健康发展困境"（motor skill/fitness development dilemma）：库珀等学者认为健康体适能（health-related fitness）是体育的根本目标，而琼斯（Betty Meredith-Jones）、魏曼（Agnes Wellman）等学者则认为运动技能（skillful movement）是体育的根本目标①。在1988年的美国体育、健康、休闲与舞蹈年会上，这场争论被多元化理念终结："与会者一致同意，技能学习和健康发展都是体育必须具备的功能和价值，对于通过体育的教育和自我实现而言，它们都是必要的途径和构成元素。"②

如今，我国学校体育的目标与理念也遇到了"体质"与"技能"之争③，这使得基本目标与理念的"迷失"④成为困扰我国学校体育发展的首要因素。尽管我们不能完全按美国的办法来解决这个问题，但是美国的多元化理念却为我们提供了一种思路。

在很长一段时期，由于政治、意识形态等原因，教育思想多元化在中国只是一个美好的设想，但随着社会的发展，"我国学术研究民主气氛越来越浓厚，知识分子自觉意识越来越强烈"⑤，所以，我们完全有条件进行体育思想多元化的探索与实践。事实上，一些学者已经为此做出了开创性的努力，如周爱光教授对"体育大国与体育强国"的探析⑥，胡小明教授对"分享运动"理念的构建⑦，谭华教授对中国体育思想史的重新梳理等。然而，从整体上看，这些学者的多元化研究理念并没有形成中国体育理论研究的主流，其他的大多数研究仍属于"六经注我、我注六经"的"多样化"研究，远未达到多元化层面。因此，多元化将是今后我国体育思想发展的主要方向。

从现阶段我国学校体育事业发展的角度看，体育思想多元化对我国体育改革的积极影响主要体现在以下几个方面：

---

① Ann E. Jewett, "Curriculum Theory in Physcial Education", *JSTOR*, 1989 (35): 40.
② J. Rink, J. Clark and C. C. Corbin, The Motor Skill/Fitness Development Dilemma, Presentation to the AAHPERD Nation Convention, Kansas City, 1988 (4): 21.
③ 郭华恬、金熙佳,《高校体育的目标与改革思路》,载《体育与科学》2003 (1): 75.
④ 张瑞林,《新时期综合性美国体育发展面临的若干问题的思考》,载《北京体育大学学报》, 2011 (6): 83.
⑤ 杨文轩,《关于"体育与健康标准"修订的思考》,载《体育学刊》, 2011 (9): 1.
⑥ 周爱光,《"体育大国"与"体育强国"的内涵探析》,载《体育学刊》, 2009 (11): 1-4.
⑦ 胡小明,《从"体教结合"到"分享运动"：探索竞技运动培养的新路径》,载《体育科学》, 2011 (6): 5-9; 胡小明,《体育发展新理念："分享运动"的人文价值观与青少年体育发展》,载《体育学刊》, 2011 (1): 14-19.

第一，提高体育理念的包容性。随着社会的发展，体育已经渗透人类社会的每个层面，如中美体育学者的一个共识就是"体育已经成为社会的缩影或一个完整的微型社会"。① 另一方面，新实用主义哲学告诉我们，任何知识和理论都是研究者基于固化的价值倾向、有限的知识和认识能力所做出的一种猜测，都不可能代表真理。因此，无论是从体育理论研究自身的责任与使命来说，还是从研究的本质而言，体育理念都必须具有极强的包容性，而多元化则是提高体育理论包容性的唯一道路。在具体层面，以多元化为框架的体育理念通过包容性的提高，不但能为体育改革过程中不断出现的新情况、新问题给予多角度的解释与分析，而且提供足够的理论空间，以缓冲各种理念和观点在体育领域中的碰撞。

第二，推动体育实践层面的变革。从美国体育变革的历程可以看出，体育思想的多元化是美国体育变革的动力来源。尽管我国体育思想的发展与美国有显著区别，但思想与变革之间的关系是相同的。因此，我们应该尽可能地鼓励新思想、新理论的研究与实践。尽管新思想的实践可能会导致失败，但这正是学校体育事业前进与发展的基础和阶梯。

第三，提高体育的整体教育质量。单一化、权威化的模式虽然有利于学校体育规模的发展，但很难使教育质量得到真正的提高。尤其是对大学而言，"大学的希望和出路不在于彼此之间的共同点，而在于每个学校之间的差异性和多样性"。② 因此，只有形成多元化的体育理念，才有助于学校依据自身特色，发挥每个学校在体育教育方面的特长，继而达到提升整体教育质量的目的。

第四，凸显体育的特征。不同年龄阶段的学生有着不同的生理、心理特征。因此，应针对不同年龄阶段的学生设置不同模式的体育教学。这并不是在某种程度上放弃或弱化大学公共体育课程的地位，而是在客观条件具备的情况下，使体育课从与中小学体育课相仿的单一模式转化为多元化模式。例如基于校际竞技运动与校内娱乐体育的蓬勃发展，美国大学于20世纪70年代大量减少公共体育必修课比例。因此，在一些条件优越、校园体育文化建设优良的大学中，要尽可能多地给学生提供多元化的体育教育形式，以凸显体育特有的教育功能与价值。

---

① 中国学者卢元镇教授和美国学者考克利博士著作中均有此类表述。详情可参阅：卢元镇，《中国体育社会学评说》，北京体育大学出版社，2003.
② ［美］克拉克·伯顿著，《高等教育系统：学术组织的跨国研究》，王承绪等译，杭州大学出版社，1994：85.

## 二、从"健康"到"健身"

在我国传统体育思想中,始终把健康视为目的,把健身视为手段。例如有学者基于对美国《健康公民》(Health People)系列政策的研究认为,"我国国民健康政策的发展方向应该是变'全民健身'为'全民健康'"。① "新课标"基于我国青少年体质连续下滑的严峻形势,也把"健康第一"作为我国学校体育发展的首要指导思想。②

单纯从逻辑上看,从"健身"到"健康"的理念是毫无争议的。但从中美两国的实践中均可看出,以强调目的性"健康"为目标的体育措施往往适得其反。在麦克乐大力提倡健康观的时代,美国大众的体质健康水平出现了惊人的下滑;在我国全面推行以健康第一为指导思想的"新课标"时期,五年内保证我国青少年体质健康水平止跌回升的任务也基本无望③。由此可以看出,尽管青少年体质下降是全球问题,不能归咎于学校体育理念与实践的偏失,但把体质健康作为学校体育首要目标的做法往往并不能达到预期的效果。基于这种认识,包括美国体育在内的整个美国全民健身体系都出现了从工具理性到价值理性的转变,如美国最新国家健身计划《全民健身计划》(National Physical Activity Plan)的颁布。④ 从表面上,这种理念的转变似乎是在放弃体育运动在维护健康、增强体质方面的功能,实则不然。当我们把对体育的关注完全放到过程中,那么所谓的健康或终身体育自然成了水到渠成的事情,而如果我们把关注点始终放在健康、运动习惯等目的上,则很可能忽略了过程,继而使所有的目的都成为无源之水、无本之木。从更深层面看,体育运动真正的价值是人们在参与过程中产生的独特体验与感受,而不是它所能带来的诸多功效。基于此,我国体育的关注点应该从目的转向过程,实现从"健康"到"健身"的回归。

## 三、体育"精神"的考量

学校体育应该给学生灌输什么样的精神?谭华、张振亭、谢琼桓等学者

---

① 王进、李定忠,《中国全民健身与美国国民健康计划比较》,载《军事体育进修学院学报》2006(3):111.
② 杨文轩,《关于"体育与健康标准"修订的思考》,载《体育学刊》,2011(9):1.
③ 2007年,《中共中央、国务院关于加强青少年体育,增强青少年体质的意见》明确要求以"新课标"为主的学校体育要在五年内使我国青少年体质止跌回升,但四年多过去了,止跌的任务尚未完成。
④ 原有的国家健身计划《健康公民》的目标由体系化的体质健康目标构成,而《全民健身计划》的目标只有一句话:"Get American moving!"(让所有的美国人动起来!)由此可以看出美国国家健身计划在理念层面上的转变。

曾在理论上对此进行了深入的探析。① 20世纪90年代，毛振明②等学者把"快乐体育"作为学校体育的核心精神，引导和规范学校体育的实践变革。毫无疑问，这种新的教学理念和实践取得了一定的成果。然而，尽管体育锻炼可以使人产生愉悦感，但这只是体育锻炼的诸多功效之一，如果我们仅把体育"快乐"的一面展示给学生，那如何达到锻炼意志品质的效果？当学生在体育锻炼中遇到困难和挫折时，他们如何拥有敢于挑战困难的动机与品质？

在美国"新体育"思想发展的初期，也出现过类似"快乐体育"的思潮：伍德等学者基于对"兴趣"的推崇，主张废除一切形式化、机械化、人造的运动形式，用游戏或任何能引起学生兴趣的活动作为体育的内容，结果学校一度陷入完全的"放羊"状态，直到威廉姆斯重新提出形式化教学的必要性之后，学校体育教学的混乱局面才得以改善。由此可见，快乐体育思想不能成为学校体育的核心精神，而诱发这种思想产生的原因是对"兴趣"的夸大——在学校体育教学中，培养、提高学生的体育兴趣固然重要，但"兴趣"只是实现教学目标的手段与途径，并不能作为体育教学的根本目标。如果体育教学仅以学生的兴趣为主，不但大多数运动项目都要排除在学校体育范围之外，而且学生也不必掌握任何动作技能或达到任何体质标准，因为一切都以"快乐"为主。针对快乐体育可能存在的上述问题，一些学者提出了改革的建议，如何劲鹏等曾著文表示"体育课程在精神上应强调苦心志、劳筋骨、追求强悍与跳动……"③ 笔者认为，这种思想是对快乐体育的矫枉过正。快乐体育过于强调体育的积极体验，而何劲鹏的观点则过于强调体育的消极体验。这种思想或许可以帮助学生锻炼坚强的意志和顽强的品质，但和快乐体育所犯的错误一样，都是把体育的手段与途径当成了目标，因此也是不可取的。那么，我们的学校体育应该树立什么样的精神核心呢？

20世纪90年代后，美国健康理念与体育课程内容设置中有一个共同的趋势是以东方养身思想为核心的理念和实践逐渐增多。那么，既然大洋彼岸的美国都已经开始从我们的传统理念中汲取营养，为什么我国的学校体育思想不能有所应然呢？基于对中国传统文化的浅薄认识，结合美国体育思想的发展趋势，笔者粗

---

① 谭华，《论体育道德》，载《体育科学》，1982（3）；张振亭，《中华体育精神》，北京，北京体育大学出版社，1996；谢琼桓，《中华体育精神是全民族的精神财富》，载《求是》，2000（21）：11－13.

② 毛振明大力推崇快乐体育的论著主要有《日本的新体育：快乐体育简介》，载《北京体育大学学报》，1987（1）；《快乐体育的课是这样上的》，载《中国学校体育》，1992（3）；《何为快乐体育与主动体育》，载《中国学校体育》1995（40）；《快乐体育的理论与产生背景》，载《中国学校体育》，1996（6）.

③ 何劲鹏、杨伟群，《精神考量：体育课程理性化反思与超越》，载《体育学刊》，2010（11）：74－77.

浅认为，体育的精神真义既不是快乐，也不是苦修，而是通过在体育参与中获得的"乐与苦"的感受，去发现我们之所以乐、所以苦的真谛，最终为我们能够凝练出一种超越悲喜的人生态度提供可能的路径。

综上所述，美国体育思想与美国体育变革对我国公共体育发展的启示主要集中在三个层面：在整体上，我国的体育核心理念应该坚持多元化的原则；在具体的实践层面，体育应强调从健康到健身的回归，使体育从医学语境中脱离出来，回归其本质；在具体的精神层面，体育应超越片面的"苦和乐"，达到一种纯粹的美学追求。

## 第二节　体育学科

在我国学者针对美国体育学科的诸多研究中，有两个方面的研究较为短缺。一是在理论层面针对学科核心理念的宏观研究，二是从实践层面针对人文体育学和体育教育学的研究。下面拟从这两点为我国体育学科的发展探寻可能的启示。

### 一、核心理念

由前文的考察可知，美国体育学科在从"physical education"到"sports and exercise science"，再到"kinesiology"的演变过程中，其核心理念的发展主要有两个特征：始终以对"人"的关注为核心，开放性逐渐增大。基于此，美国体育学科核心理念的演变对我们的启示体现为以下两点。

1. 以人的发展为中心，确立体育学科独立、稳定的核心理念

"长期以来，中国体育界习惯以一种认识物的'物种思维方法'来认识体育，忽视了体育运动中的'人'这一核心要素。"[①] 而反观美国体育学科的发展则可以看出："美国体育学科由最初关注运动的效果及生理反应，到关注学生的健康，再到关注人身心的整体发展，从关注少数人群到关注各类人群；从学校领域到整个社会系统，都体现美国体育学科以人为中心的核心理念。"[②] 更重要的是，美国体育学科关注的"人"包括所有不同种类的人群，尤其是儿童、体弱者或残障人士，而中国体育学科关注的"人"大多是那些有可能争金夺银、为国争光的极少数人。例如笔者在春田学院学习期间，每周都会看到一些残障儿童

---

① 鲁长芬，《发达国家体育学科体系研究的特点与启示》，载《上海体育学院学报》，2008（7）：51.
② 杨波、杨文轩等，《美国体育学科发展历程及现状》，载《体育学刊》，2007（10）：120.

来学校接受矫正体育的治疗和恢复，而笔者在国内大学学习、工作十二年，看到的大都是青少年运动员的苦练。基于此，我国体育学科在今后发展中应梳理真正的以人为本的核心理念，使体育学科所创造出来的价值能够为所有人分享。

2. 坚持学科体系的开放性，在本土实践中谋求创新

创新是学科发展的必要条件，而开放性则是学科创新的基础和前提。从美国体育学科、专业近三十年的发展中可以看出，保持学科开放性，使其始终处于与其他学科的交汇与融合中，是学科发展的根本动力。然而，学科的开放性与专业创新并不是毫无原则和方向的，从美国 CIP 的变化中可以看出，社会需求是学科和专业创新的原则，尽管 CIP2000 中增设的专业涉及所有 10 个一级学科，但游戏与运动裁判服务等专业在短暂的增设后即被取消，只有健康科学及其相关产业类专业呈持续增长的趋势。基于此，我国体育学科在坚持开放性的同时，也要以本国社会需求为方向。如今，我国的突出问题就是"当我国北京奥运会金牌得第一，成为世界竞技体育强国的时候，我国还有 70% 的亚健康人群，学生体质健康状况连续二十几年下降。"[1] 因此，今后我国体育学科要把发展和创新方向集中在亚健康人群和学生体质促进方面，而不只是在国际大赛上拿更多的奖牌。

## 二、研究领域

体育学科研究领域划分一直是我国体育理论研究的热点问题，胡小明[2]、胡晓风[3]、龙天启[4]、卢元镇[5]、熊斗寅[6]、周西宽[7]、杨文轩[8]等学者纷纷就此问题提出了自己的观点，不仅反映了我国体育学者的认识，也反映了学科本身的发展与演化。同样，如前文所述，美国体育学科领域的划分也经历了六分法、十分法、十二分法、八分法、九分法几个阶段。可以看出，中美两国体育学科研究领域的划分都是一个不断发展的动态过程，反映了两国社会、文化、教育发展对体育学科的不同需求。因此，在体育学科的整体划分方面，我们没有照搬美国学科划分方法的必要。但是，在具体的研究领域中，美国体育学科的现状可以为我国

---

[1] 周爱光，《"体育大国"与"体育强国"的内涵探析》，载《体育学刊》，2009（11）：2.
[2] 胡小明，《体育应该是一门社会科学》，载《成都体育学院学报》，1979，5（1）：15-19.
[3] 胡晓风，《关于体育科学体系的若干问题》，载《成都体育学院学报》，1980，4（1）：1-6.
[4] 龙天启、李献祥，《现代体育科学体系初探》，载《北京体育大学学报》，1981，4（3）：5-11.
[5] 卢元镇，《关于体育科学体系与科学属性探讨情况简介》，载《体育科学》，1982，2（4）：41-43.
[6] 熊斗寅，《初论体育学的科学体系》，载《中国体育科技》，1983，19（2）：18-26.
[7] 周西宽，《体育学》，成都，四川教育出版社，1988：267.
[8] 杨文轩，《体育学科体系重新建构刍议》，载《天津体育学院学报》，2009（4）：279-280.

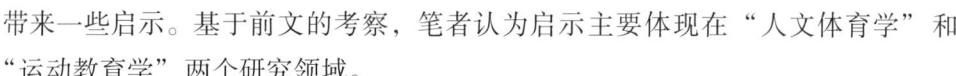

带来一些启示。基于前文的考察，笔者认为启示主要体现在"人文体育学"和"运动教育学"两个研究领域。

1. 有关"人文体育"的研究

从整体上看，美国的人文体育学与我国的人文体育学都是从人文视角对体育和运动进行考察。但从具体层面看，二者的学科位置与构成均不相同。在我国，人文体育学科是一个由体育哲学、体育史学、体育人类学、体育美学、奥林匹克研究、体育休闲娱乐理论、运动心理学组成的学科群[①]，而美国人文体育则是由体育文学和体育艺术组成，与体育史和体育哲学并列、尚未形成学科的新兴研究领域。因此，尽管美国人文体育学在整体上对我国的人文体育学科没有直接的借鉴意义，但美国人文体育学对体育文学和体育艺术的关注却可以为我国的相关研究带来一些启示。

与美国人文体育学相比，尽管陈学新[②]、陈微[③]、孙会山[④]和区健[⑤]等学者在我国体育文学与体育艺术研究方面积累了一定的成果，但两种研究在整体上没有形成合力、呈平行发展的态势，这使得研究的理论高度受到了限制；在具体层面，研究的规模与一些基本理论问题还有待进一步提高，如截至 2005 年，体育文学的针对性研究只有 4 篇[⑥]，截至 2007 年，体育艺术的概念、分类等问题始终没有得到统一的界定[⑦]。而美国学者则把体育文学和体育艺术结合在一起，从人文（liberal arts）的视角阐述其价值和意义："人的本质和倾向性就是玩（the basic human need and inclination to play），这正是体育能和人性发生共鸣并为之服务（in-and-for）的根本，体育除此之外的特征都是非本质的（extrinsic）。"[⑧] 而"以诗歌、小说为主的体育文学和以雕塑、油画、照片为主的体育艺术的共同特征就是纯粹的玩，是基于体育形式表达人之本性的主要途径。所以，此类研究可以分成两种，一是如何去创造这些文学和艺术作品，二是如何去诠释这些作品。"[⑨] 基于上述理念，美国人文体育学给我们的启示主要有两点：首先，体育文学和体

---

① 卢元镇,《体育人文社会科学概论高级教程》, 高等教育出版社, 2003.
② 陈学新,《体育文学探源》, 载《北京体育大学学报》, 2000 (1).
③ 陈微,《论我国新时期体育文学创作》, 华南师范大学硕士论文, 2005.
④ 孙会山,《现代社会体育与艺术的关系与应用》, 载《齐鲁艺苑》, 2004 (2).
⑤ 区健,《论体育与艺术双向融合的文化内涵》, 载《艺术教育》, 2005 (5).
⑥ 陈微,《论我国新时期体育文学创作》, 华南师范大学硕士论文, 2005: 6.
⑦ 李敏,《体育艺术基本理论与学科建设初探》, 北京体育大学硕士论文, 2007.
⑧ Susan Bandy, *Coroebus Triumpbs: the Alliance of Sport and the Arts*, San Diego State University: 5.
⑨ William H. Freeman, *Physical Education, Exercise, and Sport Science in a Changing Society* (Seventh Edition), Jones & Bartlett Learning, 2011: 49.

育艺术可以形成一个共同的研究领域,为我们在人文层面探索体育的价值提供一条可能的路径;其次,体育的最高价值在于它作为一种"玩具"① 的可能。

2. 有关"运动教育学"的研究

通过比较可以看出,中美两国运动教育学的产生和发展过程相似:在来源方面,都是借鉴德国的运动教育学理论;在时间方面,都是产生于20世纪60年代至70年代,形成于90年代。但是,自90年代起,中、美运动教育学研究在基本概念辨析方面呈现出不同的发展方向。在我国,20世纪90年代以来,有关运动教育学概念的研究一度成为体育理论研究的热门话题并提出了一系列观点。② 其中,一个较为普遍的观点是把体育教育学作为体育教育的下位概念。例如《新编体育教育学》明确指出:"本书的研究主要集中在狭义的体育教育学方面,尤其关注针对学生的体育教育。"③ 我国学者这种把体育教育学作为体育教育下位概念的观点与美国学者在90年代的认识非常相似:西登托普(Siedentop)在1990年提出:"运动教育学主要涉及课程、教师和教学三方面。"④ 希尔曼(Silverman)和恩斯(Ennis)等学者在1996年提出:"运动教育学主要由教学、课程与教师教育构成。"⑤ 从这种表述中可以看出,这一时期的美国学者也把运动教育学(sport pedagogy)看作体育(physical education)的下位概念。然而,进入21世纪后,美国学者的观点开始发生变化,突出表现在坚持以"教和学"为中心的基础上,研究范围逐渐扩发,继而与体育教育(physical education)有了显著的区别。例如Siedentop在2009年再版的《体育、健康与运动概述》(*Introduction to Physical Education, Fitness, and Sport*)中表达了新的观点:"相对于体育(physical education)而言,体育教育(sport pedagogy)的研究范围更加广泛,它是指体适能、社区锻炼、俱乐部等所有与体育和运动相关的教与学。"⑥ William也同样认为:"体育(physical education)主要是指在学校或相关机构中的有关身体活动的教育行为,而运动教育(movement pedagogy)则泛指一切与身

---

① 胡小明,《竞技运动文化属性的皈依:从工具到玩具》,载《体育文化导刊》,2002(4).
② 中国体育教育学发展历程主要参考:李世宏,《"体育教育学"概念的流变及其对我国体育教育学学科建设的启示》,载《体育科学》2011(4):81-82.
③ 刘绍增、周登嵩,《新编体育教育学》,北京,高等教育出版社,2004:1-2,9-10.
④ D. Siedentop, *Introduction to Physical Education, Fitness, and Sport*, London: Mayfield Publishing Company, 1990: 316.
⑤ D Silverman, C. Ennis (Eds.). *Student Learning in Physical Education: Applying Research to Enhance Instruction*, Champaign, IL: Human Kinetics, 1996: 3.
⑥ Daryl Siedentop, *Introduction to Physical Education, Fitness, and Sport*. (7 th ed.), New York: McGrew-Hill, 2009: 366.

体活动有关的教和学,无论它发生在哪里。这也是我为什么要用运动教育(movement pedagogy)取代体育教育(sport pedagogy)的原因。"① 基于此,笔者认为,美国运动教育学给我们的启示是重新辨析运动教育学的概念及其与体育教育(physical education)的关系,丰富研究对象,增设研究内容,使游离于教育体系之外、不具有明显教育特征的有关肢体运动的"教与学"也能被体育的学科体系所涵盖,继而达到推动学科发展的最终目的。②

通过上述比较可以看出,我国体育师范专业(本科)之所以存在培养方案、课程设置千篇一律以及就业难的问题,在一定程度上皆因我们在体育与运动教育基本理念认识方面的滞后。在我国体育教育的过程中,始终强调学生在具体教学模式方面的执行能力,如篮球课该怎么上、原地推铅球动作该怎么教。诚然,对这些内容的重视使体育教育专业学生拥有较强的教学实践能力与技能,但同时也从根本上抹杀了学生的创造性,使其成为专业知识、技能的"贩卖机"——当他们成为一名体育教师后,仅是把在大学中学到的东西再复述给学生,而不是通过理论与实践的结合与检验去得到自己独特的领悟。如此周而复始,必然会造成体育教育专业培养质量的下降,并使得我们相关专业研究逐渐成为脱离实际的空中楼阁。

## 三、发展趋势

如前文所述,美国体育学科体系的多元化并非真正意义上的多元化,而是自然科学范畴下的"多元化",这种不平衡的发展模式导致了领域内的分裂与学科整体方向的缺失,最终引发学科核心价值的边缘化。虽然我们并不能因此判定"边缘化"将是美国体育学科的最终归宿,因为正是这些使我们看到美国体育学科"边缘化"的尖锐言论,使美国体育学科具备自省的前提。但我们可由此得出以下启示。

1. 维护体育学科研究的整体平衡

同 20 世纪 70 年代高呼"国家处于危难中"③ 的美国一样,当今中国也在整体上处于极端崇尚科学和实用理性的学术氛围中,希望通过科学技术的发展实现

---

① William H. Freeman, *Physical Education, Exercise, and Sport Science in a Changing Society* (Seventh Edition), Jones & Bartlett Learning, 2011: 62.
② 本文此处的观点与李世宏的观点大致相同,不同之处是李世宏的结论是基于德国体育教育学(sport pedagogy)的研究,而本文是基于美国运动教育学(movement pedagogy)的研究。
③ A Nation at Risk: The Imperative for Educational Reform, National Commission on Excellence in Education, 1983.

民族复兴的夙愿,这自然使形形色色自然科学研究成为中国体育学术的主流。尽管这些研究极大地推动了体育学科的发展,但美国体育学科的发展告诉我们,对体育学术的探索固然需要自然科学研究,但更需要人文社会科学研究,从哲学层面对体育进行形而上的探索,否则,我们终将于无尽的实验数据中迷失体育的真义。

2. 厘清体育学科的研究范围

与其他学科的交叉、融合,是当今体育学科发展的必然趋势,但这并不意味着体育学科研究范围的消失。从美国体育科学研究领域的发展历程中可以看出,一旦放弃了对体育学科研究范围的界定,整个学科的框架体系将陷入混乱。因此,在我国体育学科今后的发展过程中,要时刻厘清研究范围,让"体育的归体育、恺撒的归恺撒"。

3. 协调学科内部的对抗与分裂

体育学术研究者与教育者基于擅长领域的不同,势必产生对抗的趋势,学术研究者希望学术研究成果成为体育工作者的评价指标,而教育者则希望教学能力成为体育工作者的评价指标。对此,体育学科必须从宏观层面起到调和的作用,而非加剧。例如不把学术文章的数量作为体育工作者职称、学历晋升的唯一重要因素。

4. 构建学科内的自我批判机制

在批判中不断成长,是美国体育学科能够成为世界体育领导者的根本原因。中国体育学科若要走出"自娱自乐、自言自语"的窠臼、产生真正具有世界影响力的学术思想,自我批判机制的构建则是前提和基础。

## 第三节 竞技运动

如前文所述,我国学者针对美国竞技运动的相关研究过于偏重积极的一面,缺少对其消极一面的研究。实际上,美国学者在此方面的研究恰恰以批判为主。因此,笔者基于前文有关美国竞技运动批判性学说的研究,从美国大学校际竞技运动存在的问题入手,为我国校际竞技运动探寻可能的启示。

### 一、存在的问题

通过对前文相关研究的归纳与总结,美国校际竞技运动存在的问题主要体现在以下三个方面。

1. 过度商业化

Thelin 在 1994 年首次指出大学校际竞技体育的核心问题是商业化："巨大的商业利益、媒体暴力、公众兴趣、社会活动、赛事泛滥形成了一个连锁的反应，最初的推动者和最终的获利者是商业团体。"① 作为改革的主要倡导者，博文则进一步指出："现代的美国体育商业化已经不仅仅存在于商业团体和学校之间，各学校之间已经形成了在体育商业化攀比的'复合效应'（edifice complex）：如果内布拉斯加建立一座新的体操馆或重量房，那么俄克拉荷马、科罗拉多、得克萨斯毫无疑问也会增加一套。红水游泳池（在泳池里加入红色颜料使整个泳池变成红色以吸引媒体关注）的一度风靡就是最好的证据。"②

除此之外，商业化还体现在两个具体方面：首先是导致美国体育的娱乐产业化（edutainment）。有研究显示，在校际竞技运动的带领下，大学逐渐卷入了娱乐产业。"在过去的十年里（1990 年至 2001 年），以美国体育为载体的娱乐产业在规模和收益上均呈指数上涨"③，"这种形势使大学在无形中卷入了娱乐业，继而使其高尚的教育价值和功能受到了严重的损害，高等教育因此被讽刺性地称之为娱乐性教育"④。2000 年，Duderstadt 曾针对"edutainment"的现象提出了一个根本性的问题："为什么这种公共娱乐参与形式是大学的责任？他对此的解答是'无可否认'，校际运动具有娱乐大众的功能，但大学在此方面耗费了过多的资源。学生、教工和管理者一起被卷入这场以制造商业利润为目的的活动中，这使得大学的学术氛围被严重地感染，校际竞技运动的根本目标和功能被扭曲，高等教育机构在社会中的领导地位被削弱。而具有讽刺意义的是，基于肤浅的犬儒主义，当一些教授和学者谈论这些问题时，又往往将此怪罪于那些运动员和教练。毫无疑问，现在的校际竞技运动是我们的高等教育在重商主义的影响下所表现出来的虚伪、堕落与腐败的集中体现。"⑤ 商业化的另一个具体表现是学生运动员的工具化。有学者指出，大学没有把学生运动员作为它们的服务对象，而是作为

---

① John Thelin, *Games Colleges Play：Scandal and Reform in Intercollegiate Athletics*, Baltimore, MD：Johns Hopkins University Press. 1994：26.
② James L. Shulman and William G. Bowen, *The Game of Life：College Sports and Educational Values*, Princeton, NJ：Princeton University Press. 2001：186.
③ Murray Sperber. *Beer and Circus：How Big - time Athletics Is Crippling Undergraduate Education*, New York：Holt, 2000：78.
④ James L. Shulman and William G. Bowen, *The Game of Life：College Sports and Educational Values*, Princeton, NJ：Princeton University Press. 2001：197.
⑤ James J. Duderstadt *Intercollegiate Athletics and the American University：A University President's Perspective*, Ann Arbor：University of Michigan Press, 2000：12.

一个获得利益的工具:"大学通过种种诱人条件招收到这些拥有运动天赋的学生后,既没有给他们提供真正的高等教育,也没有让他们学到有用的知识,只是关注于如何瓜分他们参与体育运动而带来的利益。在这个过程中,学生运动员完全被工具化。"①

2. 降低了体育运动的感召力

高等教育和体育运动所具有的社会感召力,来源于它们对荣誉、诚信以及公平竞争精神的恪守与尊崇。然而,愈演愈烈的校际竞技运动丑闻却对此造成严重的损害:"尽管难以置信,但事实是在 Minnesota, Tennessee, LSU, Texas Tech, Drake, Georgia, Marshall, Ohio State, St. Bonaventure, Alabama 等几乎所有大学的运动部(department of athletic)中,都有老师帮助学生作弊的丑闻被曝光。例如明尼苏达大学的一个老师承认在 20 世纪 90 年代帮助 20 个男子篮球运动员完成大约 400 份作业。"② 还有学者指出,更严重的是现在的大学开始为运动员特设"傻瓜班级"(mickey mouse classes)和实际上并不存在的"影子课程"(shadow curricula),大规模有组织地在学生运动员的学业上弄虚作假。③ 企图对此表达不满的人则付出了惨重的代价:田纳西大学的女教师 Linda Bensel - Myers 因为对运动员的集体作弊表达了不满而遭受了迫害:她的办公室被砸,收到过各种各样的死亡威胁,她丈夫也被解雇,经过几年的艰苦斗争后,他们全家终不堪折磨而搬到丹佛大学。比 Linda Bensel - Myers 等人遭遇更严重的是 St. Bonaventure University 的董事会主席 Bill Swan,他因为揭发大学男子篮球丑闻(其中一名准会员以正式名义参加联赛)而备受迫害,最终于 2003 年不堪忍受而自杀于家中。④ 可以想象,如果任由此类事件滋生,大学与体育的精神感召力必将荡然无存。

3. 损害了普通学生的权益

除了对学生运动员的工具化,对一般学生而言,校际竞技运动也存在两个方面的问题:首先是在校园安全方面。一些研究者指出,学生运动员的数量与校园伤害事故存在一定程度的必然关系:Crosset, Benedict and McDonald 通过持续三

---

① Diane Carman, "CU Shouldn't Investigate Its Own Mess", *Denver Post*, 2004 02 - 04: 1B.
② Robert D. Benford, "The College Sports Reform Movement: Reframing the 'Edutainment' Industry", *The Sociological Quarterly*, 2007 (48): 13.
③ Erving Goffman, *Stigma: Notes on the Management of Spoiled Identity*, Englewood Cliffs, NJ: Prentice Hall. 1963: 4.
④ http://www.usatoday.com. Jill Lieber, 2003, St. Bonaventure Scandal Leaves Death in Its Wake, *USA Today On-Line*, 2006 - 02 - 17.

年的研究发现，每当男运动员的比例占学生总数的 3.3%，就意味着 19% 的性侵犯案件和 35% 的内部纠纷。① 另一方面是校际运动造成资源分配不公：每个学生都应该公平享用学校的教育资源，因为每个学生缴纳的学费是相同的。但由于学生运动员与普通学生日渐加大的"分离"，校际竞技运动逐渐成为学生运动员的专属资源，这导致了"多数人（普通学生）"享用"少数资源（公共体育）"，而"少数人（学生运动员）"享用"多数资源（竞技体育）"的不公现象。更重要的是，与日俱增的财政压力使校际竞技运动已经开始造成整体教育资源的分配不公："为了招聘更优秀的学生运动员、教练员，建设更高级的运动场馆，把学术费用和公共体育费用转移到校际竞技运动中已经是大学校长间公开的秘密。"② 印第安纳大学的 Murray 对这种现象讽刺性地指出："既然我们的大学无法为学生们提供一流的教育，那么就用一流的体育来弥补这一缺陷吧。"③

## 二、问题的分析与启示

1. 理智对待竞技运动的商业化

尽管商业化给校际竞技运动带来了上述诸多问题，但同时也必须看到的是，校际竞技运动极强的竞技性和观赏性使其具备不容忽视的商业价值；另一方面，高等教育的大众化使大学不可能再成为远离社会的象牙塔。所以从整体上看，商业化是美国体育乃至整个高等教育无法回避的问题。在具体层面，商业化不但可以为面临沉重财政压力的校际竞技运动带来可观的经费支持，同时也能建立一个大学与职业体育之间的通道，使具有特殊运动才能的学生可以获得进入职业体育领域的机会。因此，使大学竞技运动完全隔离商业化的观点既不切实际，也违背时代发展的规律。

然而，作为高等教育体系的一环，高等教育的本质决定了校际竞技运动必然要恪守教育的核心与原则，这是校际竞技运动与其他竞技运动的本质区别。但在

---

① Todd W. Crosset, Jeffrey R. Benedict, and Mark A. McDonald, "Male Student-Athletes Reported for Sexual Assault: A Survey of Campus Police Departments and Judicial Affairs Offices", *Journal of Sport and Social Issues*, 1995 (19): 126–140.

② James J Duderstadt, *Intercollegiate Athletics and the American University: A University President's Perspective*, Ann Arbor: University of Michigan Press. 2000: 157.

③ Murray Sperber, *Beer and Circus: How Big-time Athletics Is Crippling Undergraduate Education*, New York: Holt, 2000: 224（原文：any big-time university officials, knowing that their schools cannot provide the vast majority of undergraduates with meaningful educations, try to distract and please these consumers with ongoing entertainment in the form of big-time college sports. For all its high expenses, an intercollegiate athletics program costs far less than a quality undergraduate education）.

商业化的驱使下，校际竞技运动很容易背离它的教育本质，因为商业化的原则往往和高等教育的精神相悖：高等教育追求的是知识的创造与人性的完善，而商业化追求的只有利润的最大化。弗莱克斯纳曾这样评判商业化对高等教育的危害："众神称赞的是灵魂的深沉而不是灵魂的喧闹，而美国的大学正在变得越来越喧闹。我们的大学的确因此而增加了设施和机会，但同时也毫无必要地变得廉价、庸俗和机械。"①

因此，从美国校际竞技运动的商业化中我们看到，完全杜绝美国体育的商业化是不可能的，如何合理地利用商业化，使其推动校际竞技运动发展才是问题的关键。

2. 设置完善的监管制度

从美国校际竞技运动的种种丑闻中可以看出，由于监管措施的不力，教练、大学、体育组织之间形成了一个非正常的利益分配形式：只要能够赢得比赛，教练可以获得数十万甚至上百万美元的奖金，学校可以获得巨大的声誉和知名度，体育组织（如 NCAA 等）则可以通过比赛竞技性与激烈程度的提高获得更多的商业赞助。这种非正常手段的利益分配形式一旦得逞，就会形成一个稳固的既得利益集团，使所有企图打破这种利益分配形式的改革措施被边际化，所有企图挑战或不服从这种利益分配形式的学校被边缘化，这正是美国大学校际竞技运动改革举步维艰的根本所在。因此，在我国校际竞技运动今后的发展中，一定要针对不正当的利益分配形式设置完善监管制度，维护合理的利益分配形式，为校际竞技运动的健康发展提供保障。

3. 实现资源分配的公平化

由前文的考察可知，美国校际竞技运动的一个突出问题就是资源分配不均，这不仅有悖于校际竞技运动的教育理念，也损害了普通学生正当权益。究其原因，是美国大学在管理上主要依靠自治或大学联盟间的协商，这种依靠自我管理和内部管理的制度影响了教育资源分配的公平。由此可以看出，尽管大学自治是美国高等教育的灵魂和价值所在，但它也会产生大学管理者在资源分配方面的集权与垄断，诸如美国大学教育资源分配的不公，以及始终存在的性别、种族和文化歧视问题的根源就在这里。因此，美国政府才颁布了"第九条款"。从整体上看，尽管"第九条款"没有彻底根除大学教育资源分配的不公，但它极大改善

---

① [美] 弗莱克斯纳·亚伯拉罕，《现代大学论：美、英、德大学研究》，徐辉、陈晓菲译，杭州，浙江大学出版社，2000：35.

了女性在校际竞技运动中的地位和资源占有比例,显然,这是 NCAA 等体育组织一直倡导但却一直不能(或不愿)实现的改革。

4. 关注校际竞技运动的教育价值

从博文等学者和机构的研究中可以看出,如何重塑校际竞技运动的教育价值是他们共同关注的焦点,最具代表性的是博文的学说。他从学生运动员与普通学生逐渐加深的"分离"和学生运动员日益严重的"学业不精"两个方面,揭示了校际竞技运动教育价值的弱化与衰退。相比之下,我国高校高水平竞技运动不但存在类似的问题,甚至更为严重。首先,我国大学学生运动员有相当大一部分是退役或现役运动员,是由"从上而下"的路径进入校际高水平竞技运动,而美国的大学学生运动员几乎没有退役或现役运动员,大多是从高中由"从下而上"的路径进入校际高水平竞技运动,同时,我国职业运动员多由与一般教育体系并列的"体校"培养,而美国则不存在这样一种特殊的教育体系,因此可以推论,我国大学学生运动员与普通学生之间的"分离"必然更甚于美国。其次,美国大学学生运动员与普通学生的招收与学术培养体系是大体相同的,也正是如此,美国学者才可以清晰地界定学生运动与普通学生之间在学术方面的差距,进而提出种种改进措施,而我国大学学生运动员与普通学生的招收与学术培养体系是不同的,如高考中的"单招",以及仅仅适用于高水平学生运动员设置的课程与培养体系,可想而知,在这种体制下,仅要界定学生运动员与普通学生之间的学术差距都不可能。由以上两点可以看出,我国大学高水平竞技运动中的"分离"与"学业不精"或者更甚于美国。也就是说,与美国相比,我国大学高水平校际竞技运动的教育价值存在更为严重的弱化与衰退的情况,然而,在我国诸多高校高水平竞技运动研究中却鲜有此类关注。

综上所述,美国校际竞技运动存在的问题为我国校际竞技运动带来的启示主要有四点:首先,理智对待商业化趋势,使社会与经济力量能服务于高等教育的本质功能;其次,设置完善的监管制度,尽可能地杜绝各种不正当竞争;第三,借助体制外机构的干预,实现资源分配的公平与公正;第四,从学生运动员与普通学生的"分离"和"学业不精"两个方面,关注高校高水平竞技运动的教育价值,使其真正成为我国高等教育体系的必要组成部分。

## 第四节 体育思想对体育实践的影响机制

### 一、我国体育实践体系合理性、合法性构建的不足

由前文的考察可知，在19世纪中叶至今的三次变革中，美国体育学者均是通过合理性、合法性的构建，为美国体育变革提供引导和规约。也就是说，合理性与合法性既是思想与变革之间的枢纽，也是变革成功的保障。实际上，这种思想与变革之间的作用机制并不是美国的特有现象，在我国体育思想发展历程中，也存在这样的内在机制。例如1949年以来，我国体育思想共有七个明显的阶段性特征，课程改革发生了八次，无论时间还是内容都基本对应①。通过中美两国之间的比较可以看出，我国体育合理性、合法性的构建存在两点不足。

首先，理念合理性评价标准不稳定。如前文所述，理念合理性评价标准是体育体系合理性、合法性构建的首要条件，评价标准的转变将会导致整个体育体系的变革，因此，自19世纪中叶以来，美国体育体系的理念合理性评价标准在整体上只发生了三次变革。然而，我国的体育理念合理性评价标准在大多数时间里处于不稳定的状态。自1949年以来，我国体育实践体系首先以"普遍提高体质健康水平"作为评价标准，但仅仅实施了三年（1949—1952），评价标准便完全转入苏联模式（1952—1957），而后又经历了"大跃进"（1958—1965）、"文革"……直到现在，从学者们有关"新课标"的争论中可以看出，我国的体育依然没有形成稳固的、统一的理念合理性评价标准。

其次，体育体系合理性、合法性的构建多由政府部门完成。由前文考察可知，美国体育合理性、合法性的构建主要由体育学者完成，而从我国现代学校体育的发展历程中可以清晰地看出，合理性、合法性的构建多由政府机构完成。显然，政府在体系的构建过程中大多带有一定的政治色彩，如"竞技体育强国"体系的构建等。在这种体系中，体育只能体现其工具性价值。进入21世纪后，

---

① 此观点融合了谭华教授和杨文轩教授的研究：在谭华教授的《中国体育思想史》（手稿）中，1949年以来的体育思想划分为三个大阶段，七个小阶段，分别是1949—1951（新民主主义思想定型期）、1952—1957（苏联模式）、1958—1965（大跃进）、1966—1976（"文革"）、1977—1984（初步反思）、1985—1992（体育强国论）、1993至今（法制化、市场化、社会化）；在杨文轩教授《关于"体育与健康标准"修订的思考》中，1949年后的课程改革共有八次：1949—1952（破旧立新）、1953—1956（彷徨与探索）、1957—1963（教育大革命）、1964—1976（半途而废）、1978—1980（拨乱反正）、1981—1985（恢复与发展）、1986—1998（坚持与改革）、1999年至今（面向未来）。

这种现象逐渐得到好转:"体育从政治需求转向全体中国人的根本需要,从社会群体的强制性需求转向个体幸福生活的主动需要。也就是说,从主要为政治服务,转到为满足人类全面发展需求的轨道上来。"① 而这种转变的基础是我国体育学者在体育体系构建方面参与性的提高,"新课标"的制定与修订过程提供了例证:"新课标历时十一年,其时间之长、争论之大、参与者之广是中国课程改革史无前例的。"②

综上所述,通过中美两国的比较可以看出,我国大学体系合理性、合法性构建过程中存在合理性评价标准不稳定,且构建者多由政府部门充当的不足。尽管我国体育改革中存在的问题还有很多,但可以肯定的是,这两点不足严重影响了我国体育思想对体育改革的指引和规约作用,继而使改革出现了方向不明、体系不清等诸多问题。

## 二、构建新的体育教师观

由前文考察可知,美国体育思想在构建体育理念合理性之后,必须要构建与之相适应的合法性,才能最终促进变革的发生,而合法性的构建路径是"人才—权威—制度"。由此可以看出,学术权威的更迭是体育思想对美国体育变革施加影响的重要环节。然而,由于我国正处在高等教育思想的大变革时期,以及学术民主制度和知识分子自觉意识的增强,学术权威不仅指个人,更多的是指某一学术群体,因此,由体育教师构成的学术团体在学术秩序的构建中将起到越来越大的作用。也就是说,新的体育体系合法性的构建将越来越依赖于体育教师的整体价值观。然而,尽管我国体育思想已经出现从工具价值向本体价值的转变,如胡小明教授提出的"从工具到玩具、分享运动"等理念,但在体育教师观方面,我国仍处于狭隘的工具理性主义层面。具体表现在以下两个方面:

体育教师的考核标准仍统一定位在传统意义上的科学研究层面。所有的体育教师都以科研工作为评定标准,如完成多少篇文章、拿到多少个课题。基于此,科研能力越强的人,越容易得到副教授、教授等更高级的职称。对体育教师而言,科研能力固然重要,即使把它作为每个体育教师必备的条件也不为过,但是,如果把科研能力作为体育教师唯一的评价标准,那么教学必然成为科研的附属品。另一方面,对就业的强调也使体育教师逐渐向创业者、企业家或技术咨询

---

① 胡小明,《新世纪 新体育》,载《体育学刊》,2000(5):15.
② 杨文轩,《关于"体育与健康标准"修订的思考》,载《体育学刊》,2011(9):1.

师的角色转变。无论什么教学方式或理念，都以是否能帮助学生就业为标准。在这种思想的影响下，体育教师也只是在扮演职业培训师的角色，而不是教育者。

由以上分析可以看出，在狭隘的工具理性影响下，体育成为满足个人短期欲望的工具，其本体价值根本无法得以体现，体育教师因此也不能称之为合格的体育教育者。毫无疑问，以体育本体价值为核心的体育学术制度是不可能在这种教师团体中产生的。由美国体育学术价值观的演变中可以看出，在20世纪中期，美国体育研究领域也出现过类似的情况：有关生理学、解剖学等研究几乎占据了所有学术刊物的版面；每个美国体育教师都面临着"不出版、不通过（no publish, no pass）"困境。然而，自20世纪80年代起，随着整个美国教育思想的整体转变，美国大学的教师评价体系逐渐抛弃了以科研作为唯一评价标准的认识。显然，在近三十年的时间里，也没有任何迹象表明美国体育研究或美国体育呈现倒退的迹象。因此，在我国先进的体育体系合理性、合法性构建中，如何构建新的体育教师观将是形成新的学术制度、实现我国体育变革的关键环节。

## 第五节　民族本位话语权的重建

### 一、全球化背景下的危机

近一个世纪多以来，西方体育一步步占领了世界体坛的主宰地位，无论是体育的内容、形式，还是体育的价值观念和意识，都深深地打上了西方的烙印。从这个角度看，体育全球化在某种程度上意味着西方文化的侵略。而且，这一冲击在未来并无减弱之势。尽管随着时代的发展，其他第三世界国家也逐渐在各个领域或多或少地参与到国际体育中，如国际体育组织中也有第三世界国家成员，各种运动竞赛也会安排在第三世界国家举行。自然地，这些国家民族体育也在逐渐融入现代体育发展的主流中，成为世界各国广泛接受的体育运动。但大多数情况下，第三世界国家如东方国家的民族传统体育成了仅仅是用来映衬西方体育如何先进的"他者"，处于"沉默的大多数"的地位。[1] 同时，随着体育运动在世界范围内的日益普及，"体育运动代表了民主资本主义自我标榜的统治意识形

---

[1] 爱德华·W. 萨义德，《东方学》，王宇根译，北京：生活·读书·新知三联书店，1999：2.

态"，① 形成了"一种宰制性的权力，一种全球化的话语霸权"。②

回溯前文，美国体育在形成之初，作为传统欧陆宗主国文化"输出"对象时，具有同样的历史背景：一是以体育作为一种缓和与被殖民国家之间关系的手段；二是以欧洲传统文化的心态，向"愚昧落后"的民族渗透文明。作为一种文化载体，体育不可避免地成为传统欧洲国家"输出"其文化价值观念的重要组成部分。

如今，传统的欧洲体育经过美国学者的改造，已经形成了一种大家广泛接受的运作模式。NBA、NCAA等一些影响极大的体育赛事和组织成为世界各国效仿的典范。而这些赛事参与国家（地区）之多、影响范围之广也为各国政府所重视，组织和参与这些赛事已经成为一些国家政府重要的工作内容之一。正因如此，人们就自然更加看重其价值。为了在竞技场上争得一席之地，通过比赛提升国家民族的地位，极力地迎合这些赛事的需要而趋之若鹜，极"自然"地纳入到西方体育的轨道。西方国家凭借着"先入为主"的优势，在国际体育中把持着绝对的话语权。

西方化的体育全球化在打破西方体育与民族体育平衡的同时，会加速民族体育的自然消减，而最终将导致民族体育的西方化。这种现象我们已经在19世纪末以来中国体育的发展进程中看到了。随着世界市场的形成即经济一体化，文化方面也出现一体化的现象。以现代体育运动会为例，体育运动会的仪式无不遵从西方式的圣火仪式、运动员裁判员宣誓、开闭幕式的庆典活动等，这一切都发源于西方。目前奥运会的竞赛项目已达300项之多，但这些项目绝大部分都是西方人的传统项目，其他国家和民族被迫以抛弃其长期积淀而形成的传统文化为代价，在运动会上享受西方创造的"文明"。同时，竞赛规则也是以西方的价值观念为原则的，于是西方人所崇尚的竞争和刺激成为制定竞赛规则的标尺；设置的奖励方式则无论多少人、多少队参加，冠军永远只有一名：这体现了西方人的价值观——放大人的主体性，把竞赛变成对"稀有"奖励的争夺。无论世界各种体育项目的比赛，运动员穿的总是耐克或阿迪达斯，喝的都是可口可乐等等。这一切的结果是：通过世界性的体育比赛，全世界各民族固有的传统体育文化、运动方式、审美趣味等渐渐消融掉了，形成了一种单一的、同质化的——西方或美国化的——文化风格，而这种单一的、同质化的文化风格不仅刚好与奥林匹克运

---

① 约翰·费斯克，《理解大众文化》，王晓珏、宋伟杰译，北京：中央编译出版社，2001：119.
② 万俊人，《全球化的另一面》，载《读书》，2000（1）：1-10.

动所强调"多元文化"并存的美好愿望相背离,而且还威胁到世界民族体育文化的丰富多样性。

同时,体育全球化不仅导致世界体育文化同质化,而且影响着人们的体育价值观。西方现代体育提倡竞争,提倡超越对手,超越自然障碍,其活动是在相互较量、相互比较的过程中完成的,这一点是与东方人或世界上一些其他民族的体育精神是不同的。东方民族更多强调体育对于身心的愉悦性、审美性、娱乐性,而忽视单纯的竞技性。在西方体育观中,竞技场上的佼佼者被视作偶像,被人们颂之为英雄。竞技的结果、成绩、名次直接影响到做人的价值以及本身的尊严,竞赛的奖品也不再是古代希腊奥林匹克运动场上的橄榄枝花环,它会给人带来一生的荣耀甚至富有。拜金主义、功利思想的影响,使伦理道德观念发生倾斜和滑坡。在现代体育赛场上出现的偷用禁药、贿赂裁判、打架斗殴、弄虚作假的现象,已使道德丧失殆尽。这种线性的、单向的价值取向,恰好严重地背离了奥林匹克精神。在中国传统文化中,传统伦理道德所体现的与自然、与人和社会和谐共处的思想以及注重人格的观念,形成了中国人独特的体育价值观。尤其是中国少数民族传统体育活动,更有着自身丰富的独特精神,譬如其自娱性、审美性、共同参与性,"胜固可喜,败亦无忧",把胜负看成是对人生的一种体验、一种磨砺,对人格完善的一种促进,这是一种极其人本精神的文化传统。然而,这一些传统完全有可能在西方体育文化价值观的冲击下,受到现代人的漠视。

民族体育依存于某一地区特定的历史和文化背景。文化的生产是地方性和民族化的,文化的差异也不可能通过分配或重新分配来实现文化公正。它只能通过不同文化系统或层面来实现文化相互交流、相互理解而达到相互共享。① 一个国家、一个民族的体育亦是如此。

面对美国体育文化的冲击,我国民族体育在适应现代化、体现现代性方面还有各种不足,这需要我们以清醒的认识对我国民族体育的发展现状做出客观公正的评价,在此基础上,以理性的认知和饱满的热情,自觉、自愿、自主、自信地参与到全球化的历史进程中来。② 事实上,近代以来,从体育等方面摆脱被"边缘化"的处境,融入世界发展的大潮就一直是中华民族现代化的一个强大动力。"实现民族伟大复兴"的口号,就是这种基于悠久历史和曾经灿烂辉煌的古代文化而产生的复杂潜意识或集体无意识的体现。

---

① 万俊人,《全球化与文化多元化》,载《读书》,2000(12):97-105.
② 纪坡民,《从世界历史看全球化》,载《读书》,2003(1):24.

## 二、全球化背景下的机遇

全球化浪潮不仅是体育领域中我国民族本位话语权重建的危机，也充满着机遇。我国民族体育的发展要积极参与到体育全球化中来，没有参与便没有发言权。20世纪近二十年与国际体育组织关系中断的历史，失去了与世界体育同步发展的机遇，使中国体育发展滞后于国际体育发展的主流，同时使中华民族传统体育丧失了一次次与世界其他国家民族体育交流、沟通和融入国际体育主流的宝贵机会。

在体育全球化的进程中，在整合传统体育与现代化、西方体育与东方体育的关系时，需要对中华民族传统体育进行重新认识。西方一致在面对东方文化时，依然是以其西方文化语境为标准和价值参照系。然而，在世界文化发展中缺少中国体育文化作为参照系却又是不完整的。在体育全球化的过程中，保持中华民族的文化传统、体育传统，对于保持世界文化的多元性、体育的多样性，都具有重要的意义。作为一种文化，各民族和国家的价值判断和追求更多地呈现出它的非一致性。① 因而，中华民族传统体育的发展不是追求与西方体育相一致的标准，更不是走同样的发展道路。

同时，必须清醒地看待西方体育与中华民族传统体育的巨大落差，那种受乐观的"21世纪是中国世纪"的预言、"中华文明将成为未来全球文化的主导力量"的盲目自信影响的思想，必然成为体育全球化的障碍，只能制造类似于中国足球已经"走向世界"的幻想。

体育全球化与经济、文化全球化一样，是现代社会发展的必然选择。中国体育在全球化的国际性趋势中，再一次面临着民族化与现代化的选择。对许多人而言，中国民族体育的最大愿望是融入体育全球化浪潮中，但中国民族体育文化融入全球化，并不等于将其纳入西方文化的轨道中，而是要坚持自我立场、自我身份，更不能使民族精神迷失在"融入"中。反对体育全球化的西方化，并不是拒斥西方体育，更不是反对体育全球化，我们不能按照"非此即彼"的二元思维模式来认识体育全球化和西方体育。体育全球化过程中的跨文化交流有利于促进不同文化之间的沟通与融合，使不同民族和国家能够在这一过程中认识到自身的价值，积极抵御在西方体育传入中所带来的消极因素和负面影响，增强民族自信心，提高民族自豪感。通过交流使人们认识到本民族和国家在体育发展过程中

---

① 纪坡民，《从世界历史看全球化》，载《读书》，2003（1）：26.

的不足，积极探索适合本民族和国家体育发展的方式，保持自主和独立性。

体育全球化的西方化倾向对民族体育的影响是不言而喻的，尽管也有积极的一面，但对民族体育发展的阻滞和削减作用更不容忽视。在全球化环境下，提升民族体育的地位，促进民族体育不断发展，通过一切积极的方面，在保持和发展其民族性的同时，开拓世界性价值，让民族的优秀体育文化融入世界体育发展的主流。

在传统体育现代化和中国体育融入体育全球化的进程中，一个不容忽视的问题是重建民族本位的体育话语权。所谓民族本位的体育话语权，不是指完全独立于建立在现代科学基础上的现代体育的科学话语体系之外、仍然以阴阳或精气神之类范畴为基础的传统话语体系，不是指"中体西用"或者"西体中用"，更不是指科学体育话语体系和传统话语体系的简单糅合，而是一方面系统地研究中华民族传统体育和体育思想发展的历史，从中清理出中华民族对于生命、健康和体育问题的独特认识；同时系统、全面的研究发源于西方但植根于现代科学基础上的现代体育的话语体系。在此基础上，通过交流与对话，共同去探讨与全人类相关的体育现象的本质、规律……从中寻求共同的语言、共同的理解。

也许，由于历史与文化的差异，我们永远也不可能求得完全的共识。但是，我们需要用一种彼此能够接受的方式，让对方能够充分理解彼此对体育的感受和认识。因此，创建中华民族本位的体育话语体系不是为了抗拒或排斥科学体育话语，不是为了"彰显"中华文化而刻意用若干中华文化元素去"创造"一种不曾存在过的话语体系，而是要从已经存在了数千年的中华传统体育中去整理出曾经有过并且仍然在影响着中国人的生命观、身体观、健康观和体育生活的那些观念、范畴和思维方式，并以此来实现与西方体育文化的平等对话，从而共同去探究人类体育文化的奥秘。

这是中国体育思想史研究面临的历史使命。

# 结　论

本书通过美国不同历史阶段代表性体育学说的述评，从思想流变的视角对美国体育的变革进行考察，发现体育思想在美国体育变革中的具体作用和影响，探寻思想与变革之间的影响机制，得出以下结论：

（1）系统性的美国体育思想形成于19世纪中叶。

以希区柯克、沙金特、毕彻和路易斯为代表的学者以医学健康观为基础，对体育的功能和价值进行了系统性的反思与阐述，使美国学者对体育的认识从散乱的观点上升到系统的思想体系，为体育实践体系的构建奠定了基础与前提。从19世纪末开始至20世纪中，以古利克、伍德、赫瑟林顿和威廉姆斯为代表的学者通过对体育本质的辨析，否定希区柯克等学者以"健康"为核心的体育思想体系，提出以"教育"为核心的"新体育"思想，把体育的价值从个体层面上升到社会层面，使体育从哲学层面彻底成为教育的一环。从20世纪中叶开始，一些学者基于对整个体育思想体系的系统性反思，提出新的理念。新体质学派在肯定体育教育功能的同时，构建了新的"wellness"健康观；学术学派把体育研究从教育引向了多学科交叉研究；竞技运动批判学说把相关研究从制度层面引向了学术层面，提出了重塑校际竞技运动教育价值的理念；"边缘化"学说表现出美国学者对新时代背景下体育本质的反思与探索。

（2）体育思想对美国体育变革发挥着引导和规约的作用。

19世纪中叶，在希区柯克等学者以医学健康观为核心的体育思想的指引下，美国形成了以促进健康为目标、以形式化体操为内容的系统化的体育实践体系与管理机制，并同时创建了以卫生学为主的体育师资教育体系。19世纪末至20世纪中，随着"新体育"学说的形成与推广，美国群众体育的主要内容从体操转到了游戏与竞技，学校体育从教师主体转向学生主体并增加了体育理论课，体育测量与评价发生了从一维到多维、从有形到无形的转变，竞技体育方面开始出现体系化的校际竞技运动和校内休闲娱乐运动，体育师资则经历了从规模上的量变到培养目标与内容方面的质变。从20世纪中开始，在新体质派、学术派和竞技运动批判学说的影响下，公共体育教育目标不再局限于或健康、或教育的一元理念，必修课比例发生了显著变化，课程内容再次回到了以个人健身运动为主；专业体育在学科模式上从单一的师资培养转变为师资与科研并重的多元模式，在学科核心方面呈现出明显的泛化特征，在研究领域方面出现了新的划分方法和"人文体育学"等新领域；校际竞技运动以提高教育价值为目标的变革较为迟缓，仅有的显著变革是第九条款的颁布改善了大学女生在校际竞技运动体系中的不公正待遇，NCAA的相关改革措施大多没有功效。

（3）美国体育思想对美国体育变革的影响机制是合理性与合法性的构建。

合理性的转变导致美国体育体系的逐层转变：理念合理性的转变导致美国体育的目标和价值的转变，内容合理性的转变导致美国体育的课程内容的转变，形式合理性的转变导致美国体育教学方式的转变，评价合理性的转变导致体育测评形式与目标的转变。在完成美国体育体系合理性构建之后，体育思想又通过"人才—权威—制度"的路径为美国体育体系赋予了合法性，使整个美国体育体系得以运转。

（4）美国体育思想与美国体育变革对我国体育发展的启示主要体现为五个方面：在大众体育方面，在理念上应注重多元化发展，在内容上应考虑从健康到健身的回归，在精神上应关注体育精神真义之所在；在专业体育方面，在整体上应坚持真正以人为本的研究理念，在本土实践中谋求学科的发展与创新，在具体层面应借鉴美国人文体育学和运动教育学的发展，丰富我国体育学科的研究内容；在竞技运动方面，应以美国校际竞技运动存在的问题为警示，理智对待校际竞技运动的商业化，针对校际竞技运动的利益分配形式，设置完善的监管制度，借助体制外机构的干预，实现资源分配的公平化，从学生运动员与普通学生之间

的"分离"和"学业不精"两个方面重塑大学高水平运动的教育价值;在体育思想对美国体育变革的影响机制方面,我国体育体系合理性、合法性构建的不足主要体现在理念合理性评价标准不稳定、体系构建多由政府部门完成两个方面,现阶段的重点是如何构建新的体育教师观;在文化层面,应把握全球化的机遇和挑战,积极推动我国体育文化民族本位话语权的重建。

以上是本书针对美国体育思想与美国体育变革研究的主要结论与启示。基于研究能力和客观条件的限制,本研究主要存在两方面的不足:一是没有对每个时期的体育思想进行全面的阐述与分析,仅以主要的代表性学说作为研究对象,所以在思想与变革的关系论述中可能存在以偏概全的问题;二是对美国体育思想与美国体育对应关系论述的不足,继而使有关我国体育改革启示部分的研究缺乏深度与针对性。因此,尽管本书的撰写结束,但就美国体育思想研究而言,这仅仅是个开始。

# 参考文献

## 一、中文期刊

[1] 林笑峰. 从日本出版《现代美国 SPORT（竞技）史》看美国体育思想的变迁 [J]. 体育学刊，1995（3）.

[2] 朱建国. 美国体育目的的历史回顾及其分类研究 [J]. 体育文史，1999（3）：24.

[3] 宋微. 浅析美国文化对美国体育的影响 [J]. 吉林体育学院学报，2007（6）：6.

[4] 李佐惠. 美国转折时期体育主题争论及其启示 [J]. 体育文化导刊，2010（3）：96.

[5] 马廉祯. 近代美国体育思想对中国体育思想的影响：以民国时期〈体育原理〉为例 [J]. 体育学刊，2010（5）：8–12.

[6] 梅根悟. 新体育的理论与实践 [J]. 世界教育史大系，1975（31）：247–261.

[7] 李自汉. 关于美国体育课程的调查研究 [J]. 石河子大学学报，1988（1）：18.

[8] 仇军. 美国四年制大学体育课程的现状介绍 [J]. 中国学校体育，1986（6）：57.

[9] Thomas Trimble，赵澄宇（编译）. 美国大学公共体育课的现状 [J]. 中国学校体育，1991（3）：66.

[10] 陈琳. 美国的大学体育 [J]. 体育科研，2005（3）：75.

[11] 隋晓航. 中美大学体育课程设置现状的比较 [J]. 体育学刊，2008（3）：61–66.

[12] 张锐. 美国体育联合会的立法分类与程序 [J]. 北京体育大学学报，2007（7）：535.

[13] 池建. 美国体育联合会指导原则 [J]. 中国体育科技，2003（3）：17–19.

[14] 张务一. 美国体育人才培养窥探 [J]. 国际人才交流，2003（3）：34–36.

[15] 袁丽萍. 美国体育赛事营销与传播的研究的审视与思考 [J]. 体育与科学，2010（4）：65–68.

[16] 金玉. 美国大学校际体育竞赛管理的启示 [J]. 体育科学，1997（1）：23–25.

[17] 王永盛，等. 美国大学竞技体育发展对我国高校的启示 [J]. 山东体育学院学报，2010（1）：80–83.

[18] 张勇，范英华. 中美高校高水平运动员招生机制的比较研究 [J]. 北京体育大学学报，2005（4）：85.

[19] 王波，等. 中美高等学校高水平运动队外部领导和内部管理体制的比较研究 [J]. 西安体育学院学报. 1997（3）：26.

[20] 二民. 运动场外的交易：美国大学的体育丑闻 [J]. 世界博览，1986（9）：55.

[21] 邱国良. 美国体育的丑闻和黑幕 [J]. 当代体育，1986（7）：86.

[22] 范文彬. 美国体育教师管窥 [J]. 安徽体育科技，1991（2）：65.

[23] 李晓军. 美国体育师资培训的历史与现状 [J]. 山东体育学院学报，1985（1）：35.

[24] 陈玉忠，徐箐. 美国体育师资培养和管理的特色及启示 [J]. 体育文化导刊，2005（9）：59-60.

[25] 张宏. 美国体育教育分析 [J]. 体育文化导刊，2010（8）：102-105.

[26] 王广进，王锐，等，当代北美体育学科研究动向：从 kinesiology 的使用说起 [J]. 体育学刊，2009（4）：12-15.

[27] 马毅. 美国体育系的发展历程和趋势研究 [J]. 沈阳体育学院学报，2002（3）：32-35.

[28] 闫万军，郑明娟，赵斌. 中美体育高等教育宏观比较研究 [J]. 西安体育学院学报，2007（2）：116-118.

[29] 隋晓航. 中美两国大学课外体育管理机制比较 [J]. 教育与职业，2008（5）：86.

[30] 张迎春. 中、美、日三国学校课外体育活动比较 [J]. 南京体育学院学报，2003（17）：113-115.

[31] 范振国. 美国春田学院体育教学类型简析 [J]. 中国学校体育，2008（8）：80-81.

[32] 郑建民. 美国春田学院及其体育教学的特点和启示 [J]. 体育学刊，2007（2）：75-77.

[33] 郑建民. 中山大学与美国春田学院本科生体育教学的比较研究及启示 [J]. 中国学院体育，2007（5）：54-56.

[34] 赵晓阳. 美国春田学院与中国近代体育人物 [J]. 南京体育学院学报，2004（1）：33-36.

[35] 张新萍，杨茜. 美国高校高水平运动队训练特色管窥：以春田学院为例 [J]. 首都体院学报，2005（4）：42-43.

[36] 张新萍. 剖析美国高校高水平运动队管理特色：以春田学院女子篮球队为例 [J]. 中国学校体育，2006（2）：55-57.

[37] 池深,等. 中美体育教育专业现行课程设置的比较研究:以美国春田学院和上海体育学院为例 [J]. 江西教育科技,2007 (11):201-203.

[38] 陈希. 对美国十所大学体育的考察与思考 [J]. 清华大学教育研究,1998 (3):112-121.

[39] 钟玮,仇军. MIT 与清华大学体育之比较研究 [J]. 高等工程教育研究,2005 (2):91-93.

[40] 杨霞. 美国大学 FIU 的校园体育活动的案例分析 [J]. 中国学校体育,2005 (3):57-59.

[41] 张宏. 美国体育教育分析 [J]. 体育文化导刊,2010 (8):102-105.

[42] 俞爱玲. 美国印第安纳大学体育教学与运动训练复合型人才培养课程体系 [J]. 山东体育学院学报,2004 (1):82-84.

[43] 彭国强,等. 近十年北美体育教学研究现状 [J]. 武汉体育学院学报,2009 (9):81-84.

[44] 赵亮,葛春林. 从电子竞技到体育课程 [J]. 体育学刊,2009 (3):59-62.

[45] 杨子,文霞. 乡村城市化与体育商业化进程:19世纪中叶至20世纪初美国体育的变革 [J]. 体育文史,1995 (3):50-51,1995 (4):58-61.

[46] 金钟珉. 关于韦伯与哈贝马斯合理性概念的比较 [J]. 复旦学报,1999 (4):68.

[47] 杨文革. 马克思·韦伯政治合法性理论评析 [J]. 北方论丛,2006 (1):68.

[48] 边宇. 体育"本能宣泄"功能的哲学思考 [J]. 上海体育学院,2009 (2):40-41.

[49] 麦克乐. 运动上君子的精神 [J]. 体育季刊,1922,1 (2):1-7.

[50] 马廉祯. 追求卓越的竞技运动:竞技运动,一个哲学的探究 [J]. 体育文化导刊,2009 (5):83.

[51] 边宇. 美国《全民健身计划》解析及其对我国的启示 [J]. 体育学刊,2011 (2):69.

[52] 单磊. 美国学校体育深度访问 [J]. 中国学校体育,2008 (2):79.

[53] 郭华恬,金熙佳. 高校体育的目标与改革思路 [J]. 体育与科学,2003 (1):75.

[54] 张瑞林. 新时期综合性美国体育发展面临的若干问题的思考 [J]. 北京体育大学学报,2011 (6):83.

[55] 杨文轩. 关于"体育与健康标准"修订的思考 [J]. 体育学刊,2011 (9):1.

[56] 周爱光. "体育大国"与"体育强国"的内涵探析 [J]. 体育学刊,2009 (11):1-4.

[57] 胡小明. 从"体教结合"到"分享运动":探索竞技运动培养的新路径 [J]. 体育科

学，2011（6）：5-9.

[58] 胡小明. 体育发展新理念："分享运动"的人文价值观与青少年体育发展［J］. 体育学刊，2011（1）：14-19.

[59] 王进，李定忠. 中国全民健身与美国国民健康计划比较［J］. 军事体育进修学院学报，2006（3）：111.

[60] 毛振明. 日本的新体育：快乐体育简介［J］. 北京体育大学学报，1987（1）.

[61] 毛振明. 快乐体育的课是这样上的［J］. 中国学校体育，1992（3）.

[62] 毛振明. 何为快乐体育与主动体育［J］. 中国学校体育，1995（40）.

[63] 毛振明. 快乐体育的理论与产生背景［J］. 中国学校体育，1996（6）.

[64] 谭华. 论体育道德［J］. 体育科学，1982（3）.

[65] 谢琼桓. 中华体育精神是全民族的精神财富［J］. 求是，2000（21）：11-13.

[66] 何劲鹏，杨伟群. 精神考量：体育课程理性化反思与超越［J］. 体育学刊，2010（11）：74-77.

[67] 鲁长芬. 发达国家体育学科体系研究的特点与启示［J］. 上海体育学院学报，2008（7）：51.

[68] 杨波，杨文轩，等. 美国体育学科发展历程及现状［J］. 体育学刊，2007（10）：116-120.

[69] 周爱光. "体育大国"与"体育强国"的内涵探析［J］. 体育学刊，2009（11）：2.

[70] 胡小明. 体育应该是一门社会科学［J］. 成都体育学院学报，1979，5（1）：15-19.

[71] 胡晓风. 关于体育科学体系的若干问题［J］. 成都体育学院学报，1980，4（1）：1-6.

[72] 龙天启，李献祥. 现代体育科学体系初探［J］. 北京体育大学学报，1981，4（3）：5-11.

[73] 卢元镇. 关于体育科学体系与科学属性探讨情况简介［J］. 体育科学，1982，2（4）：41-43.

[74] 熊斗寅. 初论体育学的科学体系［J］. 中国体育科技，1983，19（2）：18-26.

[75] 杨文轩. 体育学科体系重新建构刍议［J］. 天津体育学院学报，2009（4）：279-280.

[76] 陈学新. 体育文学探源［J］. 北京体育大学学报，2000（1）.

[77] 孙会山. 现代社会体育与艺术的关系与应用［J］. 齐鲁艺苑，2004（2）.

[78] 区健. 论体育与艺术双向融合的文化内涵［J］. 艺术教育，2005（5）.

[79] 胡小明. 竞技运动文化属性的皈依：从工具到玩具［J］. 体育文化导刊，2002（4）.

[80] 李世宏. "体育教育学"概念的流变及其对我国体育教育学学科建设的启示［J］. 2011（4）：81-82.

## 二、中文论著

[1] 余英时. 历史与思想 [M]. 台北：联经出版公司，1976.

[2] 冯友兰. 中国哲学简史 [M]. 北京：北京大学出版社，2010.

[3] 吴文忠. 美国的体育 [M]. 世界书局，1970.

[4] 曲宗湖，杨文轩. 域外学校体育传真 [M]. 北京：人民体育出版社，1999.

[5] 谭华. 体育史 [M]. 北京：高等教育出版社，2005.

[6] 徐元民. 体育史 [M]. 北京：科学技术文献出版社，2005.

[7] 利奥塔. 后现代现状：关于知识的报告 [M]. 车槿山，译. 北京：生活·读书·新知三联书店，1997.

[8] 今村嘉雄 [日]. 欧美体育史 [M]. 成都：成都体育学院翻译小组，1976.

[9] 西洋体育史 [M]，周池天，译. 台北：黎明文化事业股份公司，1971.

[10] 梅根悟. 新体育—理论—实践—世界教育史大系（31）[M]. 东京，讲谈社，1975.

[11] 吕俊甫. 美国教育 [M]. 台北：商务印书馆，1970.

[12] 孟湘砥，胡若愚，近代教育史 [M]. 台北：五南图书出版公司，1993.

[13] 林玉体. 西洋教育史 [M]. 台北：文景出版社，1993.

[14] 王廷芳. 美国高等教育史 [M]. 福州：福建教育出版社，1995.

[15] F. D. 沃林斯基. 健康社会学 [M]. 2 版. 北京：社会科学文献出版社，1999：116.

[16] Howard L Nixon II, James H Frey. 运动社会学 [M]. 王宗吉，译. 台北：洪叶文化，2000：310.

[17] 威廉·詹姆斯. 实用主义 [M]. 陈羽纶，等，译. 北京：商务印书馆，1997.

[18] 卢元镇. 中国体育社会学评说 [M]. 北京：北京体育大学出版社，2003.

[19] 克拉克·伯顿. 高等教育系统：学术组织的跨国研究 [M]. 王承绪，等，译. 杭州：杭州大学出版社，1994.

[20] 张振亭. 中华体育精神 [M]. 北京：北京体育大学出版社，1996.

[21] 周西宽. 体育学 [M]. 成都：四川教育出版社，1988.

[22] 卢元镇，体育人文社会科学概论高级教程 [M]. 北京：高等教育出版社，2003.

[23] 弗莱克斯纳·亚伯拉罕. 现代大学论：美、英、德大学研究 [M]. 徐辉，陈晓菲，译. 杭州：浙江大学出版社，2000.

[24] 麦克乐. 体育与德谟克拉 [M] //成都体育学院体育史研究所. 中国近代体育史资料，成都：四川教育出版社，1988：401.

## 三、中文学位论文

[1] 马廉祯. 论美国体育对中国近代体育的影响 [D]. 广州：华南师范大学, 2009.

[2] 王建台. 西方自然体育在近代中国发展过程之研究（1898—1937）[D]. 台北：台湾师范美国体育研究所, 1997.

[3] 蔡祯雄. 学校体育兴革之探讨 [D]. 台北：台湾师范美国体育系所, 1993.

[4] 蔡祯雄. 现代休闲活动的形成与发展之研究 [D]. 台北：台湾师范美国体育系所, 1996.

[5] 池建. 美国大学竞技体育体系的研究 [D]. 北京：北京体育大学, 2003.

[6] 邵玉辉. 美国大学休闲专业课程设置对我国的启示 [D]. 济南：山东师范大学, 2007.

[7] 赵相周. 中美两国高校课余体育比较 [D]. 扬州：扬州大学, 2009.

[8] 夏晓勤. 中美两国大学体育文化比较研究：以哈佛、耶鲁、清华、北大为例 [D]. 北京：清华大学人文学院教育研究所, 2004.

[9] 江雪碧. 提升美国体适能："有氧运动之父"古柏历史地位之探讨 [D]. 台北：辅仁大学, 2005.

[10] 陈微. 论我国新时期体育文学创作 [D]. 广州：华南师范大学, 2005.

[11] 李敏. 体育艺术基本理论与学科建设初探 [D]. 北京：北京体育大学, 2007.

## 四、英文期刊

[1] Helberg N, Heyes C J, Rohel J. Thinking through the body: yoga, philosophy, and physical education [J]. Teaching Philosophy, 2009, 32 (3): 263－284.

[2] Green K. Philosophies, ideologies and the practice of physical education [J]. Sport Education & Society, 1998, 3 (2): 125－143.

[3] Laird C. The value of recreational sports in higher education: impact on student enrollment, success, and buying power [J]. Schole A Journal of Leisure Studies & Recreation Education, 2004: 56.

[4] Mary Elizabeth Jung MSc, Steven Russell Bray PhD. Behavior change and the freshman 15: tracking physical activity and dietary patterns in 1st-year university women [J]. Journal of American College Health J of Ach, 2008, 56 (5): 523－530.

[5] Wengreen H J, Moncur C. Change in diet, physical activity, and body weight among young-adults during the transition from high school to college [J]. Nutrition Journal, 2009, 8 (1): 32, 32－38.

[6] Malinauskas B M, Cucchiara A J, Aeby Victor G. et al. Physical activity, disordered eating risk, and anthropometric measurement: a comparison, of college female athletes and non athletes [J]. College Student Journal, 2007, 41 (1): 217-222.

[7] Kahan D. Overweight and its relationship to middle eastern American college students' sociodemographics and physical activity [J]. Research Quarterly for Exercise & Sport, 2007, 78 (3): 248-256.

[8] Engstrom D. Correlations between teacher behaviors and student evaluations in college-level physical education activity courses [J]. Physical Educator, 1999, 70 (1): A86.

[9] Bray S R, Clayton C S, Kwan M Y W, et al. Effects of a first-year student physical activity guide on action plans and physical activity during transition to university [J]. Journal of Sport & Exercise Psychology, 2007, 29 (3): S148-S149.

[10] Kwan M Y W, Bray S R, Woodgate J A, et al. Differences in physical activity-related social cognitions among first-year university students' consideration of future consequences [J]. Journal of Sport & Exercise Psychology, 2007, 29 (Supplement).

[11] Reed J, Ainsworth B. Perceptions of environmental supports on the physical activity behaviors of university men and women: a preliminary investigation [J]. Journal of American College Health, 2007, 56 (2),: 199-204.

[12] Ajibade P. Physical activity patterns by campus housing status among African American female college students [J]. Journal of Black Studies, 2011. 42 (4): 548-560.

[13] Reed A, Phillips D. Relationships between physical activity and the proximity of exercise facilities and home exercise equipment used by undergraduate university students [J]. Journal of American College Health, 2005, 53 (6): 285-290.

[14] Buscemi J, Martens P. Moderators of the relationship between physical activity and alcohol consumption in college students [J]. Journal of American College Health, 2011, 59 (6): 503-509.

[15] Musselman J, Rutledge P. The incongruous alcohol-activity association: physical activity and alcohol consumption in college students [J]. Psychology of Sport & Exercise, 2010, 11 (6): 609-618.

[16] Seo Dong-Chul, Nehl E, Ma Shang-Min. Relations between physical activity and behavioral and perceptual correlates among midwestern college students [J]. Journal of American College Health, 2007, 56 (2): 187-197.

[17] Arliss M, Cigarette S, Binge D. Physical activity, and diet in 138 Asian American and pacific

islander community college students In Brooklyn, New York [J]. Journal of Community Health, 2007, 32 (1): 71 -84.

[18] Taliaferro A, Rienzo A. Associations between physical activity and reduced rates of hopelessness, depression, and suicidal behavior among college students [J]. Journal of American College Health, 2009, 57 (4): 427 -436.

[19] Nguyen-Michel, Selena T, Jennifer H. Associations between physical activity and perceived stress/hassles in college students [J]. Stress & Health: Journal of the International Society for the Investigation of Stress, 2006, 22 (3): 179 -188.

[20] Cai S X. College student attitude toward three teaching styles in physical education classes [J]. College Student Journal, 1997, 31 (2): 251.

[21] Hansen G. Trends in physical activity interest in the college and university setting [J]. College Student Journal. 2010, 44 (3): 785 -789.

[22] Taeho Yoh, Heewon Yang, Gordon Brian. Status of participation in physical activity among international students attending colleges and universities in the United States [J]. College Student Journal, 2008, 42 (4): 1110 -1117.

[23] Sabourin S, Irwin J. Prevalence of sufficient physical activity among parents attending a university [J]. Journal of American College Health, 2008. 56 (6): 680 -685.

[24] Sisson B, Mc Clain J. Campus walkability, pedometer-determined steps, and moderate-to-vigorous physical activity [J]. Journal of American College Health, 2008 56 (5): 585 -592.

[25] Virginia S. The contribution of marching band participation to overall physical activity for a sample of university students [J]. Perceptual & Motor Skills, 2006, 103 (2): 457 -460.

[26] Kim M, Burke M, Carron V. A qualitative examination of university students' preferences for physical activity contexts [J]. Journal of Sport & Exercise Psychology, 2007, 29: 201 -202 (Supplement).

[27] Mack G, Shaddox A. Changes in short-term attitudes toward physical activity and exercise of university personal wellness students [J]. College Student Journal, 2004, 38 (4): 587 -593.

[28] Sweeney M. Initiating and strengthening: college and university instruction physical activity programs [J]. The Journal of Physical Education, Recreation & Dance, 2011, 82 (4): 17 -21.

[29] Russell A. Graduate teaching-assistant development in college and university instructional

physical activity programs [J]. The Journal of Physical Education, Recreation & Dance, 2011 (82) 4: 22 – 32.

[30] Wadsworth D, Hallam S. Effect of a web site intervention on physical activity of college females [J]. American Journal of Health Behavior, 2010, 34 (1): 60 – 69.

[31] Vankim A, Laska N. Understanding young adult physical activity, alcohol and tobacco use in community colleges and 4-year post-secondary institutions: across-sectional analysis of epidemiological surveillance data [J]. BMC Public Health, 2010 (10): 208 – 216.

[32] McArthur H, Raedeke D. Race and sex differences in college student physical activity correlates [J]. American Journal of Health Behavior, 2009, 33 (1): 80 – 90.

[33] Blanchard C, Fisher J, Sparling P. Understanding physical activity behavior in African American and Caucasian college students: an application of the theory of planned behavior [J]. Journal of American College Health, 2008, 56 (4): 341 – 346.

[34] Deng Xiaofen, G Jianmin, Bridges D. A meta-analysis of college students' physical activity behaviors [J]. Journal of American College Health, 2005, 54 (2): 116 – 125.

[35] Melton B, Burdette T. Utilizing technology to Improve the administration of instructional physical activity programs in higher education [J]. The Journal of Physical Education, Recreation & Dance, 2011, 82 (4): 27 – 32.

[36] Porretta L, Surburg R, Jansma P. Perceptions of adapted physical education graduated from selected universities on attainment of doctoral competencies [J]. Adapted Physical Activity Quarterly, 2002, 19 (4).

[37] Banks Aaron L, Wright, O. The top five employment opportunities in physical education higher education: 1993—1999 [J]. Physical Educator, 2001, 58 (3): 150 – 158.

[38] Wenos D, Koslow R. E. Employment trends in kinesiology/physical education higher education: 1988 – 1992 [J]. Physical Educator 1996, 53 (1): 24 – 27.

[39] Rowe J. Consumer needs in physical education and athletics in higher education [J]. Physical Educator, 1996, 53 (1): 28 – 33.

[40] Evaul T, Hilsendager D. Basic instruction programs: issues and answers [J]. Journal of Physical Education, Recreation and Dance, 1993, 64 (6): 37.

[41] Hensley Larry D. Current status of basic instruction programs in physical education at American colleges and universities [J]. The Journal of Physical Education, Recreation & Dance, 2000, 71 (9): 31.

[42] Rimble H. The general instruction program in physical education at four-years colleges and

universities: 1982 [J]. Journal of Physical Education, Recreation and Dance, 1984, 55 (5): 85.

[43] Lumpkin A, Jenkins J. Basic instruction programs: a brief history [J]. The Journal of Physical Education, Recreation, and Dance, 1993, 64 (6): 35.

[44] Crawford S Z, Greenwell T, et al. Exploring the relationship between perceptions of quality in basic instruction programs and repeat participation [J]. Physical Educator, 2007, 64 (2): 65.

[45] Franklin B. Proposals relating to the education of youth in Pennsylvania [J]. Journal of General Education, 1928 (3): 256-261.

[46] Sargent A. Physical education in colleges [J]. North American Review, 1883 (315): 166-180.

[47] Sargent A. Academic value of college athletic [J]. Education, 1907 (27): 323.

[48] Luther G. Physical education from standpoint of health [J]. Journal of Proceeding and Addresses of the National Education Association, 1910 (48): 349-350.

[49] Thomas W. Some unsolved problems in physical education [J]. National Education Association Proceedings, 1893 (32): 621.

[50] Clark H. Fundamental education [J]. Journal of Proceeding and Addresses of the National Education Association, 1910 (48): 350.

[51] Fred E. The relation of motor activity to health and education [J]. American Physical Education Review, 1915, 20 (11): 516.

[52] McCloy C H. Projects for future study by the society of directors of physical education in colleges [J]. Research Quarterly for Exercise & Sport, 1931, 2 (1): 183-189.

[53] Harry A. Supervised exercise corrects defects of college men [J]. Nation's Health, 1926 (10): 662, 772.

[54] Siiindle Wingert H, Raymond G Clapp, Charles E Hammett. Report of the committee on the encouragement of intra-collegiate and recreative sports [J]. American Physical Education Review, 1948 (5): 352-369.

[55] Coe H C. Universal physical training [J]. Journal of the American Medical Association, 1921, 76 (21): 1419.

[56] Harlan G. Status of special adaptive corrective procedures in colleges and large universities [J]. American Physical Education Review, 1929, 34 (4): 208.

[57] William L. Orientation course in physical education for college freshman [J]. Journal of Health

and Physical Education, 1934, 5 (12): 22 – 23.

[58] George L. The place of physical education in the college curriculum [J]. American Physical Education Review, 1907 (12): 105.

[59] Kleeberger F L. Physical efficiency tests as a practical method of popularizing physical education at the university of california [J]. American Physical Education Review, 1918, 23 (1): 27.

[60] Nichols J H. Report of physical examination and physical efficiency tests at Ohio State [J]. American Physical Education Review, 1920, 25 (5): 212.

[61] Agnes R. A scheme for testing and scoring the physical efficiency of college girls [J]. American Physical Education, 1923, 28 (11): 416 – 419.

[62] McCloy C H. Character building through physical education [J]. Research Quarterly, 1930 (2): 41 – 46.

[63] Elizabeth G R, Marjorie L H. An experiment in the use of knowledge and skill tests in playground baseball [J]. Research Quarterly for Exercise & Sport, 1931, 2 (4): 113 – 131.

[64] Wilce J W. Report of the committee on intramural sport, athletic research society [J]. Journal of the London Mathematical Society, 1918, 5 (4): 691 – 696.

[65] Jack E H. Status of the graduate faculty in physical education [J]. Research Quarterly, 1945, 16 (3): 231.

[66] Trow M. The expansion and transformation of higher education [J]. International Review of Education, 1971 (18): 61.

[67] Brylinsky J, Hoadley M. A comparative analysis of wellness attitudes of "suicidal" and "at risk" college students [J]. Wellness Perspectives, 1991, 8 (2).

[68] Henry F. Physical education: an academic discipline [J]. Journal of Health, Physical Education and Recreation, 1964 (37): 26.

[69] Henry F. The academic discipline of physical education [J]. Quest, 1978 (29): 13 – 29.

[70] Locke N. Research on teaching physical education: new hope for a dismal science [J]. Quest, 1977 (28): 2.

[71] Henry F. The academic discipline of physical education [J]. Quest, 1978 (29): footnote.

[72] Lambert C. The professionalization of Ivy League sports [J]. Harvard Magazine, 1997, 100: N/A.

[73] Kennedy J F. The soft American [J]. Sport Illustrated, 1960 (13): 15 – 17.

[74] Robert D B. The college sports reform movement: reframing the "edutainment" industry [J].

The Sociological Quarterly, 2007 (48): 5.

[75] Hutchins R M. Gate receipts and glory [J]. Saturday Evening Post, 1938 (23): 23 – 77.

[76] Rosalind C. The culture definition of physical education [J]. Quest, 1965 (4): 14.

[77] Hensley D. Current status of basic instruction programs in physical education at American colleges and universities [J]. The Journal of Physical Education, Recreation & Dance, 2000, 71 (9): 33.

[78] Strand B, Egeberg J, Mozumdar A. Health-related fitness and physical activity courses in U. S. colleges and universities [J]. ICHPER-SD Journal of Research, 2010, 5 (1 – 3): 17 – 20.

[79] Evaul T, Hilsendager D. Basic instruction programs: issues and answers [J]. Journal of Physical Education, Recreation and Dance, 1993, 64 (6): 37.

[80] Oxendine J B. The service program in 1960—1961 [J]. Journal of Health, Physical Education, and Recreation, 1961, 32 (6): 37 – 38.

[81] Oxendine J B. Status of required physical education program in colleges and universities [J]. Journal of Health, Physical Education, and Recreation, 1969, 40 (1): 32 – 35.

[82] Oxendine J B. General instruction program of physical education of four-year colleges and universities [J]. Journal of Health, Physical Education, and Recreation 1972, 43 (3): 26 – 28.

[83] Oxendine J B. The general instruction program in physical education at four-year colleges and universities: 1977 [J]. Journal of Health, Physical Education and Recreation, 1978, 49 (1): 21 – 23.

[84] Thomas R, Larry D H. The general instruction program in physical education at four-year colleges and universities: 1982 [J]. Journal of Physical Education Recreation & Dance, 1984, 55 (5): 157 – 168.

[85] Boroviak P C. The status of physical education basic instruction program in selected large universities in the United Stated [J]. The Physical Educator, 1989 (46): 209 – 212.

[86] Trimble R T, Hensley L D. Basic instruction programs at four-year colleges and universities [J]. Journal of Health, Physical Education, Recreation and Dance, 1990, 61 (6): 64 – 73.

[87] William F S, Jerome Q, Mark M S. The status of physical education performance classes within historically black colleges and universities [J]. The Journal of Physical Education, Recreation & Dance, 1993, 64 (5): 87 – 92.

[88] Strand B, Egeberg J, Mozumdar A. Health-related fitness and physical activity courses in U. S. colleges and universities [J]. ICHPER-SD Journal of Research, 2010, 5 (1 – 3): 17 – 20.

[89] Jerry R Thomas, T Gilmour Reeve. A review and evaluation of doctoral programs 2000—2004 by the American academy of kinesiology and physical education [J]. Quest, 2006 (58): 181.

[90] Gilmour R. Kinesiology: defining the academic core of our discipline [J]. Quest, 2007 (59): 1 – 4.

[91] Karl M. Kinesiology: challenges of multiple agendas [J]. Quest, 2007 (59): 5 – 24.

[92] Cowell C. Test of ability to recognize the operation of certain principles important to physical education [J]. Research Quarterly of the American Association for Health, Physical education, & Recreation, 1962 (3): 376 – 380.

[93] Dodder R A. What does sport do for people? [J]. Journal of Physical Education & Recreation, 1979, 50 (2): 50 – 51.

[94] Anne A. Biomechanics: an interdisciplinary science [J]. Academy Papers, 1991 (24): 5 – 14.

[95] Stephen S. Research on the teaching in physical education [J]. Research Quarterly for Exercise and Sport. 1991 (62): 352 – 364.

[96] Crosset T W, Benedict J R, McDonald M A. Male student-athletes reported for sexual assault: a survey of campus police departments and judicial affairs offices [J]. Journal of Sport & Social Issues, 1995, 19 (2): 126 – 140.

[97] Yiannakis A. Toward an applied sociology of sport: the next generation [J]. Sociology of Sport Journal, 1989, 6 (1): 1 – 16.

[98] Earle F Z, King J M. A history of the big ten body-of-knowledge project in physical education [J]. Quest, 1967, 9 (1): 79 – 84.

[99] Boyer J L, Ulrich C. We need new emphasis in physical education [J]. Todays Education, 1972: N/A.

[100] Ludlow M J, George C R, Hawley C M, et al. Conference of directors of physical education for college women [J]. American Physical Education Review, 1932, 16 (7): 46 – 52.

[101] Goffman E. Stigma: notes on the management of spoiled identity [J]. American Journal of Sociology, 1969, 45 (527): 642.

[102] Duderstadt J J. Intercollegiate athletics and the American university: a university president's perspective [J]. Duderstadt James J, 2003, 24 (6): 50 – 52.

## 五、英文论著

[1] Bennett, Lanyon B. A world history of physical education [M]. Englewood: Prentice Hall, 1971.

[2] Rice E A, Hutchinson J L, Lee M. A brief history of physical education [M]. New York: Ronald Press, 1958.

[3] Lee M. A history of physical education and sports in the U. S. A. [M]. Wiley, 1983.

[4] Williams J F. The Principles of physical education [M]. Philadelphia: Saunders Company, 1964.

[5] Gerber E W. Innovators and institutions in physical education [M]. Lea & Febiger, 1971.

[6] Thelin John. Games colleges play: scandal and reform in intercollegiate athletics [M]. Baltimore: John Hopkins University Press, 1994.

[7] William H Freeman. Physical education, exercise, and sport science in a changing society [M]. 7th. Jones & Bartlett Publishers, 2011.

[8] Webster N. A collection of essays and fugitiv writings 1790 [M]. Scholars' Facsimiles & Reprints, 1977.

[9] John C Warren. Physical education and the preservation of health [M]. Boston: William D. Ticknor and Company, 1846.

[10] Dudley A. Sargent. Physical education [M]. Boston: Ginn and Co. , 1906.

[11] Catherine Beecher. A manual of physiology and calisthenics for schools and families [M]. New York: Harper and Brothers, 1856.

[12] Bruce L Bennett. The life of Dudley Allen Sargent, M. D. , and his contributions to physical education [C]. Doctoral Dissertation, University of Michigan, 1947.

[13] Quoted in Hartwell. Physical training in American colleges and universities [M]. Washington: Govt. Print. Off, 1886.

[14] James C. Boykin. History of physical education, report of the commissioner of education for 1891—1892 [M]. Washington: U. S. Government Printing Office, 1894.

[15] Gulick L H. A philosophy of play [M]. New York: Charles Scribners Sons, 1920.

[16] Jess F Williams, Clifford L Brownell. The administration of health and physical education [M]. Philadelphia: W. B. Saunders Company, 1947.

[17] Jess F Williams. The principles of physical education [M]. Philadelphia: W. B. Saunders Company, 1948.

[18] Bonnie Cotteral, Donnie Cotteral. The teaching of stunts and tumbling [M]. New York: A. S. Barnes and Co. , Inc. , 1936.

[19] Gertrude Dudley, Frances A Kellor. A thletic games in the education of women [M]. New York: Henry Holt and Company, 1909.

[20] Letter from Endicott Peabody to Theodore Roosevelt, Sept. 16, 1905, quoted in Guy M. Lewis, "The American intercollegiate football spectacle, 1869—1917" [C]. Doctoral dissertation, University of Maryland, 1964.

[21] R. H. Boyle. Sport—mirror of American life [M]. Boston: Little, Brown and Company, 1963.

[22] Hetherington C W. School program in physical education [M]. Yonkers: World Book Company, 1922.

[23] Delbert Oberteuffer. School health education [M]. New York: Harper & Brothers, 1949.

[24] Ruth B Glassow, Marion R Broer. Measuring achievement in physical education [M]. Philadelphia: W. B. Saunders Company, 1938.

[25] Dixon Wecter. The age of the great depression [M]. New York: The Macmillan Company, 1948.

[26] John Dewey. Democracy and education [M]. New York: the Macmillan Company, 1916.

[27] Charles Harold McCloy. Philosophical bases for physical education [M]. New York: F. S. Crofts & Company, 1940.

[28] Cooper K H. Aerobics [M]. Tennessee: M. Evans, 1968.

[29] Cooper K H. Regaining the power of youth at any age [M]. Tennessee: Thomas Nelson, 1998.

[30] Jerrold G, George D, Barbee M O. Physical fitness and wellness: changing the way you look, feel and perform, human kinetics [M]. 3rd. 2004.

[31] Bowen W J. Reclaiming the game: college sports and educational values [M]. Princeton University Press, 2005.

[32] Sperber, Murray. College sports inc. : the athletic department vs the university [M]. New York: Holt, 1990.

[33] Conard C F. Liberal education in transition [M]. Washington: American Association for Higher Education, 1980.

[34] Kroll, Walter P. Perspectives in physical education [M]. New York: Academic Press, 1971.

[35] Deborah A, Charles A B. Foundation of physical education, exercise science, and sport [M].

Boston: McGraw-Hill Companies, 2003.

[36] Angela L. Introduction to physical education, exercise science, and sport studies [M]. Boston: McGraw-Hill Companies, 2002.

[37] Cooper K H. The aerobics way [M]. Tennessee: M. Evans, 1977.

[38] Cooper K H. Can stress heal [M]. Tennessee: Thomas Nelson, 1997.

[39] Cooper K H. Preventing osteoporosis [M]. Tennessee: Bantam Books, Incorporated, 1989.

[40] Allen Guttmann. The nature of modern sport [M]. New York: Columbia University Press, 1978.

[41] Freemon W H. Physical education, exercise, and sport science in a changing society [M]. 7th. Jones & Bartlett Learning, 2011.

[42] Hoeger W W K, Hoeger S A. Principles and labs for fitness and wellness [M]. Thomson/Wadsworth, 2002.

[43] William Harper. The philosophical perspective: in foundations of physical education: a scientific approach [M]. Boston: Houghton Mifflin. 1978.

[44] Kretchmar R Scott. Practical philosophical of sport [M]. Champaign: Human Kinetics, 1994.

[45] Harold V, Thomas S. Introduction to sport studies: from the classroom to the ball park [M]. Dubuque: Brown, 1978.

[46] Bandy Susan. Coroebus triumphs: the alliance of sport and the arts [M]. San Diego: San Diego State University Press, 1988.

[47] Zeigler E F, Huelster L J. Physical education and kinesiology in North America: professional & scholarly foundations [M]. Stipes Publishing, 1994.

[48] Peter C. Biomechanics of sport: The state of the art in perspectives on the academic discipline of physical education [M]. Champaign, IL, 1981.

[49] Ann C. The biomechanical perspective in foundations of physcial education: a scientific approach [M]. Boston: Houghton Mifflin. 1978.

[50] John A Faulkner, White Timothy. In perspectives on the academic discipline of physical education [M]. Champaign: Human Kinetics. 1981.

[51] Daryl S. Introduction to physical education, fitness, and sport [M]. 7th. New York: McGrew-Hill, 2009.

[52] Silverman S J E, Ennis C D E. Student learning in physical education: applying research to enhance instruction [M]. 2nd. Boston: Human Kinetics, 2003.

[53] Thelin J. Games colleges play: scandal and reform in intercollegiate athletics [M]. Baltimore: Johns Hopkins University Press, 1994.

[54] Shulman J L, Bowen W G J. The game of life: college sports and educational values [M]. Princeton: Princeton University Press, 2001.

[55] Sperber M. Beer and circus: how big-time athletics is crippling undergraduate education [M]. New York: Holt, 2000.

[56] Shulman J L, Bowen WJ. The game of life: college sports and educational values [M]. Princeton: Princeton University Press, 2001.

[57] James J. Intercollegiate athletics and the American university: a university president's perspective [M]. Ann Arbor: University of Michigan Press, 2000.

# 附　录

## 附录1：访谈提纲（interview）

### 访谈一（interview one）
对象（object）：阿姆赫斯特学院的德尼尔林教授和马克西教授（Prof. Jerry P. Dennerline and Prof. Trent E. Maxey of Amherst College）。

问题（question）：您认为美国体育思想的发展历程整体上分为哪几个阶段（How many different periods（stages）in American sports history）？

### 访谈二（interview two）
对象：春田学院的刘展教授（Dr. John Liu of Springfield College）

问题：您认为美国体育的发展历程整体上分为哪几个阶段（How many different periods in American college P. E history）？

### 访谈三（interview three）
对象：春田学院体育学安迪博士、黄海博士、海瑟琳娜博士（Dr. Andy Ho, Dr. Huang Hai, Dr. Katrina）

问题：您认为美国体育学科的主要研究领域和子学科有哪些（What is the main researsh field in sports science and the sub-field of sports science）？

### 访谈四（interview four）
对象：美国国际学院（American International College）、马萨诸塞大学安姆斯特分校（University of Mass-Amherst）、哈佛大学（Harvard University）、耶鲁大学（Yale University）学生各一人。

问题：您如何看待大学校际竞技运动（What do you think about Intercollegiate sports）？

## 附录 2：NCAA 主要改革措施

（1）1983 年，NCAA 通过的 48 号提案，要求所有学生运动员的平均积分点（grade-point averages，GPA）不能低于 2.0，SAT 成绩不能低于 700，核心课程不能低于 11 门。这个标准在 1992 年被"浮动模式（sliding scale）"替代，学生的部分高中课程被承认，另外，学生在高中毕业进入大学前，可以读一年的预科或先修课程，这一年的学分可以累积到大学中。

（2）1992 年 1 月 10 日，NCAA 通过 16 号提案，决定以标准化测试（standardized test scores）和 GPA 来评定学生运动的学术资格。1991 年 5 月 9 日，NCAA 主席委员会决定提高学生运动员的学术资格标准。

（3）1992 年 1 月 10 日，NCAA 通过了 16 号提案，建立了第一个学生运动员学术标准化考试和 GPA 标准体系。

（4）2002 年 10 月，NCAA 所有的一级学校（Division Ⅰ）通过了提高学生运动员 GPA 的建议，并决定把学生运动员的核心课程最低限从 13 门增至 14 门。

（5）2003 年 1 月，NCAA 所有的二级学校（Division Ⅱ）建议提高学生运动员的 GPA，并同意将其必修核心课程由 13 门增加至 14 门。

（6）2003 年 4 月，NCAA 所有的一级学校（Division Ⅰ）决定把学生运动员的核心课程最低限从 14 门增至 16 门。

（7）2004 年 4 月，NCAA 所有的一级学校（Division Ⅰ）通过了影响重大的学业进步率（academic progress rate，APR）审核机制。

（8）2005 年 1 月 10 日，NCAA 所有的二级学校（Division Ⅱ）通过了以学业成功率（academic success rate，ASR）评价学校学术资格的机制。ASR 与毕业成功率（graduation success rate，GSR）大体相似，不同的是 ASR 审核对象包括没有拿到奖学金的新生。

（9）2006 年 8 月，NCAA 所有的一级学校（Division Ⅰ）通过了学术促进（improvement-plus）计划，决定把 APR 的底线设为 900 分，每学期末不能拿到 900 分的学校将会受到上限为该校联邦财政支持 10% 的处罚。

（10）2008 年 1 月，NCAA 通过了把学生运动员 GPA 提高到 2.6 的决议。

（11）2010 年 10 月，NCAA 通过了把 APR 分数由 900 分提高到 925 分的决议，理由是根据统计，APR 900 分相当于 45% 的毕业率，而 925 分则相当于 60% 的毕业率。

## 附录3：美国体育相关专业设置

1. 农业及相关类（agriculture, agriculture operations, and related sciences，学科代码01）

| 目录 | 二级目录（代码、名称） | 三级目录（代码、名称） |
|---|---|---|
| CIP-1985 | none（无） | 0507 horse handling & care（马匹处理和护理） |
| CIP-1990 | 0500 agricultural supplies & related services（农业用品及相关服务） | 0507 equestrian/equine studies, horse management & training（马术/马研究与马匹管理和训练） |
| CIP-2000 | 0500 agricultural supplies & related servies（农业用品及相关服务） | 0505 animal training（动物训练）<br>0507 equestrian/equine studies（马术研究） |

2. 市场营销（marketing operations/marketing and distribution，学科代码08）

| 目录 | 二级目录（代码、名称） | 三级目录（代码、名称） |
|---|---|---|
| CIP-1985 | none（无） | none（无） |
| CIP-1990 | 0900 hospitality & recreation marketing operations（酒店和娱乐营销活动） | 0903 recreation products/services marketing operations（娱乐产品/服务营销业务） |
|  | 1300 healthproducts & services marketing operations（健康产品和服务营销业务） | 1301 health products & services marketing operations（健康产品和服务营销业务） |
| CIP-2000 | the entire series has been deleted（整个系列已经被删除） | the entire series has been deleted（整个系列已经被删除） |

3. 个人服务业（personal and miscellaneous services，学科代码12）

| 目录 | 二级目录（代码、名称） | 三级目录（代码、名称） |
|---|---|---|
| CIP-1985 | none（无） | none（无） |
| CIP-1990 | 0200 gaming & sports officiating services（游戏与体育裁判服务） | 0204 umpires & other sport officials（裁判员及其他体育官员）<br>0299 gaming & sports officiating services, other（体育博彩及其他） |
| CIP-2000 | the series 12.02 has been deleted（12.02系列已经被删除） | the series 12.02 has been deleted（12.02系列已经被删除） |

4. 教育类（education，学科代码13）

| 目录 | 二级目录（代码、名称） | 三级目录（代码、名称） |
| --- | --- | --- |
| CIP-1985 | 1300 pre service education（康复治疗服务） | 1307 health education（健康教育）<br>1314 physical education（体育教育） |
| CIP-1990 | 1000 special education（特殊教育） | 1008 education of the physically handicapped（残疾人的教育） |
| | 1300 teacher education, specific academic & vocational programs（教师教育，特定的学术和职业规划） | 1307 health teacher education（健康教师教育）<br>1314 physical education teaching & coaching（体育教学与辅导）<br>1327 health occupations teacher education (vocational)（健康职业教师教育（职业）） |
| CIP－2000 | 1000 special education and teaching（特殊教育） | 1008 education/teaching of individuals with orthopedic and other physical health impairments（矫形和身体有其他健康障碍的教育/教学）<br>1014 education/teaching of individuals who are developmentally delayed (new)（发育迟缓个体的教育/教学（新））<br>1015 education/teaching of individuals in early childhood special education programs（幼儿特殊教育项目的个人教育/教学） |
| | 1300 teacher education and professional eevelopment, specific subject areas（教师教育和专业发展，具休学科） | 1307 health teacher education（健康教师教育）<br>1314 physical education teaching and coaching（体育教学和辅导） |

5. 生物学类（biology，学科代码26）

| 目录 | 二级目录（代码、名称） | 三级目录（代码、名称） |
| --- | --- | --- |
| CIP－1985 | none（无） | 0601 anatomy（解剖学）<br>0706 exercise physiology（运动生理学） |
| CIP－1990 | 0600 miscellaneous biological specializations（各种生物专业） | 0601 anatomy（解剖学）<br>0609 nutritional sciences（营养科学） |

(续表)

| 目录 | 二级目录（代码、名称） | 三级目录（代码、名称） |
|---|---|---|
| CIP-1990 | 0700 zoology（动物学） | 0706 physiology, human & animal（生理学、人类和动物） |
| CIP-2000 | 0400 cell/cellular biology and anatomical sciences（细胞/细胞生物学和解剖学科学） | 0403 anatomy（解剖学） |
| | 0900 physiology, pathology and related sciences（生理学、病理学和相关科学） | 0908 exercise physiology（运动生理学） |

6. 属于多学科跨学科研究类（multi/interdisciplinary studies，学科代码30）

| 目录 | 二级目录（代码、名称） | 三级目录（代码、名称） |
|---|---|---|
| CIP-1985 | none（无） | none（无） |
| CIP-1990 | none（无） | none（无） |
| CIP-2000 | 1900 nutrition sciences（营养科学） | 1901 nutrition sciences（营养科学） |

7. 运动场、娱乐休闲与体适能研究（parks, recreation, leisure and fitness studies，学科代码31）

| 目录 | 二级目录（代码、名称） | 三级目录（代码、名称） |
|---|---|---|
| CIP-1985 | none（无） | 0101 parks & recreation, general（一般运动场与娱乐） |
| | | 0201 outdoor recreation（户外休闲） |
| | | 0301 parks & rec management（运动场与娱乐管理） |
| | | 9999 parks & recreation, other（运动场和娱乐及其他） |
| CIP-1990 | 0100 parks, recreation & leisure studies（运动场、娱乐和休闲研究） | 0101 parks, recreation & leisure studies（运动场，娱乐和休闲研究） |
| | 0300 parks, recreation & leisure facilities management（运动场、娱乐和休闲设施管理） | 0301 parks, recreation & leisure facilities management（运动场、娱乐和休闲设施管理） |

（续表）

| 目录 | 二级目录（代码、名称） | 三级目录（代码、名称） |
| --- | --- | --- |
| CIP-1990 | 0500 health & physical education/fitness（健康与体育/体适能） | 0501 health & physical education, general（健康与体育）<br>0502 adapted physical education/therapeutic recreation（适应性体育/治疗娱乐）<br>0503 athletic training & sports medicine（运动训练与运动医学）<br>0504 sport & fitness administration/management（运动与体适能管理）<br>0505 exercise sciences/physiology & movement studies（运动科学/生理学与运动研究）<br>0506 socio-psychological sports studies（运动社会心理学研究）<br>0599 health & physical education/fitness, other（健康与体育/体适能及其他） |
| | 9900 parks, recreation, leisure & fitness studies, other（运动场、娱乐、休闲和健身研究）<br>9999 parks, recreation, leisure & fitness studies, other（运动场、娱乐、休闲和健身研究） | 9900 parks, recreation, leisure & fitness studies, other（运动场、娱乐、休闲和体适能研究） |
| CIP-2000 | 0100 parks, recreation & leisure studies（运动场、娱乐和休闲研究） | 0101 parks, recreation & leisure studies（运动场、娱乐和休闲研究） |
| | 0300 parks, recreation & leisure facilities management（运动场、娱乐和休闲设施管理） | 0301 parks, recreation & leisure facilities management（运动场、娱乐和休闲设施管理） |
| | 0500 health & physical education/fitness（健康与体育/健身） | 0501 health & physical education, general（健康与体育教育）<br>0502 adapted physical education/therapeutic recreation（适应性体育/治疗娱乐）<br>0503 athletic training & sports medicine（运动训练与运动医学）<br>0504 sport & fitness administration/management（运动与体适能管理）<br>0505 kinesiology and exercise science（运动机能学与训练）<br>0506 socio-psychological sports studies（运动社会心理学）<br>0599 health & physical education/fitness, other（健康与体育/体适能教育及其他） |

（续表）

| 目录 | 二级目录（代码、名称） | 三级目录（代码、名称） |
|---|---|---|
| CIP-2000 | 9900 parks, recreation, leisure & fitness studies, other（运动场、娱乐、休闲和体适能研究及其他） | 9999 parks, recreation, leisure & fitness studies, other（运动场、娱乐、休闲和健身研究及其他） |

8. 健康相关知识与技能（health-related knowledge and skills，学科代码34）

| 目录 | 二级目录（代码、名称） | 三级目录（代码、名称） |
|---|---|---|
| CIP-1985 | none（无） | 0199 health related activities, other（健康相关的其他活动） |
| CIP-1990 | 0100 health-related knowledge & skills（健康相关的知识和技能） | 0199 health-related knowledge & skills, other（健康相关的其他知识和技能） |
| CIP-2000 | 0100 health-related knowledge & skills（健康相关的知识和技能） | 0199 health-related knowledge & skills, other（健康相关的其他知识和技能） |

9. 休闲与娱乐活动（leisure and recreational activities，学科代码36）

| 目录 | 二级目录（代码、名称） | 三级目录（代码、名称） |
|---|---|---|
| CIP-1985 | none（无） | 0101 leisure & recreational activities, general（一般休闲娱乐活动）<br>0108 sports/physical education（运动/体育） |
| CIP-1990 | 0100 leisure & recreational activities（休闲与娱乐活动） | 0101 leisure & recreational activities, general（一般休闲娱乐活动）<br>0108 sports & exercise（运动和锻炼）<br>0199 leisure & recreational activities, other（其他休闲和娱乐活动） |
| CIP-2000 | 0100 leisure & recreational activities（休闲和娱乐活动） | 0101 leisure & recreational activities, general（一般休闲娱乐活动）<br>0108 sports & exercise（运动和锻炼）<br>0113 computer games and programming skills（计算机游戏和编程技能）<br>0199 leisure & recreational activities, other（休闲和娱乐活动及其他） |

### 10. 心理学（psychology，学科代码42）

| 目录 | 二级目录（代码、名称） | 三级目录（代码、名称） |
| --- | --- | --- |
| CIP－1985 | none（无） | none（无） |
| CIP－1990 | none（无） | none（无） |
| CIP－2000 | 2300 health psychology（健康心理学） | 2301 health/medical psychology（健康/医疗心理学） |

### 11. 社会科学（social sciences，学科代码45）

| 目录 | 二级目录（代码、名称） | 三级目录（代码、名称） |
| --- | --- | --- |
| CIP－1985 | none（无） | none（无） |
| CIP－1990 | none（无） | none（无） |
| CIP－2000 | 0200 anthropology（人类学） | 0202 physical anthropology（体质人类学） |

### 12. 健康职业与相关科学（health professions and related sciences，学科代码51）

| 目录 | 二级目录（代码、名称） | 三级目录（代码、名称） |
| --- | --- | --- |
| CIP－1985 | none（无） | none（无） |
| CIP－1990 | 0100 chiropractic（脊椎按摩疗法）<br>0800 health & medical assistants（健康与医疗助理） | 0101 chiropractic（脊椎按摩疗法）<br>0806 physical therapy assistant（物理治疗助理） |
| | 2200 public health（公共卫生） | 2206 occupational health & industrial hygiene（职业卫生与工业卫生）<br>2207 public health education & promotion（公共卫生教育与促进）<br>2208 community health and preventive medicine（社区卫生和预防医学） |
| | 2300 rehabilitation/therapeutic services（康复/治疗服务） | 2302 dance therapy（舞蹈疗法）<br>2304 movement therapy（运动疗法）<br>2308 physical therapy（物理治疗）<br>2309 recreational therapy（娱乐疗法） |
| | 2900 medical residency programs（住院医师项目） | 2961 sports medicine residency（运动医学住院医师） |
| CIP－2000 | 0800 allied health and medical assisting services（联合保健和医疗辅助服务） | 0806 physical therapy assistant（物理治疗助理）<br>0813 chiropractic assistant/technician（脊椎按摩疗法助理/技师） |

（续表）

| 目录 | 二级目录（代码、名称） | 三级目录（代码、名称） |
|---|---|---|
| CIP-2000 | 0900 allied health diagnostic, intervention, and treatment professions（联合健康诊断、干预和治疗专业） | 0913 athletic training/trainer（运动训练/教练） |
| | 2200 public health（公共卫生） | 2206 occupational health & industrial hygiene（职业卫生与工业卫生）<br>2207 public health education & promotion（公共卫生教育与促进）<br>2208 community health and preventive medicine（社区卫生和预防医学） |
| | 2300 rehabilitation and therapeutic professions（康复和治疗职业） | 2302 dance therapy（舞蹈治疗）<br>2307 orthotist/prosthetist（矫正器修配者/修复学家）<br>2308 physical therapy（物理治疗）<br>2309 therapeutic recreation/recreational therapy（娱乐疗法）<br>2311 kinesiotherapy/kinesiotherapist（运动疗法） |
| | 3300 alternative and complementary medicine and medical systems（替代和补充医学和医疗系统） | 3305 ayurvedic medicine/ayurveda（阿育吠陀医学/阿育吠陀） |
| | 3500 somatic bodywork and related therapeutic services（身体和相关的治疗服务） | 3501 massage therapy/therapeutic massage（按摩疗法/治疗按摩）<br>3502 asian bodywork therapy（亚洲身体保健疗法）<br>3503 somatic bodywork（身体保健）<br>3599 somatic bodywork and related therapeutic services, other（身体保健和相关治疗服务及其他） |
| | 3600 movement and mind-body therapies and education（运动和身心疗法与教育） | 3601 movement therapy and movement education（运动疗法和运动教育）<br>3602 yoga teacher training/yoga therapy（瑜伽教师培训/瑜伽疗法）<br>3699 movement and mind-body therapies and education, other（运动、身心疗法、教育及其他） |
| | 3700 energy and biologically based therapies（能量和基于生物学的疗法） | 3704 reiki（灵气修炼） |

# 致　谢

　　谨以此书感谢我的导师周爱光教授、Springfield College (MA) 的刘展教授和我的家人，感谢他们指引、帮助与陪伴！

　　周爱光教授作为我的硕士、博士导师，不仅引领我走上学术之路，更指引我跨越了自己思维的门槛，由此而迸发的思维之光将成为我今后的学海之舟，受用终身。

　　刘展教授是我在 Springfield College 就读时的导师，他非凡的学识和风趣幽默的谈吐让我受益匪浅。

　　最后，感谢我的父母和妻子，他们的爱与陪伴使所有的一切有了意义。

　　恳切此心，专致谢忱。

边宇